W0405674

***Armageddon***

1. Auflage November 2003
2. überarbeitete Auflage Januar 2005

Copyright © 2005, 2003 bei
Jochen Kopp Verlag, Graf-Wolfegg-Str. 71, D-72108 Rottenburg

Alle Rechte vorbehalten

Umschlaggestaltung: ARTELIER/Peter Hofstätter
Satz und Layout: Agentur Pegasus, Zella-Mehlis
Druck und Bindung: GGP Media GmbH, Pößneck

ISBN 3-930219-71-9

*Gerne senden wir Ihnen unser Verlagsverzeichnis*
Kopp Verlag
Graf-Wolfegg-Str. 71
D-72108 Rottenburg
Email: info@kopp-verlag.de
Tel.: (0 74 72) 98 06-0
Fax: (0 74 72) 98 06-11

*Unser Buchprogramm finden Sie auch im Internet unter:*
http://www.kopp-verlag.de

Leo H. DeGard

# ARMAGEDDON

JOCHEN KOPP VERLAG

**Hesekiel 13,10**:
*»Weil sie mein Volk verführen und sagen: ›Friede!‹, wo doch kein Friede ist, und weil sie, wenn das Volk sich eine Wand baut, sie mit Kalk übertünchen, so sprich zu den Tünchern, die mit Kalk tünchen: ›Die Wand wird einfallen!‹ Denn es wird ein Platzregen kommen und Hagel wie Steine fallen und ein Wirbelwind losbrechen. Siehe, da wird die Wand einfallen.«*

**1. Thessalonicher 5,3**:
*»Von den Zeiten und Stunden aber, liebe Brüder, ist es nicht nötig, euch zu schreiben; denn ihr selbst wißt genau, daß der Tag des Herrn kommen wird wie ein Dieb in der Nacht. Wenn sie sagen werden: Es ist Friede, es hat keine Gefahr –, dann wird sie das Verderben schnell überfallen wie die Wehen eine schwangere Frau, und sie werden nicht entfliehen.«*

**Die Bibel, Offenbarung des Johannes, Kapitel 16:**
*»Und der vierte Engel goß aus seine Schale über die Sonne; und es wurde ihr Macht gegeben, die Menschen zu versengen mit Feuer. Und die Menschen wurden versengt von der großen Hitze und lästerten den Namen Gottes, der Macht hat über diese Plagen, und bekehrten sich nicht, ihm die Ehre zu geben. Und der fünfte Engel goß aus seine Schale auf den Thron des Tieres; und sein Reich wurde verfinstert, und die Menschen zerbissen ihre Zungen vor Schmerzen und lästerten Gott im Himmel wegen ihrer Schmerzen und wegen ihrer Geschwüre und bekehrten sich nicht von ihren Werken. Und der sechste Engel goß aus seine Schale auf den großen Strom Euphrat; und sein Wasser trocknete aus, damit der Weg bereitet würde den Königen vom Aufgang der Sonne. Und ich sah aus dem Rachen des Drachen und aus dem Rachen des Tieres und aus dem Munde des falschen Propheten drei unreine Geister kommen, gleich Fröschen; es sind Geister von Teufeln, die tun Zeichen und gehen aus zu den Königen der ganzen Welt, sie zu versammeln zum Kampf am großen Tag Gottes, des Allmächtigen. – Siehe, ich komme wie ein Dieb. Selig ist, der da wacht und seine Kleider bewahrt, damit er nicht nackt gehe und man seine Blöße sehe. – Und er versammelte sie an einen Ort, der heißt auf hebräisch Harmagedon.«*

# Inhalt

## Allgemeines



## Vorzeichen



## Der 3. Weltkrieg



## Naturkatastrophen

## Die Zeit danach

# Danksagung

Mein Dank gilt all jenen, ohne die dieses Buch nicht oder nicht in der vorliegenden Form hätte erscheinen können. Viele Personen haben wichtige Quellenarbeit geleistet, auf die ich während meiner Arbeit dankbar zurückgreifen konnte. Zu nennen wären hier vor allem **Karl Leopold von Lichtenfels**, der mit seinem »Lexikon der Prophezeiungen« einen wichtigen Überblick über die meisten bekannten Vorhersagen zusammengestellt hat. Dann **Stephan Berndt**, der in seinen Büchern »Prophezeiungen zur Zukunft Europas« und »Prophezeiungen – Alte Nachricht in neuer Zeit« das Szenario als erster Autor im deutschsprachigen Raum wissenschaftlich untersuchte und darstellte. **Jan van Helsing** setzte das prophezeite Geschehen in seinem »Buch 3« erstmals in Zusammenhang mit dem Gesetz von Ursache und Wirkung und zeigte verständlich und nachvollziehbar auf, warum die prophezeiten Katastrophen eintreffen werden bzw. was getan werden müßte, um sie abzuwenden.

**Bernhard Bouvier** gelang mit seiner Übersetzung der Centurien von Nostradamus ein wichtiges Standardwerk, und **Alexander Gann** zeigte mit seinem Buch »Zukunft des Abendlandes?«, mit welcher Methodik man dem Thema erst gerecht wird. Viele weitere Personen, darunter **Anton Angerer** (»Das steht der Welt noch bevor«) und **Wolfgang Johannes Bekh**, bemühten sich darum, eine Anzahl unbekannter Seherschauungen einem breiten Kreis von Lesern zugänglich zu machen.

Weiterhin möchte ich mich bei all den Personen bedanken, die namentlich nicht genannt werden können, die mir aber über das Internet oder durch persönliche Gespräche Übersetzungen, Quellenmaterial, Hinweise und Denkansätze zur Verfügung stellten. Mein Dank gilt hier vor allem dem **Bauern aus dem Zellertal**, der mir seine Gesichte zur Veröffentlichung zur Verfügung stellte. Darüber hinaus bedanke ich mich bei **T. Mann**, **M. P. Frei**, **Heinrich Bauer**, **Ryan Mauro** und **Jochen Kopp**.

Meinen ganz besonderen Dank für die Unterstützung während meiner Arbeit aber möchte ich **F. F.** aussprechen.

# ALLGEMEINES

## 1 – Vorwort

War mein erstes Buch »Wer plant den 3. Weltkrieg?« noch für Leser geschrieben, die sich in der Materie der Prophezeiungen und Vorhersagen schon ein wenig auskennen, und sollte es für diese Leser Detailinformationen und Hintergründe liefern, die über die reine Darstellung des prophezeiten Geschehens hinausreichen, so richtet sich dieses nun vorliegende Buch vor allem an jene Leser, die zwar grundsätzlich daran interessiert, aber mit dem Thema noch nicht vertraut sind.
An jene also, die nicht wissen, was uns – dem Tenor der Vorhersagen verschiedenster Seher gemäß – in den nächsten Jahren erwartet, und vielleicht auch an jene, die der Sache prinzipiell skeptisch gegenüberstehen. Hartnäckige Skeptiker zu überzeugen, wird mir jedoch nicht gelingen, und das ist auch nicht die Absicht dieses Buches. Vielmehr mögen jene Leser das beschriebene Szenario schlicht zur Kenntnis nehmen und abwartend beobachten, was die nächsten Jahre bringen. Es wird sich dann von selbst erweisen, ob die Seher mit ihren Vorhersagen richtig liegen oder nicht. Konsequenzen daraus zu ziehen, obliegt schließlich jedem selbst, eben in dem Maße, wie auch jeder selbst die Verantwortung für sein Tun und Handeln zu übernehmen und die jeweiligen Folgen zu (er-)tragen hat.

Auch wenn uns für die nächste Zeit wenig Erfreuliches prophezeit ist, so sollte man nicht übersehen, daß die Phase von Krieg und Katastrophen vorübergehender Natur ist und Platz schafft für den Anbruch einer neuen Zeit, von der die Seher übereinstimmend als dem »Goldenen Zeitalter« sprechen. Die Augen davor zu verschließen, daß die gegenwärtige Weltordnung mit grundsätzlichen Problemen behaftet ist, die früher oder später, auf die eine oder andere Art, eine Lösung erzwingen, bedeutet eine Flucht vor der Realität und kann nicht Maxime eines mündigen Menschen sein. Sich aber andererseits in diese Probleme hineinzusteigern und darüber das Wesentliche im Leben nicht mehr zu sehen, ist genausowenig objektiv. Wollen wir also versuchen, den Mittelweg zu gehen, d. h. die Fehler zu erkennen und wo möglich – das heißt in erster Linie bei sich selbst – zu beseitigen und gleichzeitig die Grundwerte, die das Leben lebenswert machen, dankbar anzunehmen und zu pflegen.

Genaugenommen ist das vorliegende Buch – obwohl fast zwei Jahre später geschrieben als mein Erstlingswerk »Wer plant den 3. Weltkrieg?« – die Einführung oder der erste Schritt in die Thematik der Prophezeiungen für die kommende Zeit. Ohne zu sehr ins Detail zu gehen, soll dieses neue Buch einen Gesamtüberblick über das prophezeite Geschehen ermöglichen und nur am Rande aufzeigen, warum es wohl zu den Entwicklungen kommen wird, die vorhergesagt sind. Ob alles genau so eintrifft wie prophezeit, und ob meine Interpretation jeweils richtig ist, wird man erst erkennen können, wenn die Entwicklung ihren Gang nimmt. Wann das sein wird, vermag ich nicht zu sagen, und das wissen in der Regel selbst die Seher nicht. Alois Irlmaier, der Seher aus Freilassing, meinte dazu: *»Kein Mensch kennt den Tag und die Stunde. Aber wir dürfen sicher sein, daß alles am Ende so kommen wird.«*

## 2 – Einleitung

Seit alter Zeit ist das parapsychologische Phänomen der Präkognition bekannt. Das Wort stammt aus dem Lateinischen und ist zusammengesetzt aus »prae« (= voraus) und »cognoscere« (= erkennen) und bedeutet das Vorherwissen zukünftiger Ereignisse auf außersinnliche Weise, umgangsprachlich schlicht hellsehen oder prophezeien genannt. Das Lexikon erklärt Hellsehen als die Fähigkeit, Dinge oder Vorgänge zu erkennen, die der normalen sinnlichen Wahrnehmung nicht zugänglich sind, z. B. weit entfernt ablaufende vergangene oder zukünftige Ereignisse.

Trotz der Tatsache, daß das Phänomen sehr alt ist und in der Geschichte einen bedeutenden Stellenwert einnahm, haben die Begriffe Hellseherei und Prophezeiung in unserer heutigen westlichen Kultur inzwischen einen unseriösen Beigeschmack bekommen, woran nicht zuletzt die

Berichterstattung der Massenmedien ihren Anteil hat. So interessant dieses Thema bei näherer Betrachtung auch ist, so bleibt die öffentliche Berichterstattung darüber doch zumeist auf oberflächlichen Sensationalismus beschränkt und lenkt mehr in die Irre, als daß sie sachlich informiert.

Viele werden sich z. B. noch an die Warnungen selbsternannter Propheten zum Jahrtausendwechsel erinnern, die von der Presse großartig zelebriert wurden und dann schnell wieder in Vergessenheit gerieten. Das Jahr 2000 kam, das Jahr 2000 ging, und die Welt war doch nicht untergegangen. Oder ein Beispiel: Der französische Modeschöpfer Paco Rabanne ließ – vielleicht als verdeckte Werbemaßnahme für eine neue Kollektion – verlauten, die russische Raumstation »Mir« werde während der Sonnenfinsternis im August 1999 auf Paris stürzen. Die Sonnenfinsternis ging vorüber, und natürlich ist nichts dergleichen passiert, aber gerade solche Meldungen sind es, die den normalen Zeitungsleser erreichen und die bei ihm zwangsläufig den unangenehmen Nachgeschmack hinterlassen, daß Hellseherei und Prophezeiungen doch nur alles Spinnkram seien, ein Nervenkitzel für leichtgläubige Leute.

Was dabei allzu oft vergessen wird, ist, daß sich hinter dieser sensationsgierigen medialen Berichterstattung ein handfestes Phänomen verbirgt, dessen Wert und Bedeutung dem Interessierten erst auf den zweiten, manchmal vielleicht sogar erst auf den dritten Blick richtig bewußt wird.

Zunächst stellt sich natürlich die Frage, ob die Zukunft tatsächlich vorhersehbar ist. Ich werde anhand einiger, auf den folgenden Seiten präsentierter Beispiele zeigen, daß sie das tatsächlich ist. Darauf folgt automatisch die Fragestellung, welche Konsequenzen das Ganze für unser Weltbild hat, sind wir doch üblicherweise mit der Denkweise vertraut, daß allein unser eigenes unmittelbares Handeln die Gegenwart und dementsprechend auch die Zukunft bestimmt. Gefragt werden muß in diesem Zusammenhang auch, ob wir beliebig frei in unseren Entscheidungen sind, oder ob das Leben nach bestimmten Gesetzmäßigkeiten verläuft, die wir auch mit unserem freien Willen – der vielleicht gar kein freier Wille, sondern vielmehr die freie Wahl zwischen verschiedenen festgelegten Möglichkeiten ist – nicht wirklich durchbrechen können.

Diese Überlegungen haben eine direkte Auswirkung auf die sich letzten Endes stellende Frage, ob eine übernatürliche Ordnung, ein Gott,

existiert oder nicht, denn wäre der Mensch völlig frei und ungebunden in seinen Entscheidungen, dann könnte er auch nicht für einen Fehltritt, für eine Sünde, für eine Schuld, in die Pflicht genommen werden – das Leben wäre also nichts weiter als eine Anreihung von Beliebigkeiten: Es gäbe keine naturgegebene Gerechtigkeit, der der Mensch unterworfen ist.
Gibt es aber eine naturgegebene Gesetzmäßigkeit, nach der das Leben funktioniert, dann zieht eine Handlung, eine Tat, eine entsprechende, vorhersehbare Folge nach sich, die nur abgewendet werden kann, wenn man andere ursächliche Handlungen setzt, wenn man einen neuen Weg einschlägt, wenn man – im christlichen Vokabular – Buße tut.

In den Religionen nehmen Prophezeiungen und Vorhersagen von alters her einen zentralen Platz ein. In unserem europäischen Kulturkreis ist hier natürlich vor allem die Offenbarung der Bibel zu nennen. Doch wie in der Gesellschaft allgemein, verliert sich auch in den Kirchen im speziellen die Bedeutung dieser alten Weissagung. Die Offenbarung wird zunehmend symbolisch erklärt, und der Blick der Menschen richtet sich nicht mehr wie früher auf den Tag des Jüngsten Gerichts und auf die Wiederkehr Christi, sondern auf rein materialistische, diesseitige und schnell erreichbare Belange. Der Einsatz für Menschenrechte und Humanismus – was nichts anderes ist als der Versuch einer menschengemachten irdischen Gerechtigkeit – verdrängt den Glauben und die Hoffnung auf ein jenseitiges, überirdisches Heil, das über die Begrenzungen der Materie hinausführt. Die Hoffnung auf das Paradies auf Erden, in dem der Mensch, der sich nicht mehr in eine überirdische Gesetzmäßigkeit eingebunden fühlt, sein eigener Gott ist – diese durch und durch materialistisch-teuflische Weltsicht dominiert den Geist der Stunde.

Im antiken Griechenland, das, im Gegensatz zu unserer heutigen rein technischen Zivilisation, vollkommen zu Recht eine Hochkultur genannt wird, bezeichnete man diese Haltung, in der der Mensch sich einbildet, sich aus eigener Kraft, eigener Intelligenz und eigener Anstrengung selbst erlösen zu können, als Hybris.
Die menschliche Hybris, der Wahn also, sein eigener Gott zu sein, ist, wie Thorwald Dethlefsen in seinem sehr lesenswerten Buch »Ödipus der Rätsellöser« ausführt, der kardinale Irrtum des Menschseins an sich, da mit dieser Einstellung immer das Heraustreten aus der natürli-

chen Ordnung verbunden ist. Sie wird stets und zwangsläufig nur durch das individuelle oder kollektive Scheitern überwunden. Wobei der Grad, in dem der Mensch freiwillig bereit und fähig ist, seine eigene Begrenztheit zu erkennen, das Ausmaß an Leid bestimmt, das dem Ego auf dem Weg zu wahrer Erlösung widerfahren muß. Diese Fähigkeit nennt man im christlichen Verständnis Demut.
Ist der Hochmut groß, wird das Leid groß sein, das diesen Hochmut auf dem Weg zur Erlösung überwinden muß. Ist der Mensch aber fähig zur Demut und bereit, seinen ihm gebührenden Platz im Leben einzunehmen, mit allen ihm zustehenden Rechten, aber auch Pflichten, so ist sein *»Joch sanft, und die Last leicht«*.[1]
Das Ich tritt hinaus ins Leben mit dem Ausruf »Ich kann es alleine!«, scheitert dabei zwangsläufig, indem es spätestens durch die Konfrontation mit seinem physischen Tod die eigene Begrenztheit erkennen muß, und kehrt unter Auflösung seines Ichs und der Schranken, die ihm sein Ego auferlegt, zurück zum Ursprung.
Analog dazu lautet der Ausruf im kollektiven Rahmen unserer Zeit »Wir errichten das Paradies auf Erden, den Sozialismus, den Kommunismus!« – und auch dieser kollektive Versuch der irdisch fixierten Selbstbefreiung wird zwangsläufig scheitern.

Den Weg, wie es zu diesem Scheitern kommt, beschreiben uns die Prophezeiungen des Christentums und anderer Religionen sowie die Vorhersagen zahlreicher Seher. Wenn erst im folgenden Kapitel die Frage geklärt wird, daß die Schau in die Zukunft durchaus möglich ist, wollen wir uns anschließend in Erinnerung der bisherigen Überlegungen ansehen, was genau die Seher für unsere nächste Zukunft vorhersagen. Wir erkennen dann hoffentlich, daß all die Katastrophen, die uns prophezeit werden, die direkte Folge selbst gesetzter Handlungen sind. Die Konsequenz wäre nun, Lehren aus der Zukunftsschau der Seher zu ziehen und rechtzeitig andere Handlungen zu setzen, die die Menschheit zukünftig in eine andere Richtung führen. Das allein ist der Sinn von Prophetie und Zukunftsschau, und genau diesen Zweck hatte sie in früherer Zeit, als dem Phänomen noch mehr Aufmerksamkeit gewidmet wurde als heute.

# 3 – Hellseher und Orakel – ist die Zukunft vorherbestimmt oder veränderbar?

Bevor wir zu den Prophezeiungen kommen, die unsere nächste Zukunft betreffen, wollen wir uns zunächst noch dem Phänomen selbst widmen. Was sind das für Menschen, die das Zweite Gesicht haben, die Fähigkeit zu außersinnlicher Wahrnehmung, und die damit Ereignisse der Zukunft oder der Vergangenheit erkennen können?

Das Phänomen tritt häufiger bei stillen, ruhigen, eher unauffälligen und nach innen gewandten Personen auf, oder auch bei Menschen, die z. B. beruflich mit der Natur verbunden sind wie Bauern oder Schäfer und die dadurch abseits jener Alltagshetze stehen, die das Leben moderner Großstadtmenschen prägt. Bei manchen besteht diese Gabe von Kindheit an und verliert sich im Lauf der Jahre. Bei anderen ist sie Folge eines Nahtoderlebnisses infolge Krankheit oder Unfall. Bezeichnend für außersinnliche Wahrnehmungen ist – und das ist auch genau das, was sie von einem gewöhnlichen Traum unterscheidet –, daß der Seher ein Ereignis noch deutlicher, klarer und eindrücklicher sieht, als es auf natürliche Weise je wahrgenommen werden könnte. Die Szene dringt ins Bewußtsein mit allen Einzelheiten, die aufgrund ihrer Dimension oder Geschwindigkeit sonst kaum erfaßt werden könnten. Die Flut an Eindrücken ist dabei so groß und stark, daß sie seelisch kaum ertragen werden kann, viele Seher leiden schwer unter ihren Gesichten, vor allem, wenn sie unerfreuliche Dinge gezeigt bekommen.
Meist bleibt der Inhalt der Gesichte auf Ereignisse des gewöhnlichen Lebens beschränkt und betrifft markante Geschehnisse im familiären Umfeld, wie Todesfälle, Hochzeiten oder Geburten. Oft kommt es auch vor, daß dem Seher jede Beziehung zu dem geschauten Bild fehlt, oder er sieht Dinge, die er nicht verstehen kann. Gelegentlich aber haben die Gesichte auch apokalyptischen Charakter, wie z. B. Kriegsszenen oder Naturkatastrophen.

Gerade in abgeschiedenen Gebieten, wie beispielsweise dem Bayerischen Wald in Deutschland, in denen noch heute die Uhren anders zu ticken scheinen als anderswo, tritt das Zweite Gesicht häufiger auf.

Auch Westfalen, hier besonders die Gegend des Haarstrangs, war früher bekannt für einen Menschenschlag, dem das Zweite Gesicht zu eigen war. Deshalb verfügen diese Regionen über einen reichhaltigen Schatz alter überlieferter Prophezeiungen, die sich im Falle Westfalens zumeist um die legendäre »Endzeitschlacht am Birkenbaum« drehen, bei der die Völker des Westens gegen die Völker des Ostens dereinst eine letzte, alles entscheidende Schlacht schlagen sollen.

Einer dieser Propheten aus Westfalen war Peter Schlinkert aus Meschede, der 1763, nach Beendigung des Siebenjährigen Krieges, den er als Serbelloni-Kürassier mitgemacht hatte, in den Dienst seines damaligen Landesherrns, des Kurfürsten Clemens August von Köln, trat. Dort lieferte er den ersten Beweis seiner Sehergabe. Als der Fürst nämlich eines Tages in seinen Wagen steigen wollte, um eine Jagdpartie zu machen, trat Schlinkert vor ihn hin, um ihn vor der Fahrt zu warnen, *»denn«*, so fügte er hinzu, *»Euer Durchlaucht nun und nimmermehr fahren, weil ein Schuß durch den Wagen geschehen wird, der auf Hochdieselben gemünzt ist«*.[2] Der Kurfürst stutzte und ließ den Propheten vorläufig festnehmen, bestieg aber ein anderes Fuhrwerk.
Der erste Wagen, in dem ursprünglich der Fürst sitzen sollte, wurde während der Fahrt nun tatsächlich beschossen, aufgrund der Warnung Schlinkerts wurde dabei jedoch niemand verletzt. Schlinkert wurde freigelassen, und der erstaunte Fürst gewährte ihm zum Dank bis an sein Lebensende eine jährliche Pension von 25 Thalern und erfüllte auch seine Bitte um Entlassung aus dem Militärdienst.

Im Bayerischen Wald erzählt man sich bis heute eine alte Prophezeiung, die schon seit etwa zweihundert Jahren bekannt ist. Als ihr Urheber gilt ein gewisser Mühlhiasl oder Stormberger, auch genannt der Waldprophet. Beide Namen gelten jedoch der gleichen Weissagung, und darum kann man davon ausgehen, daß letztlich nur eine Person, die gegen Ende des 18. Jahrhunderts im Bayerischen Wald gelebt hat, der Urheber sein dürfte. Übereinstimmend lassen alle Quellen in dem Propheten einen eigenartigen Sonderling erkennen, der keiner ortsgebundenen Beschäftigung nachging und dagegen viel lieber den Wald von der böhmischen Grenze bis über die Donau durchstreifte. Dabei erzählte er überall von seinen Gesichten, die Ereignisse der Zukunft zum Inhalt haben und die seither im Volk lebendig blieben. Eigenheiten des modernen Lebens, die der einfache Mann aus dem 18. Jahrhundert

in seinen Visionen wahrnahm, wie beispielsweise den Fernseher, konnte er damals nur umschreiben, z. B. mit den Worten: *»Wenn die Bilder in der Wand oben s' Spielen anfangen, kommt eine neue Zeit.«*[3]
Eine seiner Vorhersagen, die in der Zeit vor dem Zweiten Weltkrieg wahr wurde, lautete: *»Auf dem Zwiesler Kirchturm werden Birken wachsen, die werden so groß wie Fahnenstangen und dann kommen sie herunter.«*
Auf dem Kirchturm von Zwiesel wuchsen in den 1930er Jahren, zu einer Zeit, in der die Verbreitung von Prophezeiungen durch die NSDAP generell verboten worden war, nun tatsächlich sieben Birken. Der Kreisleiter verlangte vom damaligen Stadtpfarrer, daß wenigstens die größte der Birken heruntergesägt würde, um den Gerüchten und den Ängsten in der Bevölkerung die Nahrung zu nehmen, denn die Prophezeiung des Waldpropheten war trotz des Verbreitungsverbots natürlich weit bekannt. Der Geistliche aber verneinte schlagfertig: *»Ich habs nicht hinaufgetan, ich tus auch nicht runter!«*[4] Gerade diese ganz natürlich gewachsenen Birken waren für das breite Volk der sicherste Beweis dafür, daß die Vorhersagen des Waldpropheten nach und nach in Erfüllung gingen.

Eine weitere Prophezeiung besagte, daß von Straubing auf den Pilmersberg (Pilgramsberg) hinein eine Straße gebaut werde, die jetzige Straße Cham–Stallwang–Straubing. Damals war die Gegend aber so unwegsam, daß dies kein Mensch glauben wollte. Ein Bauer, dem der Waldprophet davon erzählte, antwortete nur: *»Wenn ich alles glaub, das glaub ich nicht, daß da eine Straße gebaut werden kann.«* Viele Jahrzehnte später wurde die Straße gebaut.
Weiter sagte der Waldprophet: *»In einem Wirtshaus in Zwiesel werden die Leute noch beisammen sein, und draußen werden die Soldaten schon über die Brücke reiten. Über den Hennenkobel und den Falkenstein, über den Rachel werden sie kommen. Die Berge werden ganz schwarz werden von Soldaten. Von Straubing über den Pilgramsberg, auf der Straße, kommen sie einmal heraus, die Rotjankerl. Und die Leut werden aus dem Wald rennen.«* Nachdem man ihn wegen dieser Äußerung verlacht und dann gefragt hatte, ob es denn die rothosigen Franzosen seien, die da kommen sollten, meinte er: *»Die Franzosen sind's nicht, rote Hosen haben's auch nicht, aber die Roten sind's.«*[5]
Lange Zeit konnte sich niemand auf diese Aussage einen Reim machen. Der Prophezeiungsforscher P. Norbert Backmund, der sich jahre-

lang eingehend mit den Vorhersagen des Waldpropheten beschäftigt hat, berichtet, wie ihm von Menschen, die 1895 schon gelebt haben, mitgeteilt wurde, daß im Volk schon damals die Prophezeiung bekannt war: Die Roten kommen von Osten. Und das, obwohl damals noch niemand wußte, was das zu bedeuten hat, warum sie rot sind, trotzdem sie doch keine rote Kleiung anhaben, und warum sie gerade von Osten kommen.
Erst mit der russischen Oktoberrevolution von 1917 wurde klar, wer diese Roten sind, die von Osten kommen sollten. Und seit vor einigen Jahren Angriffspläne des einstigen Warschauer Pakts aufgetaucht sind, die den Bereich Tschechien–Süddeutschland abdecken, weiß man auch, daß genau die Strasse Cham–Straubing zu einer der ausgewiesenen Vormarschrouten der Roten Armee in der Region zählt.
Neben dem Verlauf der Strasse Cham–Straubing nahm der Waldprophet auch den Bauboom der letzten Jahrzehnte und die damit aufgekommenen roten Dachziegel moderner Einfamilienhäusern vorweg. Er kündigt an, daß viele dieser Häuser nach der Katastrophe leerstehen werden: *»Man baut schöne Häuser, lauter rotdachige. Die Leut und Häuser werden zuerst recht viel werden; in der Stadt werden 5-und 6-stöckige Häuser baut wie d' Schlösser und d' Pfarrhöf. In Lintach (bei Bogen) wird alles voller Häuser baut, aber nachher wachsen wieder einmal die Brennesseln und Brombeerdörn aus den Fenstern.«* [6]
Das wird sein, nachdem *»das Bayernland verheert und verzehrt, das Böhmerland mit dem Besen ausgekehrt wird. Der Wald wird öd werden. Über die böhmischen Berge her werden sie kommen, die Rotjankerl. Und über Nacht wird es geschehen!«* [7]

Die Schwierigkeit, außersinnlich wahrgenommene Dinge und Ereignisse richtig zu interpretieren bzw. in der Bilderflut den Zusammenhang der einzelnen Visionen nicht zu verlieren, hatte auch der Eismeerfischer Anton Johansson, der 1858 in Nordschweden geboren wurde und später nach Norwegen auswanderte, wo er zum bekanntesten Hellseher des Landes wurde. Johansson bekam während einer Offenbarung im Jahre 1907 in Wort und Bild so viel Erschreckendes kundgetan, darunter den Untergang der »Titanic«, den Ausbruch des Ersten Weltkrieges und viele weitere Katastrophen und Kampfhandlungen, die sich auf noch ausstehende Ereignisse der Zukunft beziehen, daß er sich nicht mehr an die genauen Zusammenhänge erinnern konnte, als der Inhalt seiner Visionen später schriftlich festgehalten und veröffentlicht wurde. Besonders interessant, weil detailreich, ist seine Vision über den Untergang der »Titanic«:

*»In der Nacht des Jahres 1907 erfuhr ich auch, daß ein großes, neuerbautes Schiff mit Namen ›Titanic‹ auf seiner Jungfernfahrt von Europa nach Amerika auf einen Eisberg stoßen und untergehen würde. Dieses Unglück, das ich ungefähr gleichzeitig mit dem ersten Balkankrieg erblickte, gehörte zu einer Reihe von Ereignissen, die sich kurz vor dem Weltkrieg abspielen sollten. Im Geiste wurde ich an eine Stelle auf dem Atlantischen Ozean nahe der amerikanischen Küste geführt, wo sich das Unglück ereignete. Auf dem Meer schwammen verschieden große Eisberge, die Nacht war stockdunkel und neblig, plötzlich sah ich die erleuchteten Fenster und Laternen eines riesengroßen Dampfers, der sich schnell näherte. Gleichzeitig sah ich in der Fahrtrichtung des Dampfers einen gewaltigen Eisberg. Zunächst hörte ich ein Knirschen und Rauschen, und wenige Augenblicke später durchdrang ein furchtbares Getöse die Nacht. Das Schiff hatte den großen Eisblock gerammt und begann schnell zu sinken. Mich überfiel schreckliche Angst, und ich mußte den verzweifelten Todeskampf der ertrinkenden Menschen wie im Lichte eines Scheinwerfers mit ansehen.*

*Die Stimme erklärte mir, daß dieses Unglück als Strafe für den Hochmut der Engländer aufzufassen sei. Ich hörte verschiedene Namen von Passagieren, und mit besonderer Deutlichkeit den Astors, des amerikanischen Multimillionärs. Ich wurde im Geiste ermahnt, an Astor und die Reederei des Schiffes zu telegraphieren, um vor der Reise zu warnen. Mir war nicht allein der Name des Schiffes, sondern auch derjenige der Reederei und ihre Anschrift in England bekanntgegeben worden. Jahre nach dieser Vision las ich in Lebesby in einer Zeitung von dem Stapellauf eines großen Ozeandampfers in England, der den Namen ›Titanic‹ erhalten hatte. Ich fühlte mich wie gelähmt und sank im Gebet nieder, um den Herrn zu bitten, das Schiff und seine Passagiere zu beschützen. Ich betete noch oft für dieses Schiff, unterließ es jedoch, zu telegraphieren, weil ich mich unsicher fühlte und befürchtete, niemand würde mir glauben. Anderseits war ich aber überzeugt, daß das Unglück durch meine Gebete verhütet werden könne. Vielleicht war aber dafür mein Glaube nicht stark genug.*

*In der Unglücksnacht – das stolze Schiff ging in einer Nacht vom Sonntag zum Montag im April 1912 unter – konnte ich keinen Schlaf finden, weil mir sehr angst war und ich mich immer wieder des Namens ›Titanic‹ erinnerte. Außerdem bedrückte es mich, daß ich nicht meine*

*Pflicht getan und telegraphiert hatte. Wieder begann ich für das Schiff zu beten, spürte jedoch nach einer Weile, daß das Unglück geschehen war. Mir war nämlich, als schlüge eine Woge über mir zusammen, und in meiner Seele breitete sich Eiseskälte aus. Dann überkam mich große Ruhe.«*[8]

Skeptische Leser mögen nun einräumen, daß es ja leicht ist zu behaupten, man habe ein Ereignis schon vorher so gesehen, wenn es dann erst geschehen ist. Johansson stellte seine Sehergabe jedoch vielfach eindrucksvoll unter Beweis, als Beispiel prophezeite er in einem 1918 erschienenen Buch über die Zukunft Chinas, *»daß dort gewaltige Aufstände stattfänden, denen noch weitere folgen würden. Diese Unruhen würden in der Zeit zwischen dem Weltkrieg und dem Jahre 1953 stattfinden.«*[9]
Die Geschichte zeigte, daß Johansson Recht behalten würde, als der jahrelange chinesische Bürgerkrieg mit dem Sieg der Kommunisten unter Führung von Mao Tse-tung 1949 endete und China zur kommunistischen Volksrepublik wurde.

Der vielleicht eindrucksvollste Beweis für das Phänomen der Präkognition sind die sogenannten Feldpostbriefe des Andreas Rill, eines bayerischen Soldaten im Ersten Weltkrieg. Rills Einheit hatte an der Westfront eine Begegnung mit einem französischen Zivilisten, der nicht nur den Verlauf des Ersten Weltkrieges zuverlässig vorhersagte und den Zustand im Nachkriegsdeutschland sowie den Aufstieg Hitlers ankündigte, sondern auch einen Ausblick auf den Dritten Weltkrieg und die ihn begleitenden Naturkatastrophen gab. Die beiden Briefe aus dem Jahr 1914, in denen Rill die Prophezeiungen des Franzosen festhielt und seiner Familie mitteilte, sind bis heute erhalten geblieben und liegen sicher verwahrt im Kloster St. Ottilien bei München. Ein durch einen Spezialisten erstelltes kriminaltechnisches Gutachten ergab keine Anhaltspunkte für eine Fälschung.
*»Der Krieg«*, kündigte der Franzose an, *»ist für Deutschland verloren und geht ins fünfte Jahr, dann kommt Revolution, aber sie kommt nicht recht zum Ausbruch; der eine geht und der andere kommt; und reich wird man; alles wird Millionär, und soviel Geld gibts, daß mans beim Fenster rauswirft und klaubts niemand mehr auf.«*
Keiner der deutschen Soldaten wollte ihm damals, zu einer Zeit, als das Deutsche Reich den Krieg zu gewinnen schien, glauben, daß der Krieg

für Deutschland schlecht enden könnte. Auch war die Revolution von 1918, während welcher der erst kurze Zeit vorher eingesetzte Reichkanzler Prinz Max von Baden die Regierungsgeschäfte an Friedrich Ebert, den Führer der Sozialisten, übergeben mußte, auf herkömmlichem Weg keinesweg absehbar. Es folgte eine Hyperinflation, in der der Heizwert der Geldscheine – wie man sagte – höher war, als der der Kohle, die man dafür hätte kaufen können, wenn es sie denn gegeben hätte, und das politische Chaos der Weimarer Republik.

Dann kam die Zeit nach der Weimarer Republik und mit ihr *»ein Mann aus der niederen Stufe, und der macht alles gleich in Deutschland, und die Leute haben nichts Rechtes zu reden, und zwar mit einer Strenge, daß es uns das Wasser bei allen Fugen raustreibt. Denn der nimmt den Leuten mehr, als er gibt, und straft die Leute entsetzlich, denn um diese Zeit verliert das Recht sein Recht, und es gibt viel Maulhelden und Betrüger. Die Leute werden wieder ärmer, ohne daß sie es merken. Jeden Tag gibts neue Gesetze, und viele werden dadurch manches erleben oder gar sterben. Die Zeit beginnt cirka 32* (1932) *und dauert neun Jahre, alles geht auf eines Mannes Diktat — sagt er —, dann kommt die Zeit 38; werden überfallen und zum Kriege gearbeitet. Der Krieg dauert nicht ganz drei Jahre und endet schlecht für diesen Mann und seinen Anhang. (...)*

*Steht an der Jahreszahl vier und fünf* (1945), *dann wird Deutschland von allen Seiten zusammengedrückt, und das zweite Weltgeschehen ist zu Ende. Und der Mann verschwindet, und das Volk steht da und wird noch vollständig ausgeraubt und vernichtet bis ins Unendliche ... Aber die Feinde stehen auch nicht gut miteinander. (...) Der Mann und das Zeichen verschwinden, und es weiß niemand wohin.«*[10]

Wie wir sehen, wurde der Beginn des Dritten Reichs in den Feldpostbriefen zwar nicht korrekt vorhergesagt, Hitler kam bekanntlich nicht 1932, sondern erst 1933 an die Macht, aber die Besetzung des Sudetenlandes, die manche Historiker als den Beginn des Zweiten Weltkriegs betrachten, erfolgte wie prophezeit im Jahr 1938. Auch die Dauer des Krieges war mit drei Jahren zu knapp bemessen, wenn man aber die zuerst genannten neun Jahre zu den drei Jahren Krieg hinzurechnet, kommt man auf zwölf Jahre. Genau die zwölf Jahre, in der das Dritte Reich von 1933 bis 1945 Bestand hatte. Und genau die Jahreszahl 1945 wird von dem französischen Seher auch als Ende des Zweiten Weltkriegs angegeben. Der Mann (Hitler) und das Zeichen (Hakenkreuz) verschwanden, und noch heute kursieren Gerüchte, Hitler habe den

Krieg überlebt und sich, ähnlich wie viele andere Nazigrößen, nach Südamerika abgesetzt. Der Seher sah darüber hinaus die Demontage der deutschen Schwerindustrie korrekt voraus, genau wie den beginnenden Kalten Krieg zwischen den einstigen Alliierten.

Besonders ausgeprägt war die Gabe des Zweiten Gesichts auch bei einem 1959 verstorbenen Brunnenbauer aus Freilassing namens Alois Irlmaier, der mit seiner Fähigkeit, anhand von Fotografien Auskunft über den Verbleib vermißter Personen geben zu können, überregionale Bekanntheit erreichte. Irlmaier war ein hagerer Mann, der etwas älter aussah als er war. Er hatte blaue, durchdringende Augen, die über einer scharf gebogenen Nase saßen. Er war bodenständigen katholischen Glaubens, kleidete sich einfach, und wer ihn nicht kannte, hätte ihn für einen einfachen Bauern gehalten, ohne je ein Zeichen seiner ungewöhnlichen Gabe zu erkennen.
Hunderten half er in der Nachkriegszeit bei der Suche nach Angehörigen, die entweder an der Front vermißt wurden oder sich in Gefangenschaft befanden. Einer Frau, die nach ihrem Mann fragte, gab er nach Betrachtung eines Bildes ihres Gatten den Rat, am nächsten Tag daheim zu bleiben. Er käme heim – und es traf zu. Anderen Frauen beschrieb er den Aufenthaltsort und das Aussehen ihrer Lieben, die, als sie später heimkehrten, erstaunt wissen wollten, wie man das in der Heimat habe wissen können. Bei einer anderen Gelegenheit kamen drei Brüder zu Irlmaier, um sich nach ihrem im Krieg vermißten vierten Bruder zu erkundigen. Er ließ sie gleich gar nicht zu Wort kommen:
*»Ja, ich weiß schon, was ihr wollt. Ihr seid vier Brüder und einer davon ist noch nicht da. Nun wollt ihr wissen, was mit ihm los ist. Das werde ich euch gleich sagen. Damit ihr aber seht, daß es stimmt, verrat' ich euch folgendes. Wenn ihr jetzt mit dem Auto wieder zurückfahrt und durch Teisendorf kommt, dann begegnet euch ein Lastzug, der hoch mit Brettern beladen ist. Fahrt ganz rechts hinaus, denn in dem Augenblick, wo ihr vorbeikommt, fallen die Bretter vom Anhänger herunter. So, und jetzt das andere! Eueren Bruder sehe ich in einem Kohlenbergwerk. Er hat einen langen Bart und sieht schlecht aus, aber er kommt wieder zurück.«*[11]
Die drei stiegen ins Auto und fuhren zurück. In Teisendorf begegnete ihnen wie angekündigt der Lastzug, sie bogen gleich ganz rechts aus, und tatsächlich fiel im gleichen Moment der ganze Bretterstapel vom Anhänger herunter. Solche Voraussagen stärkten die Glaubwürdigkeit

Irlmaiers natürlich gewaltig. Irlmaier konnte aber nicht nur willentlich den Verbleib von vermißten Personen erkennen, er war auch in der Lage, Verstorbene zu sehen, wenn er auch nicht alles verstand, was diese ihm sagen oder deuten wollten. Nach seinen eigenen Worten sah er Lebende, die sich in einem fernen Lande aufhielten, genau so deutlich wie Menschen, die vor vielen Jahren schon gestorben waren. Diese *»Abgestorbenen«* sah er *»als lichte schleierige Wesen«*, die *»nicht gehen, sondern so dahinschweben«*. Mit manchen konnte er reden, mit anderen aber auch wieder nicht. Viele lächelten ihn freundlich an, manche machten einen traurigen Eindruck.
In anderen Fällen sah er, wie die Umwelt um ihn herum ruckartig verschwand, und dann erblickte er etwas wie Filmstreifen vor sich ablaufen, mit deren Inhalt er nicht immer etwas anzufangen wußte. Auf die Frage, wie er denn diese Dinge sehe, antwortete er: *»Das ist wie in einem Film. Das zieht so an mir vorbei. Aber ich sehe alles, was ich will, wenn ich mich bloß darauf konzentriere. Dürfen Sie mir glauben, es ist nicht bloß immer etwas Schönes, was ich sehe, ganz im Gegenteil, es sind oft gräusliche Sachen dabei, und es braucht mich keiner zu beneiden um eine solche Gabe.«* Er nickte und fuhr fort: *»Manchmal, wenn ich so dahingehe, sehe ich Leute, und auf einmal weiß ich, daß denen demnächst was passiert, oder daß sie nicht mehr lange leben. Das ist nicht schön. Und oft tun sie mir so leid. Und manchmal müssen sie noch so viel leiden.«*[12]
*»Ganz narrisch macht es einen, wenn man alles sieht! Und sagen kann man's auch nicht jedem, weil es nicht jeder aushält!«*

Seine sensitiven Fähigkeiten kamen ihm besonders in der Ausübung seines Berufs sehr entgegen. Als Brunnenbauer und Rutengänger entdeckte und baute er über 700 Brunnen für Bauern und große Herren, für Alm- und Berghöfe, für städtische und staatliche Auftraggeber. So u. a. auch für Traunstein und Würzburg, für das Bad Schachen, wo er die Mineralquellen mitentdeckte, und für das »Reichsbauamt Zoll«, dem er den genauen Standort für rund 300 Zollhäuser ermittelte.[13]
Irlmaier erbrachte sogar eine amtliche Bestätigung seiner Fähigkeiten, denn als er vom örtlichen Pfarrer wegen Gaukelei vor Gericht gezerrt wurde, forderte der Amtsrichter in Laufen prompt einen Beweis seiner Sehergabe. Irlmaier entgegnete dem Richter daraufhin: *»Ihre Frau ist daheim. Ein rotes Kleid hat sie an und ein fremder Herr ist bei ihr! Lassen's nachschauen, ob's stimmt!«* Ein eilig zum Haus des Richters

geschickter Gerichtsdiener berichtete kurze Zeit später, daß die Frau tatsächlich gerade Besuch von einem Verwandten des Herrn Amtsrichters habe und eine rote Bluse trage.
Irlmaier wurde freigesprochen, die Urteilsbegründung enthielt u. a. folgenden Satz: *»Die Vernehmung der Zeugen … (mehrere Namen) … hat so verblüffende, mit den bisherigen Naturkräften kaum noch zu erklärende Zeugnisse für die Sehergabe des Angeklagten erbracht, daß dieser nicht als Gaukler bezeichnet werden kann. Die Kosten wurden der Staatskasse überbürdet.«*
Irlmaier konnte also Beweise für seine Fähigkeit erbringen. Aber von nun an wies er alle ab, die nach dem Verbleib ihrer kriegsgefangenen Angehörigen fragten. *»Sag nix mehr!«* war stets seine Antwort, und als auch die Versuche seiner Familie, den Seher vor fremden Besuchern abzuschirmen, nicht mehr halfen, verkroch er sich in sein selbstgebautes Häuschen im Wald, um dort nur noch seiner Arbeit als Brunnenbauer nachzugehen.
Seine Angaben führten sogar zur Aufklärung mehrerer Verbrechen. Als ein in Stuttgart des Mordes an seiner Ehefrau Angeklagter den Staatsanwalt bat, es möge doch der oberbayerische Hellseher befragt werden, wurde dies genehmigt. Kriminalbeamte suchten den Irlmaier auf, sie zeigten ihm ein Bild der ermordeten Gattin, worauf Irlmaier entgegnete, daß sie ja noch ein zweites Bild bei sich hätten, das sie ihm zeigen sollten. Die überraschten Beamten legten ihm daraufhin ein Foto vom Leichenzug der Ermordeten vor, und er deutete auf einen Mann, der als Vorletzter im Zug ging, und sagte: *»Der ist es gewesen.«*[14] Der Mann wurde verhaftet, und es stellte sich heraus, daß er tatsächlich der Mörder war.
Sogar die Schweizer Polizei zog den Freilassinger Brunnenbauer zu Rate, um ihn zu bitten, bei der Aufklärung einer Mordtat unterstützend tätig zu werden. Irlmaier beschrieb der Polizei den Aufenthaltsort der Täter, zweier junger Männer, so genau, daß sie sofort festgenommen werden konnten.

Es gibt unzählige Geschichten und Anekdoten rund um Irlmaiers Sehergabe. Was die nächste Zukunft angeht, sind aber vor allem seine Vorhersagen zum 3. Weltkrieg interessant, den er bereits seit den 1940er Jahren vorhersah. Und an dieser Stelle muß eingeräumt werden, daß sich Irlmaier trotz seiner überragenden Trefferquote auch irren konnte, kündigte er den Ausbruch des 3. Weltkrieges doch schon für die

1950er Jahre an. Darauf angesprochen, daß er sich wohl getäuscht habe, gab er dies ohne weiteres zu und gestand, daß er den Ausbruch des Krieges in den Fünfzigern aus mehreren Vorzeichen selbst errechnet hatte. Aber auch nachdem er sich in der Datierung geirrt hatte, weshalb Kübel von Hohn und Spott über ihm ausgegossen wurden, hielt er seine Voraussage, daß es zu diesem Krieg kommen werde, aufrecht, er wisse nur nicht, wann. Wörtlich sagte er: *»Es hat sich nicht das geringste daran geändert. Nur weil es näher herangekommen ist, sehe ich es viel deutlicher.«*[15]

Und als er gefragt wurde, ob er das denn auch bestimmt wisse, antwortete er, was das denn heiße: Etwas bestimmt wissen? Ob das nun stimmen werde oder nicht, ob der Krieg komme oder nicht, daß wisse er auch nicht. Aber er *»sehe es«*. Und da er schon so viel gesehen habe, was sich später tatsächlich als richtig erwies, so sei es wohl wahrscheinlich. *»Freilich kann man sich auch irren. Ich kann mich auch irren. Ich bin auch bloß ein Mensch.«*[16]

*»Ich sag' es halt so, wie ich es seh'. Unserem Herrgott kann keiner in's Handwerk pfuschen. Vielleicht erlaubt er es aber, daß ich ein bisserl in seine Werkstatt schau. Ob alles so wird, wie ich es Euch sagen kann, das weiß ich nicht. Wenn es die Leute nicht glauben wollen, dann sollen sie es halt bleiben lassen.«*[17]

Auch heute noch gibt es Seher, die, im Einklang mit den Propheten vergangener Tage, den Ausbruch eines 3. Weltkrieges ankündigen, dabei aber immer weniger Gehör in einer zunehmend materialistischen und sich »aufgeklärt« wähnenden Umwelt finden. Daher sollte es nicht verwundern, wenn diese Leute sich scheuen, mit ihrer Botschaft an die Öffentlichkeit zu treten. Einer davon ist ein österreichischer Bauer, der dem damaligen österreichischen Bundeskanzler Bruno Kreisky Ende der 1970er Jahre einen Brief schrieb, in dem er eine Energiekrise im Vorfeld des Krieges ankündigte: *»Den Menschen aus dem Land, aus dem Sie den nötigen Heizbedarf importieren lassen wollen, wäre ja ein friedlicher Aufstieg gegönnt; das mehr als allen anderen aus diesem Lager. Aber leider ... diese eiserne Hand.«* Die Erdöllieferung werde eingestellt. Von den Amerikanern sei nicht viel zu erwarten. *»Der Russ«* werde sich nicht an vereinbarte Verträge halten und den Gashahn zudrehen. Es sei sinnlos, kalorische Kraftwerke zu bauen, *»das bißchen Kohle, das wir haben werden, brauchen wir für Haus und Herd«*.[18]
Das Atomkraftwerk Zwentendorf, dessen Bau zu einem Proteststurm in

der Bevölkerung führte, werde – so prophezeite der Bauer – zwar fertiggestellt, aber nicht mehr bezogen werden. Und er behielt Recht, das Atomkraftwerk wurde zwar gebaut, aber bis heute nicht in Betrieb genommen.

Die vorangegangenen Zeilen sollten nun einen ersten Einblick in das Wesen der Präkognition gegeben haben, womit ein erster Grundstock gelegt sein dürfte, auf daß wir nun übergehen können zum eigentlichen Thema dieses Buches, dem nämlich, was der Welt in Zukunft bevorsteht und was zum kollektiven Schicksal der Menschheit zu werden droht, wenn die gesellschaftliche Entwicklung so weitergeht wie bisher. Die Betonung liegt im letzten Teil des Satzes »... wenn die gesellschaftliche Entwicklung so weitergeht«, denn es muß darauf hingewiesen werden, daß vorhergesehene Ereignisse keinesfalls unabwendbar sind. Die Möglichkeit, eine prophezeite Zukunft zu verändern, liegt jedoch nicht – wie viele glauben – in einer äußeren Handlung, sondern immer genau dort, wo die meisten Menschen nicht wagen danach zu suchen: in sich selbst.
Genau der Versuch, seinem prophezeiten Schicksal durch äußere Handlungen zu entgehen, ohne die Ursache im Inneren zu verändern, wurde dem Helden des griechischen Ödipus-Mythos zum Verhängnis, denn erst durch den Umstand, daß er versuchte, das Eintreffen der ihm prophezeiten Ereignisse im Äußeren unmöglich zu machen, erfüllte sich sein Schicksal.

*»Ödipus, Sohn des Laios, des Königs von Theben, und der Iokaste, wird dem griechischen Mythos zufolge gleich nach seiner Geburt ausgesetzt, da das Delphische Orakel den leiblichen Eltern prophezeit hatte, er werde seinen Vater töten und seine Mutter heiraten. Ödipus wird jedoch von Hirten gerettet und wächst in Korinth bei Adoptiveltern heran, ohne zu wissen, daß diese nicht seine wahren Eltern sind. Nachdem ihm das Delphische Orakel erneut sein Schicksal vorausgesagt hat, nämlich, daß er seinen Vater töten und seine Mutter heiraten werde, verläßt er Korinth in der irrigen Annahme, so die Erfüllung des Orakelspruchs verhindern zu können.*
*Auf dem Weg nach Theben trifft er seinen leiblichen Vater Laios, ohne diesen zu erkennen, und erschlägt ihn im Streit. In Theben angelangt, befreit er die Stadt von der Sphinx, einem Ungeheuer mit Frauenkopf und Löwenleib. Zum Dank erhält er die Königswürde, heiratet die*

*Witwe des Laios, seine leibliche Mutter Iokaste, und begeht – wiederum unwissentlich – Inzest mit ihr. Nach langen Jahren glücklicher Herrschaft des Ödipus wird Theben plötzlich von Seuchen und Mißwuchs heimgesucht. Um das Unheil abzuwenden, fordert das Delphische Orakel, man müsse den Mörder des Laios ausfindig machen und bestrafen. Der blinde Seher Teiresias bezeichnet Ödipus als den Schuldigen, und als die vom König selbst geleitete Untersuchung die schreckliche Wahrheit enthüllt, erhängt sich Iokaste, sticht sich Ödipus die Augen aus und er flieht in die Verbannung.«*

Der Schlüssel, um das Eintreffen düsterer Prognosen abzuwenden, liegt nicht im Äußeren, sondern in den dunklen und verdrängten Stellen der eigenen Persönlichkeit und des eigenen Lebens, in den Schatten des eigenen Ichs also, mit denen man sich nicht konfrontiert sehen möchte. Man könnte dort ja möglicherweise etwas finden, was einem nicht gefällt, etwas, daß das mühsam aufgebaute heile Selbstbild zu gefährden droht. Verlogen, aber bequem, äußerlich hübsch anzusehen, aber innerlich verfault. Wer konfrontiert sich selbst schon gern mit seiner eigenen Schuld, seinen Fehlern und seinen Unzulänglichkeiten, wenn man doch auch bei der heilen Fassade des gesellschaftlichen Erfolgs oder der attraktiven äußeren Erscheinung verharren kann, die einem so viel oberflächliche Lust und Nervenkitzel verspricht, auch wenn sie niemals dauerhaften inneren Frieden zu verleihen vermag.
Was man aber sät, das wird man auch ernten. Ist der Mensch etwa gewohnt, zur Sicherung des eigenen Vorteils zu lügen, zu betrügen und anderen Schaden zuzufügen, so muß er damit rechnen, daß etwas dementsprechendes früher oder später auf ihn zurückkommen wird. Solch ein Mensch lädt Schuld auf sich und wird sich dieser Schuld irgendwann zwangsweise stellen müssen.
Alois Irlmaier hatte dank seiner Sehergabe und seiner Fähigkeit, mit Verstorbenen Kontakt aufzunehmen, auch über das Gesetz von Schuld und Sühne einiges zu sagen. Er ließ wissen, es wäre gut für die Menschen, sie könnten ihre Schuld auf dieser Erde büßen, viel schlechter wäre es, sie nähmen ein großes *»Pack'l«* mit nach drüben. Wörtlich meinte er dazu: *»Gut ist es, wenn man noch zahlen kann auf dieser Welt für seine Schuld, viel schlechter ist es, wenn man das Packl noch nach drüben tragen muß. Denn geschenkt wird niemandem etwas von seiner Schuld.«* Das ist wohl das dümmste »Gesetz«, an das die Menschen glauben, »je schlechter der Mensch ist, desto mehr Glück hat er«.[19]

Deshalb betonte Irlmaier, daß alle Prophezeiungen bedingt sind, was für uns bedeutet, daß man sie abwenden kann, indem man rechtzeitig erkennt, von welcher Beschaffenheit der bisher eingeschlagene Weg ist, an welches Ziel er dementsprechend führen wird, und indem man bewußt diesen Weg verläßt, um einen anderen einzuschlagen.
Nichts anderes bedeutete das durch ein falsch verstandenes Christentum sinnentstellte Wort »Buße« ursprünglich. Thorwald Dethlefsen schreibt dazu: *»Wenn ein Durchschnittsbürger unserer Zeit die Worte hört: ›Tuet Buße‹, so verbindet er damit ganz andere Assoziationen, als er dies mit der Aufforderung: ›Wende deinen Sinn in eine andere Richtung!‹ tun würde.«*[20]
So, wie aus Unrecht niemals Segen hervorgehen kann, so wird sich der aufrichtige Versuch, ein ehrliches und gerechtes Leben zu führen, letztlich immer bezahlt machen.

Soviel zum individuellen Schicksal, dessen Erfüllung oder Nichterfüllung von der Lebensweise und der Ausrichtung des Individuums selbst abhängt und entsprechend veränderbar ist. Im kollektiven Fall hingegen müßte die Neuorientierung mit großen gesellschaftlichen Umwälzungen verbunden sein, was es ungleich schwerer macht, einen einmal eingeschlagenen Weg zu verlassen. Irlmaier war daher sehr pessimistisch, was die Möglichkeit anging, den von ihm gesehenen 3. Weltkrieg abzuwenden. Es würde bedeuten, den Irrweg der Selbstbefreiung, der mit der Französischen Revolution begann und sich mit der folgenschweren kommunistischen Oktoberrevolution 1917 unheilvoll fortsetzte, zu verlassen und zurückzukehren in die natürliche Ordnung, was z. B. in politischer Hinsicht die Rückkehr zur Monarchie bedeuten würde und im gesellschaftlichen Umfeld die Familie wieder in den Mittelpunkt des Lebens stellen müßte.
Aber seien wir realistisch, dazu bedarf es wohl erst einer großen Katastrophe, die die Menschen wieder zur Besinnung bringt und nach der man sich zwangläufig auf das Wesentliche konzentrieren muß, anstatt sich – satt, dekadent und gelangweilt – auf der Suche nach Reizbefriedigung in einem Wirrwarr von Moden, Trends und Zeitgeistströmungen zu verlieren, die einen scheinbaren Lustgewinn versprechen und demzufolge immer abartiger und bizarrer ausfallen müssen.
Eine Botschaft der Marienerscheinungen von Fatima lautete darauf anspielend: *»Was faul ist, wird fallen, und was fällt, soll nicht gehalten werden.«* Nun, was faul ist, wird wohl fallen müssen, um für etwas

Neues, Gesünderes Platz zu schaffen. In diesem Sinne wollen wir nun das prophezeite Geschehen betrachten.

# 4 – Das prophezeite Geschehen – Kurzübersicht

Der weitaus größte Teil der europäischen und internationalen Vorhersagen und Prophezeiungen zeichnet ein ähnliches Szenario für die nächsten Jahre bis Jahrzehnte. Bemerkenswert ist vor allem die Übereinstimmung, die sich bei Prophezeiungen ergibt, die einerseits aus dem christlichen und andererseits aus dem islamischen Kulturkreis stammen. Trotz räumlicher und kultureller Trennung kündigen beide in den Grundzügen dasselbe Geschehen an. Es wird demzufolge zu einer völlig unerwarteten und heftigen Umgestaltung der Welt kommen, nicht nur in gesellschaftlich-politischer Hinsicht durch Revolutionen und Krieg, es sind auch katastrophale geologische Veränderungen der Kontinente angekündigt.
Was noch verhältnismäßig harmlos beginnt, eskaliert, dem Grundton der Prophezeiungen zufolge, innerhalb von nur wenigen Monaten buchstäblich bis zum in der Bibel angekündigten Jüngsten Gericht, bis zur Apokalypse, worauf eine lange Periode des Friedens folgen soll, in der materiell wiederaufgebaut wird, was während des Krieges und der Katastrophen zerstört wurde, und geistig neu erblüht, was heute bereits seit Jahrzehnten darniederliegt.

### *Der gesellschaftliche Zerfall*

Bevor sich die Ereignisse beschleunigen und schließlich überstürzen, kündigten die Seher eine langsam fortschreitende Phase des gesellschaftlichen Zerfalls an, in der alle traditionellen Werte, die Volk und Gesellschaft früher ganz selbstverständlich zusammenhielten und die die gesunde Entwicklung eines jeden einzelnen in Familie und Gemeinschaft sicherstellten, vorsätzlich abgetragen und durch neu proklamierte Freiheiten ersetzt werden. Diese neuen Freiheiten sind alle Kinder desselben Geistes, des Hochmuts, der Überheblichkeit, der

Vermessenheit und der Selbstüberschätzung, des rücksichtslosen Ich-Wahns, der sich selbst zum Gott erheben möchte und dabei nur ein Ziel kennt: die kurzfristige und meist sinnentleerte Lustbefriedigung ohne auch nur die geringste Rücksichtnahme auf eventuelle Verluste. Ja, nachdem die Gesellschaft jeglicher Werte außer des Geldes und des Sexappeals entledigt ist, erkennt der Zeitgeist diese Verluste nicht einmal. Verantwortung ist aus der Mode, Spaß allein hat Konjunktur. Das Motto heißt Selbstbefreiung und Selbstverwirklichung, und während wir alle gleich sein sollen und in dieser Gleichheit quantitativ nach immer mehr streben, merken wir nicht, daß wir qualitativ immer weniger haben. **Alois Simon Maaß** formulierte 1846 diese Zustände in den Worten: *»Wenn der Luxus so groß geworden ist, daß man Männer und Frauen an der Kleidung nicht mehr unterscheiden kann (...), dann paßt auf, es kommen die letzten Zeiten.«*

Die Lösung für die Probleme des irdischen Daseins, die Rückbindung, die Religion, verfällt zeitgleich, und die Kirchen, deren Aufgabe es wäre, der Gesellschaft spirituelle Ausrichtung und Führung zukommen zu lassen, scheinen diesen Verfall noch mehr zu fördern als zu verhindern. Man will »mit der Zeit gehen«, vielleicht um keine zahlenden Mitglieder zu verlieren, und nimmt dabei in Kauf, daß der Glaube an zeitlose Werte auf der Strecke bleibt. Ein denkbar schlechtes Geschäft. Während der Marienerscheinung von **La Salette** wurde 1846 angekündigt: *»Die bürgerlichen Regierungen* (im Gegensatz zur Monarchie, Anm. LDG) *werden alle dasselbe Ziel haben, das da ist, die religiösen Grundsätze abzuschaffen und verschwinden zu lassen, um für den Materialismus, Atheismus, Spiritismus und alle Arten von Lastern Platz zu schaffen.«* Andere Worte für dieselbe Entwicklung fand der Bayernwaldseher **Mühlhiasl**: *»Der katholische Glaube wird fast ganz verschwinden. Die Geistlichen sind selber schuld, weil sie nicht mehr nach ihrem Stand leben.«*

## *Ein milder Winter geht dem Krieg voraus*

**Alois Irlmaier** kündigte bereits in den 1950er Jahren einen langsamen Wechsel des Klimas in Mitteleuropa an. Milde Winter würden kommen, so daß *»im Januar die Mücken tanzen«*.
Was für einen Winter in den Fünfzigern mit Schnee von November bis

März noch unvorstellbar war, ist spätestens seit den 1990er Jahren zur Normalität geworden.
Der Winter vor dem Krieg soll nun vielen Quellen zufolge ganz besonders mild sein, gefolgt von einem zeitigen, warmen Frühling und früh einsetzender Vegetation. **Wessel Dietrich Eilert** beschrieb 1833 das Kriegsjahr folgendermaßen: *»In dem Jahr, wo der Krieg ausbricht, wird so ein schönes Frühjahrswetter sein, daß im April die Kühe schon in vollem Grase gehen.«*

## *Wirtschaftskrise und politische Destabilisierung*

Nach der Erweiterung von NATO und EU in Richtung Osten und durch die vermeindliche Schwäche Rußlands scheint die Bedrohung durch einen militärischen Konflikt in Mitteleuropa gänzlich gebannt, was von Politik und Medien großartig gefeiert wird. Die westliche Welt wähnt sich in tiefstem Frieden. In Großbritannien beispielsweise geht man, was die Gefahr eines Krieges in Europa anbetrifft, inzwischen von einer Vorwarnzeit von fünf Jahren aus. Das führt dazu, daß die Verteidigungsfähigkeit des Westens durch ständige Einsparmaßnahmen in den Militärbudgets immer weiter verringert wird. Das restliche zur Verfügung stehende Geld verschlingen unsinnige Ausländseinsätze, die in keinem Fall dauerhaften Frieden nach sich ziehen, aber Truppen und Logistik binden, die zu Hause im Verteidigungsfall nicht mehr zur Verfügung stehen. Das Militär wird entsprechend umstrukturiert, Neuanschaffungen, wie z. B. der Airbus A400M, eignen sich nicht für die Verteidigung gegen einen Gegner, der das Heimatland bedroht.

Nach einem Jahrzehnt irrealer Börseneuphorie, die an die 20er Jahre des letzten Jahrhunderts erinnert, wird nun deutlich, daß der Aufschwung der 1990er Jahre auf tönernen Füssen stand und daß die zinsgebeutelte Marktwirtschaft in einer ernsten Krise steckt. Firmenpleiten, Arbeitslosigkeit, Abbau von Sozialleistungen, ständige Teuerungen, nicht zuletzt durch die Einführung der Kunstwährung EURO, und stetig höhere Steuern stärken im politischen Bereich die verdeckt agierende kommunistische Linke, die ihren Einfluß auf weite Kreise der Bevölkerung ausweiten kann. Die Verschuldung der privaten Haushalte und des Staates nimmt durch den Zinseszinseffekt weiterhin rapide zu, was natürlich auf den steuerzahlenden Bürger abgewälzt wird, wie **Josef Naar** schon 1763 voraussah: *»Es werden so viele verschiedene Steuern aufkommen, daß die Obrigkeiten nicht mehr wissen, was für Namen sie ihnen geben sollen.«*

## *Der Krieg in Nahost*

Es kommt überraschend zu einem neuen Krieg im Nahen Osten, woraufhin Truppen der USA intervenieren. Dort werden sie in einen Flächenbrand verwickelt, in dem sie entgegen den Erwartungen langfristig nicht siegreich bleiben. Die heimlichen *»Brandstifter«* dieses Krieges sind laut **Erwin Zahn** (2000) *»die Sowjetkommunisten (...), weil sie glauben, dann in Nord- und Westeuropa, im Balkan, in der Türkei, in Persien und Afghanistan nur auf relativ geringen Widerstand zu stoßen«.* Europaweit und in den USA selbst ruft diese Intervention die sogenannte Fünfte Kolonne auf den Plan, bestehend aus Helfershelfern Moskaus, die mit Hilfe selektiver Darstellungen der Kriegsgründe und des Kriegsverlaufs während sogenannter »Friedens-«Demonstrationen für eine zunehmend antiamerikanische Stimmung in der Bevölkerung sorgen und Hand in Hand mit den durch die Wirtschaftskrise aufgewiegelten Gewerkschaften und »Kapitalismus«-Kritikern eine vorrevolutionäre Situation anstreben, welche sich mit der sich verschärfenden internationaler Lage schließlich auch bis zum offenen Bürgerkrieg entwickeln wird.

Als Ergebnis des Krieges in Nahost verliert die US-Regierung ihren Rückhalt in der westlichen Welt, der russische Einfluß auf die Ölregion wird größer, und es kommt zu einem Ölembargo gegen Westeuropa und Nordamerika, was die ohnehin schon schwierige wirtschaftliche Situation von einer Rezession in die Depression stürzt. Die Börsen liegen am Boden, ganze Volkswirtschaften brechen zusammen.

## *»The Big One«*

In Nordamerika, vermutlich an der Westküste, kommt es im Mai oder Juni, auf jeden Fall Ende des Frühjahrs oder zu Beginn des Sommers, zu einer gewaltigen Naturkatastrophe, dem lange erwarteten großen Erdbeben, begleitet von erheblicher vulkanischer Aktivität. Die USA werden von dieser Katastrophe so empfindlich getroffen, daß sie sich *»auf 50 Jahre nicht davon erholen«*. Die dabei ausbrechenden Vulkane schleudern riesige Mengen Asche in die Luft, welche die Atmosphäre eine Zeitlang verdunkeln. Die Auswirkungen auf die militärische Verteidigungsfähigkeit sind verheerend, die in Übersee eingesetzten Truppen werden jetzt dringend zu Hause benötigt, um die Folgen der Katastrophe einzudämmen.

## *Wiedererstehen der Sowjetunion und neue Unruhen auf dem Balkan*

Nach Jahren der heimlichen Vorbereitungen kehren Rußland und die Staaten der GUS schlagartig zum Kommunismus zurück. Die oberflächliche Kooperationsbereitschaft der letzten Jahre weicht einer stalinistischen Drohkulisse, und die lange im Verborgenen aufrechterhaltene sowjetische Militärmacht geht am Balkan und in Nahost in die Offensive. Während neuer Unruhen auf dem Balkan stößt das russische Militär plötzlich nach Belgrad vor, vermutlich, um die nach dem Kosovokrieg an die Macht gekommene pro-westliche Regierung Serbiens zu stürzen und das Land, das als slawische Bastion Rußlands gilt, politisch wieder an Rußland zu binden.

## *Atomterror in New York*

Etwa zeitgleich mit den Ereignissen auf dem Balkan explodiert vermutlich im Monat Juni in New York eine Atombombe. Manhattan wird dabei weitgehend zerstört. Der Sprengkopf wurde von einer Rakete aus russischen Beständen ins Ziel getragen, jedoch werden arabische Terroristen für den Anschlag verantwortlich gemacht. Spätestens zu diesem Zeitpunkt bricht in den USA Panik und Chaos aus. Der **Bauer aus dem Waldviertel** erwartet seit 1977 das Zusammentreffen dieser Ereignisse: *»Ein begrenzter Konflikt auf dem Balkan und die Zerstörung New Yorks, das sei der Anfang der kriegerischen Auseinandersetzungen, ohne nennenswerte Auswirkung noch auf Mitteleuropa.«*[21]

## *Der Funkenregen*

In Mitteleuropa herrscht noch Frieden, als im Juli oder August ein außergewöhnliches kosmischen Ereignis für Aufsehen sorgt. Eine dichte Wolke, bestehend aus Bruchstücken eines Himmelskörpers, vermutlich eines Kometen, kreuzt die Bahn der Erde. Durch diese Wolke kommt es zumindest im Bereich von Niederösterreich, Bayern und Böhmen vormittags zur Verfinsterung der Sonne. Viele kleine Bruchstücke gehen glühendheiß nieder und entzünden zahlreiche Brände. *»Am hellichten Tag fällt der Funkenregen (...), alles Gras und alle Gebäude und alle Hütten und was nur immer brennen kann, das brennt.«*[22] (**Bauer aus dem Waldviertel**, 1977)

## *Anschlag auf westliche Entscheidungsträger*

Während der Einnahme von Gebieten in Nahost und auf dem Balkan durch die Rote Armee kam es zu Gefechten mit amerikanischen Truppen. Die Situation zwischen den Großmächten ist gespannt und droht zu eskalieren. Diplomatische Verhandlungen laufen auf Hochtouren, und es wird eilig eine Friedenskonferenz einberufen, wahrscheinlich in Budapest.
Genau in dem Moment, als das Schlimmste abgewendet zu sein scheint und die Welt aufatmet, kommt es zur aufsehenerregenden Ermordung eines weiteren bedeutenden westlichen Politikers. **Alois Irlmaier** sprach 1950 von einem *»politischen, die ganze Welt aufhorchen lassenden Mord in einer Stadt auf dem Balkan«*. Diese Tat setzt eine Mordserie fort, der zuvor bereits zwei weitere Politiker zum Opfer gefallen sind. Die plötzlich fehlenden Entscheidungsträger maximieren die schon bestehende Verwirrung im Westen, die Täter werden nicht gefaßt, jedoch stellt sich heraus, daß sie im Auftrag Moskaus handelten.
Spätestens jetzt bricht in zahlreichen Staaten Europas und in den USA, vor allem aber in Italien, Frankreich, Spanien und England der offene Bürgerkrieg aus. Moskautreue linke Agitatoren mißbrauchen die Frustration in der Bevölkerung und rufen die Revolution aus. Von kommunistischen Agenten initiiert, rebellieren ethnische Minderheiten in den Ghettos der europäischen und nordamerikanischen Städte.
Es kommt zu Blutbädern und Straßenschlachten, Paris und viele weitere Großstädte brennen. Kommunistische Zellen übernehmen kurzfri-

stig an vielen Orten die Macht. In der aufgepeitschten Atmosphäre werden nicht nur Geschäfte und Banken geplündert, sondern auch Kirchen und Klöster gestürmt, Priester und Ordensleute verfolgt, inhaftiert und umgebracht. Auf dem Höhepunkt der italienischen Revolution muß der Papst aus Rom fliehen. Nach dem Zusammenbruch der öffentlichen Ordnung herrscht das Faustrecht. Der Westen ist verteidigungsunfähig.
*»Über Nacht kommt die Revolution der Kommunisten, (...) der Sturm über Klöster und Geistliche. Die Menschen wollen es zuerst nicht glauben, so überraschend tritt es ein. Viele werden eingekerkert und hingerichtet. (...) Wie ein Blitz aus heiterem Himmel kommt der Umsturz von Rußland her, zuerst nach Deutschland, darauf nach Frankreich, Italien, England. Allerorts ist Aufruhr und Zerstörung.«*[23] (**Franz Kugelbeer**, 1922)

Nur wenige Tage nach dem Mord folgt der östliche Überraschungsangriff auf die ganze westliche Welt, die lange vorbereitete kommunistische Weltrevolution bricht aus.

## *Der Überraschungsangriff*

Unmittelbar vor der Stunde Null, in der sich Luftlande- und Bodentruppen in Richtung Westen in Bewegung setzen, werden in vielen Ländern Europas militärische Einrichtungen, Telekommunikationszentren, Rundfunkstationen, Kraftwerke, Verkehrsknotenpunkte etc. von längst infiltrierten Agenten sabotiert oder übernommen und der Widerstand gegen die vorrückende Rote Armee auf jede erdenkliche Weise geschwächt. Der Angriff erfolgt wahrscheinlich im Monat Juli so überraschend, daß ganze Länder den Invasoren völlig kampflos in die Hände fallen.
Innerhalb weniger Stunden schalten die russischen Luftstreitkräfte die europäische Luftraumverteidigung aus, Luftlandetruppen übernehmen weitere militärische und zivile Einrichtungen. Dann folgt die Offensive zu Land.
Um seine Flanken zu sichern, fällt Rußland zuerst im Norden in Finnland, Schweden und Norwegen ein, kämpft den Widerstand der nicht vorbereiteten skandinavischen Truppen nieder und erzwingt einen Waffenstillstand mit nachfolgender Besetzung des Landes.

Gleichzeitig fällt die Rote Armee in Griechenland und der Türkei ein und stößt über Iran und Irak weiter in den arabischen Raum vor. Daraufhin stürmen russische Truppen über Ungarn, Österreich und über den Balkan nach Italien und Frankreich, um die kommunistischen Revolutionen dort zu unterstützen. Erste Flüchtlingswellen kommen aus Österreich und Tschechien nach Deutschland.

## *In drei Angriffskeilen bis zum Rhein*

Unmittelbar nach der erfolgreichen Besetzung der Nord- und Südflanke erfolgt etwa Anfang bis Mitte August blitzartig der Mittelangriff auf Westeuropa. Mit drei gewaltigten Angriffskeilen fällt die Rote Armee über Polen und Tschechien in Deutschland ein und strebt unaufhaltsam zum Rhein.
Die Angriffskorridore verlaufen:

- Von Königsberg (Kaliningrad) südwestlich durch Polen über den Raum Berlin–Stettin, durch das Norddeutsche Flachland über Hamburg und Hannover in Richtung Bremen und das Ruhrgebiet bis hinein in die Niederlande zur Kanalküste. Ein Teil stößt über Schleswig-Holstein nach Dänemark vor.
- Vom Dreiländereck Deutschland, Polen, Tschechien über Dresden und Erfurt nach Frankfurt und ins Ruhrgebiet. Das strategisch wichtige Ruhrgebiet wird so in die Zange genommen.
- Von Prag aus über den böhmisch-bayerischen Wald zum nördlichen Donauufer, diesem entlang über Ulm bis Freiburg. Ein anderer Teil stößt über Nürnberg die A6 entlang nach Stuttgart und Karlsruhe vor.

Die Rote Armee erreicht den Rhein innerhalb kürzester Zeit, ohne dabei auf nennenswerte Gegenwehr zu stoßen. Dort erst gelingt es dem Westen, eine Verteidigung aufzubauen und den russischen Vorstoß zu stoppen.

Der Angriff wird so überraschend geschehen, daß in der Bevölkerung zuerst Verwirrung herrscht, es kommt zu Hamsterkäufen, Barrikaden werden errichtet, der Verkehr kommt zum Erliegen. Viele versuchen, mit dem Auto nach Westen zu gelangen, bleiben dabei aber auf den verstopften Autobahnen hängen. In den besetzten Gebieten kommt es zu Übergriffen gegen die Zivilbevölkerung, welche schließlich in wilder Panik mit Fahrrädern oder gar zu Fuß vor der herannahenden Roten Armee zu fliehen versucht.

## *Weltweiter Atomkrieg*

*»Mitte August greifen russische Eliteeinheiten Alaska an.«*[24] (Ordensschwester **Erna Stieglitz**, 1975)
Koordiniert mit dem russischen Angriff auf Westeuropa und einem chinesischen Einfall in Asien wagt eine vereinte kommunistische Streitmacht, bestehend aus russischen und chinesischen Truppen, die von den Armeen mehrerer Drittweltländer unterstützt werden, die Invasion Nordamerikas. Mit dem Fortschreiten der Kampfhandlungen und dem zunehmend verbissener werdenden Widerstand gegen die roten Angreifer wird der Vorstoß an allen Fronten zunehmend von taktischen Nuklearwaffenschlägen und dem Einsatz chemischer und biologischer Kampfstoffe begleitet. Der Westen ist zunächst an allen Orten auf dem Rückzug und scheint den Krieg zu verlieren. Erst nachdem die Angreifer in Europa und Nordamerika in die Verteidigung gedrängt werden, kommt es etwa im September zum Atomschlag gegen europäische und nordamerikanische Städte, der von amerikanischen U-Booten entsprechend pariert wird. *»Erst gegen Ende dieses verhältnismäßig kurzen Krieges kommt es zum Duell mit Atomwaffen. Und schließlich zum totalen atomaren Krieg. Seine verheerenden Auswirkungen entziehen sich jeder Beschreibung.«* (Ordensschwester **Erna Stieglitz**, 1975)

## *Die Wende durch den »Gelben Strich«*

Nur wenige Tage nach dem Überraschungsangriff bewirkt der flächendeckende amerikanische Einsatz eines chemischen Kampfstoffs entlang der Linie Prag–Stettin, eventuell auch Triest–Prag–Stettin, die Wende des Krieges in Europa. Von amerikanischen Flugzeugen wird ein absolut tödlicher gelb-grüner Kampfstoff abgesprüht, der einen viele Kilometer breiten Korridor dauerhaft vergiftet, welcher über ein Jahr lang nicht betreten werden darf. Dieser Korridor stellt für die zweite strategische Staffel der angreifenden Roten Armee, die für die

Offensive unverzichtbar ist, eine unüberwindliche Barriere dar. *»Wie ein gelber Strich geht es hinauf bis zu der Stadt in der Bucht* (Stettin). *Eine klare Nacht wird es sein, wenn sie zu werfen anfangen. Die Panzer fahren noch, aber die darin sitzen, sind schon tot. Dort, wo es hinfällt, lebt nichts mehr, kein Baum, kein Strauch, kein Vieh, kein Gras, das wird welk und schwarz. Die Häuser stehen noch. Was das ist, weiß ich nicht und kann es nicht sagen. Es ist ein langer Strich. Wer darüber geht, stirbt. Die herüben sind, können nicht hinüber und die drenteren können nicht herüber, dann bricht bei den Heersäulen herüben alles zusammen. Sie müssen alle nach Norden. Was sie bei sich haben, schmeißen sie alles weg. Zurück kommt keiner mehr.«*[25] (**Alois Irlmaier**, 1959)
Der russische Nachschub ist unterbrochen, und die Einheiten der ersten strategischen Staffel, die in Deutschland bereits den Rhein erreicht hatten und im Süden über Italien nach Frankreich vorgedrungen waren, werden bei Lyon, bei Ulm, bei Köln und schließlich in Westfalen, wo es zur legendären »Endzeitschlacht am Birkenbaum« kommt, in die Defensive gedrängt, eingekesselt und schließlich aufgerieben.

## *Atombomben in den Atlantik und das Mittelmeer*

Als Rache für die Niederlagen, die ihre Armeen in Europa einstecken müssen, beschließt die sowjetische Führung den Einsatz einer starken Atombombe im Atlantik, die, weit unter Wasser gezündet, riesige Flutwellen, ähnlich den gefürchteten Tsunamis, auslöst. Die Bombe im Atlantik ist gegen London gerichtet, wo sie die schwersten Schäden anrichtet. Sie überschwemmt aber auch die Küstengebiete Norddeutschlands, Hollands und aller anliegenden Staaten. Die Bombe im Mittelmeer verwüstet die südfranzösischen Küstengebiete so, daß *»Marseille verschlungen werden* (wird).*«*[26] (Marienbotschaft von **La Salette**, 1846)
Spätestens zu diesem Zeitpunkt nimmt das Geschehen apokalyptische Ausmaße an.

## *Einschlag eines Himmelskörpers*

Der Himmelskörper, der schon im Sommer den Funkenregen verursachte, bedroht auf seinem Durchzug durch das Sonnensystem nun erneut die Erde. Diesmal ist die Gefahr jedoch erheblich größer, denn es nähern sich der Erde deutlich schwerere Trümmerstücke, die auch am Taghimmel mit bloßem Auge weithin sichtbar sind. Wie ein zweiter Mond steht drohend ein mit Kratern übersähtes Objekt am Himmel, von dem etwa im Oktober oder November mehrere Bruchstücke auf der Erde einschlagen, vermutlich in der Nähe des Panamakanals und in Tschechien in der Nähe von Prag. Innerhalb von Sekunden werden Kubikkilometer von Gestein verdampft, verflüssigt und in die Luft geschleudert. In der Nähe der Einschlagsstelle kommt es zum *»Platzen der Erdrinde«*[27] (**Bauer aus dem Waldviertel,** 1976), das Land wird völlig zerstört und verschüttet. Die Stoßwellen des Einschlages, die den Planeten entlanglaufen, lösen die schwersten Erdbeben seit Menschengedenken aus, die alles zu zerstören drohen, was die Kriegseinwirkungen überstanden hatte. *»Einen Tag lang zittert und bebt die Erde. Man bilde sich nicht ein, daß irgend etwas stehen bleibt. Das Beben setzt spät am Abend ein und dauert bis zum nächsten Tag.«*[28] (**Bauer aus dem Waldviertel,** 1977)

Es kommt zur Umgestaltung der Küsten und Kontinente, manche Gebiete versinken im Meer, Flüsse verändern ihren Lauf. Neben dem Auswurf von Lava und Asche wird auch eine ungeheure Menge vulkanischer Dämpfe und Gase freigesetzt. Im Umkreis von vielen Kilometern gehen Unmengen des ausgeworfenen Materials nieder. Eine dichte, mit giftigen Gasen und Staubpartikeln beladene rostrot-schwarze Wolke legt sich über weite Gebiete. Es kommt zur dreitägigen Finsternis, dem zentralen Ereignis des gesamten prophezeiten Geschehens. Nur wer sich in einem geschlossenen Raum befindet, überlebt: *»Finster wird es werden an einem Tag unterm Krieg. Dann bricht ein Hagelschlag aus mit Blitz und Donner und ein Erdbeben schüttelt die Erde. Dann geh nicht hinaus aus dem Haus. Die Lichter brennen nicht, außer Kerzenlicht, der Strom hört auf. Wer den Staub einschnauft, kriegt einen Krampf und stirbt.«*[29] (**Alois Irlmaier**, 1959)

Zwei bis drei Viertel der Bevölkerung kommen durch das Einatmen der staubbeladenen Luft um. Der Impakt beendet den Krieg, alle militärischen Kampfhandlungen werden durch die Katastrophe schlagartig beendet.

## *Die Zeit danach*

Nachdem sich die Staubschwaden abgesetzt haben oder vom Regen ausgewaschen wurden und die Luft wieder atembar ist, beginnen die Menschen mit Aufräumarbeiten. Die entvölkerten Städte erweisen sich als lebensfeindliche Umgebung, dort gibt es nur Schutt. Um Seuchen entgegenzuwirken, müssen unzählige Leichen und Tierkadaver beseitigt werden. Die brennendsten Probleme der ersten Nachkriegszeit sind der Mangel an Trinkwasser und Lebensmitteln. Es kommt zu einer Hungersnot und vereinzelt zu Raubüberfällen und Plünderungen. Städter bewaffnen sich, rotten sich zusammen und unternehmen Raubzüge aufs Land, wo es noch Lebensmittel gibt. Doch schon im darauffolgenden Jahr hat die erste Not ein Ende. Das Leben wird langsamer, und man organisiert sich neu in dörflichen Gemeinschaften, man unterstützt sich gegenseitig beim Wiederaufbau, sät und pflanzt und legt Weiden an. Die aus der Luft ausgewaschenen Partikel düngen den Boden und sorgen so für überraschende Ernteerträge. Verwüstete Landstriche werden nach und nach neu besiedelt: *»Aber nachher* (nach dem Krieg) *kommt eine gute Zeit, ein anderes Klima kriegen wir auch. Keinen Winter wird's mehr geben bei uns und wachsen tut grad genug. Viele Leute ziehen jetzt dann über die Donau, dort oben ist jetzt Platz grad genug, sie bauen sich Häuser wieder und Land haben sie genug.«*[30] (**Alois Irlmaier**, 1950er Jahre)

Die von Krieg und Revolution zerstörten einstigen Supermächte verlieren ihre Bedeutung vollständig, in Rußland bricht durch den verlorenen Krieg eine Gegenrevolution aus, und schließlich wird auch dort die Ordnung wieder hergestellt. Das neue Rußland, das den Kommunismus nun endgültig überwunden hat, ist christlich geprägt.

Die Monarchie kehrt zurück, und es werden in ganz Europa Männer, die sich bei der Verteidigung der Heimat hervorgetan haben, vom Papst zu Königen und Kaisern gekrönt. Eine neue Verfassung garantiert allen Gebieten, die sich dem neuen deutschen Kaiserreich anschließen (Deutschland, die Schweiz, Österreich, Südtirol, die verbliebenen Teile der Niederlande und die deutschen Gebiete im Osten), äußere Sicherheit und innere Souveränität. Die mit der Französischen Revolution von 1789 begonnene Tendenz zur hedonistischen Selbstbefreiung landet als größter historischer Irrtum auf dem Abfallhaufen der Geschich-

te, während traditionelle Werte und Ideale wieder hergestellt werden. Recht wird wieder Recht sein, und eines der ersten Reichsgesetze ist das Verbot der Abtreibung.
Alois Irlmaier verspricht für die Jahre nach dem Krieg *»eine lange glückliche Zeit und wer's erlebt, der kann glücklich sein«*. Und er ergänzt, man habe dann sehr viel weniger Geld und Gesetze, es sei ein freieres, besseres Leben.

Nach dem Krieg wird das Klima in Mitteleuropa mediterran. Zitrusfrüchte und sogar Bananen gedeihen nun auch nördlich der Alpen. Schnee im Winter gibt es nur noch in den Bergen. Durch die tektonischen Veränderungen hat sich die Geographie der Erde verändert. Viele ehemalige Küstengebiete und Inseln (z. B. ein Großteil Japans, Kalifornien, Teile der Westküste Amerikas, große Teile Englands) sind versunken, neues Land ist aus dem Meer aufgetaucht. Nachdem die Ordnung wiederhergestellt ist, erholt sich Deutschland verhältnismäßig schnell und reibungslos und wird zur zentralen Macht in Europa. Die folgende lange Friedenszeit, die mit einer religiösen Rückbesinnung verbunden ist, wird von vielen Sehern als ein Goldenes Zeitalter beschrieben.

# 5 – Ausbruch und Dauer des 3. Weltkrieges

Über den Zeitpunkt, zu dem der Krieg in Mitteleuropa ausbricht, wissen uns die Prophezeiungen weitgehend gleichlautend zu berichten, daß es in einem Sommer geschehen soll, etwa im Monat Juli oder August, und zwar blitzartig. Die Dauer wird meist mit etwa drei bis vier Monaten angegeben. Lassen wir **Alois Irlmaier** (1949) zu Wort kommen:
*»Ein dritter großer Krieg ist ziemlich sicher, aber ich weiß nicht, wann er kommt; aber das Eine ist ganz gewiß, daß er nicht lange dauert. Ich sehe einen Dreier ... es können bloß drei Tage sei, es können auch drei Wochen sein, es können auch drei Monate sei. Aber länger dauert er gewiß nicht. Und das ist des gute, daß er so geschwind vorbeigeht.«*[31]
Über die Dauer des nächsten Weltkrieges meinte Irlmaier bei anderer Gelegenheit: *»Lang wird der Krieg nicht dauern, aber es wird trotzdem*

*reichen. In eineinhalb Mondlängen werden die Leut' den ersten Schrekken hinter sich haben.«* Und weiter fuhr er fort: *»Dann wird ein höheres Wesen die Bahn streichen und uns im Kriege helfen. Der Ami wird den anderen Herr* (wird siegen) *und dann werden wir wieder freie Hand haben in unserem Heimatland.«*[32]
Für die Zeit, zu der sich seine Prophezeiungen erfüllen, sah er auf den Feldern moderne Maschinen, unter denen er sich damals nichts vorstellen konnte und merkwürdige »Kasteln«, etwa 1,5 Meter groß und glänzend, welche ein halbes oder dreiviertel Jahr lang auf den Feldern standen, vermutlich sind das die seit einigen Jahren üblichen kunststoffverpackten Strohballen.[33]

Übereinstimmend damit deutet auch der **Waldprophet Mühlhiasl** (18. Jahrhundert) auf die Zeit der Getreideernte, d. h. auf den Hoch- bis Spätsommer: *»Angehen tuts in der Kornsaat oder in der Hafermaht.*[34] *Die Rotjanker werden kommen. Im Unterdorf spielt man noch Karten, im Oberdorf reiten sie schon ein. Es wird so schnell gehen, daß man den Speck nicht mehr vom Hausboden herunterholen kann. Aber es dauert nur dreimal den Mond. Wer drei Laib Brot hat und nur einen verliert, soll sich nicht umdrehen. Es langen auch zwei.«*[35]
*»Dreimal den Mond«* stimmt mit der Dauer des Krieges laut Irlmaier überein, also etwa drei Monate.

Und immer wieder wird die Zeit der Getreideernte genannt:

**Wessel Dietrich Eilert**, 1833, Westfalen:
*»Das Korn wird man noch einscheuern können, aber nicht mehr den Hafer.*[36]
*Nachdem dieses alles vorangegangen, da wird mit einem Male der Feind in solcher Masse da sein, als wenn er wie Pilze aus der Erde gewachsen wäre.«*[37]

**Adolf Schwär**, 1955, Scharzwald:
*»Wenn der Langbauer den reichen Winterroggen, der am Weg nach Zwerisberg unten am Hummels Wald ist, mäht* (August), *wird der russische Düsenjäger über uns hinwegbrausen.«*[38]

**Hermann Kappelmann**, 1820:
*»Wenn auf der Bärenwiese große Strohwische stehen, dann bricht der Krieg aus.«*[39]

**Alte Prophezeiung über Osnabrück:**
*»Die eigentlichen Unruhen werden zu einer Zeit anfangen, wenn das Korn vom Felde, oder doch beinahe weg ist.«*[40]

Der Norweger **Anton Johansson** erkannte 1907 in seiner Vision nicht nur die Jahreszeit, sondern auch, daß der Krieg damals noch deutlich in der Zukunft lag: *»Auch in dem nördlichen Teil von Schweden war es Sommer. Die Schweden hatten zu dieser Zeit verschiedene Erfindungen, und die schwedischen Ingenieure gehörten zu dieser Zeit zu den besten der Welt; auch gab es viele furchtbare Waffen, die es jetzt noch nicht gibt.«*[41]
Vor diesem Geschehen sah er, daß *»große Scharen von Juden zu dieser Zeit nach Jerusalem und in ihr Land heimgekehrt waren. Rußland hatte zu dieser Zeit nicht seine frühere ausgedehnte Macht. Seine Grenzen waren so, wie ich sie früher gesehen hatte. Also ohne Ukraine, Polen und die Ostseeprovinzen.«*[42]
Die Beschreibung deutet auf die gegenwärtige Zeit, lange nach der Gründung des Staates Israel und nach dem »Zerfall« der Sowjetunion.

Ein **Bauer aus dem Zellertal**, dessen Traumgesichte in späteren Kapiteln näher behandelt werden und die vor allem Kriegsereignisse seiner direkten Heimat beinhalten, darunter auch den Einsatz von Nuklearwaffen, erwartet das Eintreffen seiner Visionen anhand mehrer Indizien in einem Sommer der Jahre zwischen 2005 und 2008.

# Vorzeichen

## 6 – Zeichen der Vorkriegszeit und gesellschaftlicher Verfall

Eine bedeutende Gemeinsamkeit der Vorhersagen, die sich auf einen 3. Weltkrieg beziehen, ist, daß sie nicht nur den in den Jahrzehnten zuvor stattfindenden gesellschaftlichen Zerfall gleichlautend beschreiben, sondern daß sie ihn auch als die direkte Ursache des Krieges und der darauffolgenden Katastrophen angeben. Vor allem die älteren Vorhersagen nehmen in dieser Hinsicht kein Blatt vor den Mund. Zwangsläufig beschleicht einen anhand solcher Aussagen der Verdacht, daß die »gute alte Zeit«, von der man vorgibt, sie werde im nachhinein immer idealisiert und sei nie wirklich so gut gewesen, vielleicht doch bedeutend besser war als die Gegenwart unserer Tage – zumindest was das Zusammenleben der Menschen angeht. Sicher war das Leben vor 50 oder 100 Jahren mehr von schwerer körperlicher Arbeit gezeichnet als heute, auch konnte man damals nicht zwischen 30 verschiedenen Sorten Schokolade wählen, wenn man Einkaufen ging. Der Wahn nach »Markenklamotten« war unbekannt, und man kam mit normaler Kernseife zurecht, während es heute parfümierte Waschlotionen mit rückfettenden Substanzen sein müssen. Aber brauchen wir das denn wirklich?

Und erkaufen wir uns diesen Luxus nicht sehr teuer, wenn zeitgleich die zwischenmenschlichen Verhältnisse dermaßen vor die Hunde gehen, daß es in den Wohnblocks der Großstädte normal geworden ist, daß der eine Mieter seinen Wohnungsnachbarn nicht mehr mit Namen kennt und Menschen, die vielleicht 10 oder 20 Jahre unter einem gemeinsamen Dach wohnen, in all den Jahren kein Wort miteinander wechseln?

## *Egoismus, Hedonismus, Gier*

**Alois Irlmaier**, etwa Ende der 1940er Jahre, Freilassing:
*»Mädchen, du erlebst die große Umwälzung, die kommen wird. Zuerst kommt ein Wohlstand wie noch nie. Dann folgt ein Glaubensabfall wie nie zuvor. Darauf eine noch nie dagewesene Sittenverderbnis. Alsdann kommt eine große Zahl fremder Leute ins Land.*[43]
*Man wird immer hochmütiger werden und dem Herrgott alle Ehre nehmen wollen. So wird man falsche Sterne unter den echten schieben. Die jungen Menschen werden fest ihre Herzen halten müssen, daß man sie ihnen nicht raubt um Geld.* [44]
*Betet, haltet die Gebote, Gott ist nahe. An einem Tag wie jeder andere höre ich seinen Schritt ...«*[45]
In den ersten Jahren unmittelbar nach dem Ende des 2. Weltkriegs, als Europa in Schutt und Asche lag und als die Debatte um den Morgenthau-Plan jede Hoffnung auf ein baldiges Wiederaufblühen Deutschlands als irreale Utopie erscheinen ließ, kündigte Irlmaier die wenige Jahre später beginnende Wirtschaftswunderzeit an, dann den Glaubensabfall und die Sittenverderbnis, die Ende der 1960er Jahre Einzug hielten, sowie die vielen Gastarbeiter und Ausländer, die Deutschland inzwischen angeblich zu einem Einwanderungsland werden ließen.

**Mühlhiasl, der Waldprophet**, 18. Jahrhundert, Bayerischer Wald:
*»Einer mag den andern nimmer. Einer kann den andern nimmer schmekken.*[46]
*Jung und alt vertragt sich nimmer.*[47] *Groß wird das Mißtrauen und die Angst unter den Leuten sein.*[48]
*D' Leut werden alleweil gescheiter und immer närrischer. D' Leut g'wanden sich wie die Narren; die Bauern wie die Städtischen und die Städtischen wie die Affen.*[49]
*Die Weiberleut kriegen Schuhstöckel, daß man's gspürt wie eine Gaiß, und Röcke wie Reifröcke, so lang, daß sie sie auf der Erde daherziehen. Wenn sie wieder nicht mehr wissen, wie sie sich anziehen müssen, dann gehen die Röcke wieder bloß mehr bis zu den Knien und werden so eng, daß die Weiberleut nimmer vorschreiten können. Und Jacken haben sie nachher, daß sie halb nackt umherlaufen. Hüte kommen auf, grün, rot und alle Farben. Dann dauerts nicht mehr lang.*[50]
*Wenn im Friedhof der Stolz aufkimmt. Der Herrgott wird in den Kasten eingesperrt. Danach ziehen ihn die Leut wieder recht fromm herfür,*

*aber er hilft nimmermehr. Es wird eine Zeit kommen, daß die Mütter ihre Kinder nicht mehr kennen.«*[51]
Weit über ein Jahrhundert vor Irlmaier kündigt also der Waldprophet in seinen eigenen Worten dieselbe Entwicklung an.

Einen so großen Wohlstand, daß die Leute vor Überfluß nicht wissen, was sie anziehen sollen, sah auch der Südtiroler Pfarrer **Alois Simon Maaß** (1846) voraus:
*»Wenn der Luxus so groß geworden ist, daß man Männer und Frauen an der Kleidung nicht mehr unterscheiden kann, und wenn unter jeder Stalltüre eine Art Kellnerin steht, dann paßt auf, es kommen die letzten Zeiten. Wenn die Eitelkeit auf den Friedhof kommt, weicht das Christentum aus dem Haus.«*[52]

**Josef Naar**, 1763, Böhmen:
*»Der Bauer wird sich wie der Bürger und der Bürger wie der Adelsherr kleiden. Auch die Weiber wollen dann alle Tage anders gekleidet sein, bald kurz, bald lang; selbst in Mannskleidern werden sie gehen und verschiedene Farben haben, daß man sich wundern wird. Die Weiber werden die Haare bald gestutzt, bald sonderbar geringelt haben, alle Jahre anders. Was sie heute anziehen, werden sie morgen wegwerfen oder alle Tage ummodeln. Sie werden ihren Körper nackt zur Schau tragen, um den Männern zu gefallen. Die allerschlimmste Zeit kommt, wenn die Frauen Schuhe tragen, unter denen man hindurchsehen kann.«*[53]
Sonderbar geringelte Haare? Das erinnert an die Dauerwelle! Und Schuhe, unter denen man durchsehen kann, das müssen wohl Stöckelschuhe sein!

Erst der Krieg, sagt der böhmische Seher **Sepp Wudy** (1912), werde den Überfluß beenden, die Leute zur Besinnung bringen, und das Leben wird sein wie zu Beginn des 19. Jahrhunderts:
*»Der Anlaß* (für den Krieg) *wird sein, daß die Leut den Teufel nimmer erkennen, weil er schön gekleidet ist und ihnen alles verspricht. (…) Ich verstehe auch die Leut nicht, daß sie gar keinen Herein haben, und sie werden alleweil schlimmer und gottloser, so daß es so kommen muß, und, wie gesagt, es wird wieder sein wie vor hundert Jahren.«*[54]

**Josef Schmid (Prokop)**, ca. 1925, Zwiesel:
*»Werden alle noch das Spinnen anfangen und meinen, sie könnten von der Gescheitheit leben und nicht von der Arbeit. Die, die arbeiten, werden eh alleweil weniger, und die, die von denen ihrer Arbeit leben, alleweil mehr. Das Regieren ist halt leichter wie die Arbeit.«*[55]
Regieren kann sicher nicht jeder, aber während der 1990er Jahre wurde auch dem einfachen Bürger weisgemacht, er könne von seinen Aktiengewinnen leben, wenn er sein Vermögen nur richtig anlege.

**Feldpostbriefe**, 1914, Elsas:
*»Die Menschen werden immer weiter ins Unglück getrieben und schlechter, und alles will nur Ware und Besitz haben. (...)*
*Aber es ist den Leuten alles gleich, denn der gute Mensch kann fast nicht mehr bestehen während dieser Zeit und wird verdrängt und verachtet. Dann erheben sich die Leute selbst gegeneinander, denn der Haß und Neid wachsen wie das Gras und (die Leute) kommen noch immer weiter in den Abgrund.«*[56]

**Erna Stieglitz**, 1975, Augsburg:
*»Die Sünde der Hoffart wird riesig, die Sünde, daß alles Machbare gemacht wird. Und leider: Teuflische Profitgier zerstört nicht nur die westliche Halbkugel, sondern die ganze Welt. Der Tanz ums Goldene Kalb hat neu begonnen; die Götzen sind selbst gemacht!«*[57]

Theodor Beykirch, dessen Angaben auf Mitteilungen alter Freunde des westfälischen Sehers **Wessel Dietrich Eilert** (1833), genannt Jasper, beruhen, läßt diesen aufführen: *»Vor diesem Kriege wird eine allgemeine Untreue eintreten, die Menschen werden Schlechtigkeit für Tugend und Ehre, Betrügerei für Politesse ausgeben.«*[58]
Ein Text, der laut Beykirch *»auf den übereinstimmenden Aussagen vieler Landleute dortiger Gegend«* beruht und wahrscheinlich wie die älteste Aufzeichung der Sage über die Endschlacht am Birkenbaum auch dem Kloster zu Werl entstammt, gibt über die Zeit vor dem Krieg noch folgende Einzelheiten:
*»Es wird eine Zeit kommen, wo die Welt sehr gottlos werden wird. Das Volk will unabhängig sein von König und Obrigkeit, die Untertanen werden untreu sein ihren Fürsten. Nicht Treue, nicht Glauben herrscht mehr. Es wird zu einem allgemeinen Aufruhr kommen, so daß der Vater gegen den Sohn und der Sohn gegen den Vater steht. Zu dieser Zeit wird*

*man sich bemühen, die Glaubenssätze in Kirche und Schule zu verdrehen. Auch wird man neue Bücher einführen. Die katholische Religion wird dann sehr bedrängt werden, und man wird sich mit List bemühen, sie gänzlich abzuschaffen. Die Menschen lieben Spiel und Scherz, Lustbarkeiten aller Art um diese Zeit. Aber dann wird's nicht lange mehr dauern, daß eine Änderung eintritt. Dann bricht ein furchtbarer Krieg aus.«*[59]
Wenn die Zeit nahe sein wird, heißt es im Sauerland, dann *»wissen die Menschen vor Hoffart nicht, wie sie sich kleiden sollen. Die Frauen tragen Hüte wie die Männer«.*[60]

**Einsiedler Antonius**, 1820, Aachen:
*»Ein Hauptzeichen des ausbrechenden Krieges aber wird es sein, wenn allgemeine Religionslosigkeit und Sittenverfall eintritt, wenn man Tugend für Laster und Laster für Tugend hält, wenn man Fromme mit dem Namen ›töricht‹ und Ungläubige mit dem Namen ›aufgeklärt‹ belegt ...«*[61]

**Bernhard Rembort, genannt »Spielbähn«**, 1783, Siegburg:
*»Man kann zu selbiger Zeit einen Bauer von einem Grafen nicht unterscheiden. Die Hoffart und Welteitelkeit werden ihresgleichen nicht kennen.«*[62]

**Hildegard von Bingen**, 1179:
*»Er* (der Antichrist) *wird lehren, daß Blutschande und ähnliche Laster keine Sünde seien. Er wird weiter behaupten ..., daß alle Gebote der Keuschheit keine wissenschaftliche Grundlage hätten. Er wird lehren, nach dem brennenden Trieb des Fleisches zu leben und jeden fleischlichen Wunsch durchzuführen.«*[63]

Wie wir sehen, kündigen die meisten Quellen des deutschsprachigen Raumes einen Wohlstand an, der die Menschen selbstsüchtig und lau werden läßt. Doch auch jenseits des deutschen Sprachraums sprechen die Seher von denselben dekadenten Zuständen, z. B. der Serbe **Mitar Tarabich** im 19. Jahrhundert:
*»Wenn die Welt nach dem zweiten großen Krieg anfängt, in Frieden und Überfluß zu leben, wird das alles nur eine Illusion sein, weil viele Gott vergessen. Und sie werden nur ihre eigene menschliche Intelligenz anbeten.«*[64]

Und der Ukrainer **Josip Terelja**, der für seinen Glauben lange Jahre im sowjetischen Gulag einsitzen mußte, verkündet: »*Ein großer Krieg, ein Weltkrieg, wird ausbrechen innerhalb der nächsten drei Jahrzehnte, wenn es keine dramatische moralische Rückbesinnung gibt.*«

Keinen Zweifel an der Ursache des Krieges läßt auch der Norweger **Anton Johansson**, 1907:
*»Der Bosheit der Menschen wegen wird der Krieg kommen.«*[65]

Und selbst über die Grenzen der christlichen Welt hinaus erwarten die Propheten den Ausbruch des 3. Weltkrieges, und sie geben nicht nur die gleichen Gründe dafür an, sondern sie beschreiben – wie wir in den nächsten Kapiteln sehen werden – auch seinen Verlauf genauso wie die meisten christlich geprägten Weissagungen. Der islamische Gelehrte **Sheikh Nazim** hat folgendes über die Zeit vor dem Krieg zu sagen:
*»Die Leute hören nicht auf die islamischen Gelehrten oder die Freunde Allâhs, sondern allein auf die Befehle ihrer Nafs, ihrer Egos. Nur aus Furcht vor Bestrafung werden sie irgendeinem Gesetz gehorchen. Die einzige Korrektur hierfür ist die Schneide des Schwertes von Mahdî, der Friede sei auf ihm. Es gibt keinen anderen Weg. Dies ist kein gewöhnliches Schwert, sondern ein Wunderschwert, ein schreckliches Schwert. Deshalb warten wir, alle Menschen mit guten Herzen warten, daß seine Macht kommt.*
*Es wird alle Schlechtigkeit und alle Teufel, die jetzt die Welt regieren, abschneiden. Schlechte Leute warten nicht, schauen nicht nach diesem mächtigen Ereignis. Sie wünschen, ewig weiterzumachen wie bisher. Aber es gibt ein göttliches Gesetz; für jeden Zeitabschnitt gibt es eine Grenze. Jetzt befinden wir uns in der Zeit der Tyrannen. Sie haben ihre Grenze, und dann: Ende! Jeden Tag kommt die Erde dieser Begrenzung näher; es ist der Dritte Weltkrieg!*[66] *(…)*
*Armageddon ist ein Krieg zwischen dem Osten und dem Westen, und es steht geschrieben, daß der Westen gewinnen wird und der Osten verschwindet. Dieser größte aller Kriege findet zwischen den Gläubigen, Nachfolgern Jesu Christi, denen, die sich auf den Erlöser vorbereitet haben, und den Nachfolgern des Antichristen statt, den Ungläubigen, die auf Vergnügungen aus sind und materialistische Ziele verfolgen. Sie jagen den Freuden nach, was auch immer es sei, was ihr Ego wünscht, und wollen jede Freiheit. Es sind Leute, die ständig in Kontakt mit dem Teufel kommen, unter seinen Befehl geraten und das Königreich Shaitâns*

*unterstützen. Sie werden mit dem Antichristen sein, da sie in sich böse sind. Die Teufel werden sie zur Quelle des Bösen und der Teufel bringen: dem Antichristen. Jetzt folgt die Menschheit satanischen Lehren und unterstützt damit das Königreich der Teufel auf Erden, und das ist der Grund, warum ein Sturm von Feuer als eine Strafe kommen wird, der von Osten bis Westen, von Norden bis Süden bläst. Die Helfer der Teufel werden sterben, aber die Helfer der Erlöser Sayyidinâ Mahdî und Sayyidinâ Îsâ (Jesus), der Friede sei auf ihnen, werden gerettet werden. Es wird keinen Schutz für grausame Menschen geben, die anderen schaden, oder ungehorsame Menschen, die verbotene Dinge tun. Deshalb muß jeder versuchen, sein Ego davor zu bewahren, schlechte Dinge zu tun und schlechte Absichten zu hegen. Es gibt keinen Schutz für Ungläubige; nichts und niemand kann sie beschützen. Und es ist immer die Gefahr, daß göttliche Rache sie erreicht, selbst unter der Erde oder in den Lüften. Deshalb ist der Glaube der erste Schutz. (…)*

*Einigen Leuten wird ihr guter Charakter ein Schutz sein: Leute mit guten Absichten, die mitleidsvoll, hilfsbereit und gerecht sind und anderen gegenüber Respekt haben und sie lieben. Und ein anderer Schutz ist es, Almosen zu geben und zu beten und Sajda (Niederwerfung) zu machen. Allâh der Allmächtige verspricht, gute Diener zu schützen. Jeder muß danach fragen, wie er ein Guter sein kann. Jetzt ist alles gemischt: Wahrheit und Unwahrheit, Gutes und Böses, Reinheit und Schmutz. Bis der Letzte Weltkrieg kommt, werden die Zeiten schlechter und schlechter werden. Wenn Jesus, der Friede sei mit ihm, kommt, wird er alles an seinen rechten Ort setzen, und niemand wird Einwände haben können. Das 21. Jahrhundert wird das Jahrhundert der Wahrheit sein.«*[67]

Der Imam Mahdi (der Geleitete) ist ein Nachfolger des Propheten Mohammed. Er wird von den gläubigen Moslems in einer Zeit der ärgsten Unterdrückung erwartet, dann soll er die Feinde bekämpfen, das islamische Volk vereinen und Frieden und Gerechtigkeit in die Welt bringen.

Wir sehen, die Differenzen zwischen auf den ersten Blick so unterschiedlichen Religionen wie dem Christentum und dem Islam werden verschwindend gering, wenn man nicht am Buchstaben der Bibel oder des Koran hängt und den Blick statt dessen auf das Wesentliche richtet und die Zusammenhänge begreift.

### *Verwirrung der Geschlechterrollen*

Der in der zweiten Hälfte der 1960er Jahre eingesetzte Sittenverfall, speziell die sogenannte 68er-Bewegung, treibt bis heute immer wildere Blüten. Eine davon ist der Feminismus, dem es heute gelungen ist, immer weitere Teile von Politik und Gesellschaft zu durchseuchen, und der mit seinen weltfremden, aber politisch korrekten Verhaltensforderungen dafür sorgt, daß sich die Menschen in ihren Geschlechterrollen nicht mehr zurechtfinden. Das hat zur Folge, daß immer mehr Ehen scheitern und die Familie, der Mittelpunkt des menschlichen Lebens und der Garant für die gesunde Entwicklung nachfolgender Generationen, auszusterben droht. Kinder werden entweder gar nicht mehr geboren, denn man ist schließlich damit beschäftigt, »Karriere zu machen«, oder sie kommen als quasi-Privatbesitz der Mutter zur Welt und verrotten seelisch in einem sozialistisch subventionierten Kinderhort oder einer Kindertagesstätte, während der Vater die Alimente zahlt und die Mutter ihren ehrgeizigen beruflichen Ambitionen nachgeht. Zu dieser Entwicklung bemerkte der argentinische Seher **Benjamin Solari Parravicini** schon 1939: *»Zeitalter des Geldes. Das Mannweib kommt auf in den 70ern. Sie wird den Mann entthronen und wird eine kämpferische Politik betreiben, wird Geschäfte machen und das Geld als einzigen Wert anstreben.«*[68]
Doch schon damals, lange bevor eine derartige Verwirrung der Geschlechter absehbar war, ließ er auch keinen Zweifel daran, daß die Selbst-»Befreiung der Frau« nicht lange Bestand haben wird.
Im Jahr 1949 fügte er hinzu:
*»Die Frau wird die geschlechtliche Anziehung verlieren, sie wird den Mann aus seinen Aufgaben verdrängen, die Politik übernehmen, ihre Befehlsgewalt bis auf die obere Ebene ausdehnen, sie wird der dominierende Faktor in der Welt sein, aber die Welt wird sie am Ende der Tage zerstören. Das wird am Ende der großen Prüfung sein.«*[69]

**Mitar Tarabich**, 19. Jahrhundert, Serbien:
*»Ein Kerl wird eine Braut nehmen, aber niemand wird mehr wissen, wer von beiden wer ist. Die Leute werden verloren sein und leben Tag für Tag immer sinnloser. Männer werden geboren werden, die nicht wissen, wer ihr Großvater und Urgroßvater war. Die Leute werden glauben, sie wüßten alles, aber überhaupt nichts werden sie wissen.«*[70]
Man möchte meinen, Tarabich habe damit noch untertrieben, denn

glaubt man den zahlreichen Nachmittagstalkshows der privaten Fernsehanstalten, so muß sich ein heutzutage geborenes Kind schon glücklich schätzen, wenn es überhaupt den leiblichen Vater je zu Gesicht bekommt, vom Großvater und Urgroßvater ganz zu schweigen.

**Böhmische Flüchtlingsfrau**, 1947:
*»Man wird die Mädchen nicht mehr von den Knaben unterscheiden können und die Sommer nicht mehr von den Wintern.«*[71]

Der **Waldprophet Mühlhiasl** kündigt den großen Krieg für eine Zeit an, in der *»die Mannerleut einmal weibisch daherkommen. Wennst das Hintere und das Vördere nimmer auseinanderkennst«*.[72]
*»Nach einem Krieg«*, sagte er, und gemeint ist der Zweite Weltkrieg, *»wird die Armut in Wohlstand übergehen. (...) Es schleicht sich der Übermut ein. Die Magd wird man nicht mehr von der Frau wegkennen. Die Frau wird sich nicht mehr vom Mann unterscheiden. Man wird Farben an den Kleidern sehen, wie sie noch niemand gesehen hat.*[73] *Die Weiber kommen daher wie die Buben und Männer.*[74] *Die Mannsbilder werden sich kleiden wie die Weiberleut und die Weiber wie die Mannsbilder.*[75] Außerdem prophezeite er, *»das Kind«* werde *»in der Wiege nicht sicher sein«*.[76]
Ja, wenn es das Kind denn wenigstens immer bis in die Wiege schaffen würde, doch seit der Legalisierung der Abtreibung enden jährlich 300 000 bis 400 000 Schwangerschaften in Deutschland nicht in der Wiege, sondern im Mülleimer!
Aber auch dieser Zustand wird nicht von langer Dauer sein, wie **Alois Irlmaier** schon im Jahr 1947, d. h. lange vor der Reform des § 218, versprach: *»Die Gesetze, die den Kindern den Tod bringen, werden ungültig nach der Abräumung.«*[77]

## *Der Glaubensabfall*

Der Beginn des Glaubensabfalls, den viele Prophezeiungen lange angekündigt haben, läßt sich innerhalb der katholischen Kirche ursächlich ziemlich exakt festmachen. Es sind vor allem die Auswirkungen des Zweiten Vatikanischen Konzils (1962–1965), mit dem die Zersetzung und Auflösung des katholischen Glaubens eingeleitet wurde. Damals vollzog sich innerhalb der Kirche ein Wandel weg von der Ausrichtung auf ein überirdisches Heil, eine jenseitige Ordnung, zu der die Religion und die Kirche eine Brücke bauen sollte, hin zu einer Philosophie der Menschenrechte, in der allein der Mensch zum Maß, Mittelpunkt, Anfang und Ende aller Dinge wurde. Erzbischof Marcel Lefebvre verglich das Zweite Vatikanische Konzil mit der Französischen Revolution, und tatsächlich steckt dahinter derselbe Geist, der auch Triebkraft der kommunistischen Oktoberrevolution war: der Un-Geist der menschlichen Selbstbefreiung, der, erst entfesselt, stets gefolgt wird vom Niedergang und Verfall jeglicher Moral und sittlicher Ordnung. Werner Olles schreibt dazu: *»Zu den Folgen des Konzils gehörte auch, daß die konservativen, christlichen Parteien ihren Halt verloren, weil die Beschlüsse dieser Synode auf das politische Leben einen enormen Einfluß ausübten. Man sehe sich nur die Programme dieser Parteien aus der vorkonziliaren Zeit an und vergleiche sie mit den Programmen von heute. Hatten sie vorher in der Kirche immer eine Stütze gesehen, so spiegelte sich in ihren neuen Programmen nun der Geist des Konzils wider. Nur ein Blinder bemerkt nicht, daß Liberalismus, Sozialismus, Multikulturalismus und Globalisierung die politische Seite, Ökumenismus, Modernismus und die Ideologie der Menschenrechte die konziliare Seite der gleichen falsch glänzenden Medaille sind.«*[78]

Folgende Worte fand der argentinische Seher **Benjamin Solari Parravicini** gegen Ende der 1930er Jahre für die Ökumene, in der Katholizismus und Protestantismus vermischt werden, und er nennt dabei sogar das Jahr 1966, das erste Jahr in dem die Reformen des Zweiten Vatikanischen Konzils wirksam wurden:
*»Die Welt wird vollständig in den Händen einer Idee sein, welche sie zerstören wird, Atheismus im Triumph. Das Böse kommt auf die Erde. Das Jahr 66 wird der Anstoß zum Anfang des Endes sein. (…) Neue Waffen, neue Charaktere, neue Empfindlichkeiten, Geschlechter in neuer Beziehung zueinander, neue Musik, neue Drogen und dämonische Charaktere ab 66. (…)*
*Die Kirche wird falsche Wege gehen, und ihre eigenen Führer werden sie verfälschen.*
*Das Papsttum wird neue Regeln haben. (…) Die Messe wird protestantisch sein, ohne es zu sein. Die Protestanten werden Katholiken sein, ohne es zu sein. Der Papst wird sich vom Vatikan bei seinen Reisen entfernen und wird nach Amerika kommen, währenddessen wird die Menschheit verfallen.«*[79]

**Bernhard Rembort**, 1783, Westfalen:
*»Also werden die Geistlichen stolze Kleider tragen, und wollen nicht mehr zu Fuß gehen, wie doch ihr Herr und Meister also ihnen vorgetan. Und weil der Hirte nachlässig, wird die Herde verderben.«*[80]

Laut **Sepp Wudy** (1912) wird der Glaube bis zum Ausbruch des Krieges immer weiter verfallen:
*»Mit dem Glauben geht es bergab, und alles wird verdreht. Kennt sich niemand mehr aus. Die Oberen glauben schon gar nichts mehr, die kleinen Leut werden irre gemacht. In der Kirche spielen sie Tanzmusik, und der Pfarrer singt mit. Dann tanzen sie auch noch, aber draußen wird das Himmelszeichen stehen, das den Anfang vom großen Unheil ankündigt. Es steht gegen Norden ein Schein, wie ihn noch niemand gesehen hat, und dann wird ringsum das Feuer aufgehen.«*[81]

Gleichlautend kommentiert der **Waldprophet Mühlhiasl** im 18. Jahrhundert:
*»Der katholische Glaube wird fast ganz verschwinden. Die Geistlichen sind selber schuld, weil sie nicht mehr nach ihrem Stand leben.*[82]
*Der Glauben wird so klein, daß man ihn kann unter einen Hut stecken. Der Glauben wird so dünn, daß man ihn mit der Geißel abhauen kann. Der Glauben wird so wenig, daß man ihn mit dem Geißelschnalzen vertreiben kann. Sieben Geistliche werden in Zwiesel eine Messe lesen, und bloß sieben Leute werden's anhören.«*[83]

Noch präziser wird die Ordensschwester **Anna Katharina Emmerich** (1824):
*»Und ich sah das Bild einer großen Kirche mit einem sehr hohen Turm in einer großen Stadt an einem breiten Fluß. Der Heilige der Kirche war Stephanus. Um diese Kirche her sah ich sehr viele vornehme Leute beschäftigt, darunter mehrere Fremde, als wären sie dahin gesandt, mit Schürzen und Maurerkellen* (Freimaurer) *die Kirche und den Turm abzubrechen. Es gesellten sich allerlei Leute aus dem Land zu ihnen, es waren selbst Priester, ja sogar Ordensgeistliche bei dieser geheimen Sekte.«*[84] Sie sah, *»wie sich in Deutschland unter den weltklugen Geistlichen und aufgeklärten Protestanten ein Wunsch, ein Plan gebildet hat, zur Verschmelzung aller Religionen, zur Aufhebung der päpstlichen Gewalt, zur Einsetzung mehrerer Oberhäupter, zur Ersparung vieler Kosten und Verminderung der Geistlichen. Dieser Plan hatte Gönner sogar in Rom unter den Prälaten.«*[85]

Diese Aussagen stammen aus den Jahren 1823 und 1824. Die Zersetzungsarbeit der Freimaurerei innerhalb der katholischen Kirche wurde nie zuvor so deutlich sichtbar wie seit dem Zweiten Vatikanischen Konzil, während dem Spiritualität und Religion geopfert wurden und statt dessen ein gottloser Humanismus zur seligmachenden Maxime erhoben wurde.

Und auch die amerikanische Seherin **Veronika Lueken** (1985) aus New York läßt keinen Zweifel an den Hintermännern des vorsätzlichen moralischen Zerfalls:
*»Die Feinde Gottes, mit Rußland an der Spitze, suchen das Wissen vom Ewigen Vater in der Dreieinigkeit zu zerstören. Sie suchen, meinen Sohn aus der Geschichte herauszunehmen, und sie versuchen, ihn für ihren eigenen Vorteil zu verleumden.*
*Siehe, Mein Kind, was niedergeschrieben wurde. Von woher und wodurch hat diese Urkunde ihren Ursprung, unterzeichnet von vielen Kardinälen? Oh, Mein Kind, Mein Herz blutet, Das Urkundenpapier enthält die Worte, die einen Vertrag zwischen dem Vatikan und Rußland bilden. Dieser Vertrag muß für nichtig erklärt werden. Es gibt noch, Mein Kind, drei Lebende ..., drei Lebende auf Erden, die an der Abfassung dieses Vertrages mitwirkten.«*[86]
An anderer Stelle wurde schon darauf hingewiesen, daß freimaurerischer Humanismus und sowjetischer Kommunismus derselben geistigen Quelle entspringen. Gerüchten zufolge vereinbarte der Vatikan zur Zeit des Zweiten Vatikanischen Konzils mit der sowjetischen Führung, daß die öffentliche Verurteilung des Kommunismus durch die Kirche eingestellt würde, wenn der Kreml im Gegenzug der Kirche größere Freiheiten in den kommunistischen Ländern des Ostblocks zugestehe.

## *Verantwortunglose Regierungen*

Nachdem der Boden durch Glaubensverfall und Sittenverderbnis entsprechend vorbereitet ist, gedeiht die grenzenlose Verwirklichung des persönlichen Egos am allerbesten. So sollte es nicht verwundern, wenn die Staatsführung auch nicht mehr von Verantwortungsbewußtsein und Pflichtgefühl gegenüber ihrer Nation geprägt ist, wenn ein Politiker sich nicht mehr zur Wahl stellt, um Mißstände zu beseitigen und die Lebensqualität seines Volkes zu sichern. Karriere machen um jeden

Preis ist das Motto, was interessiert es da noch, was man dem Volk vor der Wahl zugesagt hatte. Spiel und Spaß werden zum Wahlkampfthema. Man überzeugt die Wähler nicht mit Argumenten und Problemlösungen, sondern mit einem jugendlichen Image. Man veranstaltet Partys, und der Hedonismus feiert Urstände bis in die höchsten Spitzen der Regierung.

**Marienerscheinung von La Salette**, 1846:
*»Die bürgerlichen Regierungen* (im Gegensatz zur Monarchie, Anm. LDG) *werden alle dasselbe Ziel haben, das da ist, die religiösen Grundsätze abzuschaffen und verschwinden zu lassen, um für den Materialismus, Atheismus, Spiritismus und alle Arten von Lastern Platz zu schaffen.«*[87]

**Alois Irlmaier** faßte 1945 die Jahrzehnte vor dem 3. Weltkrieg in folgende Worte:
*»Der Teufel wird ganze Regierungen gründen. (...) Die Großen der Welt werden schnell wechseln. Ein heiliger Papst wird kurz über die Erde gehen. Man wird alle Ordnung durchbrechen wollen.*
*Durch Deutschland wird ein eiserner Zaun gehen, mitten durch, wer ankommt, stirbt.*
*Alles wird im Westen ungehorsam gegen Gott, die Bischöfe streiten untereinander und mit dem Papst. Der Klerus wird vielfach vor die Hunde gehen. Im Osten wird viel Märtyrerblut fließen und im Keller viel, viel gebetet, mancher kniet im Keller und betet, den man für einen Glaubensfeind hält.«*[88]
Ein heiliger Papst? Damit ist wohl der stets fröhlich lächelnde Johannes Paul I. gemeint, der 1978 mit 65 Jahren zum Papst gewählt wurde und nur 33 Tage im Amt blieb, bevor er, so die offizielle Version, einem Herzschlag erlag. Und der eiserne Zaun, der durch Deutschland ging, das war der »Eiserne Vorhang«, dessen Grundstein mit dem Bau der Berliner Mauer am 13. August 1961 gelegt wurde, und der von 1961 bis 1989 etwa 1000 Menschen, die aus der DDR zu fliehen versucht hatten, das Leben kostete.

**Mühlhiasl, der Waldprophet**, 18. Jahrhundert, Bayerischer Wald:
*»Die großen Herrn werden Sachen befehlen, daß alle Leut drüber lachen. Die Kleinen aber werden es auslöffeln müssen.«*[89]

## *Bauboom*

Eine der auffälligsten Veränderungen, die ein Seher aus früheren Epochen in seinen Visionen wahrnehmen konnte, ist natürlich die im Vergleich zu damals wesentlich dichtere Infrastruktur unserer Tage. Entsprechend viele Vorhersagen zu baulichen Veränderungen wie z. B. dem Bau von Straßen und großen Gebäuden oder ganzen Wohngebieten finden sich in der Literatur. Stellvertretend dafür sollen hier nur ein paar wenige wiedergegeben werden, beispielsweise wie **Mühlhiasl, der Waldprophet** im 18. Jahrhundert die Zukunft seiner Heimat sah:
*»In der Stadt werden 5- und 6-stöckige Häuser baut, überall werden Häuser baut, wie d' Schlösser und Pfarrhöf, Schulhäuser werden baut wie Paläste ...*
*In Lintach* (Streusiedlung in der Gemeinde Hunderdorf) *wird alles voller Häuser und Lehmhütten ang'schlöttet* (angeworfen), *aber nachher wachsen einmal Brennessel und Brombeerdörn zu'n Fenster außer.*[90] *Die Häuser werden wie Schwammerl aus der Erde wachsen.*[91] *In Zwiesel werden so große Häuser gebaut, wo man über die ganze Stadt drübersieht. Sie stehen aber nicht lang, weil sie wieder zerstört werden.*[92] *Es wird in Zwiesel ein großes Gebäude aufgeführt, das wird viel kosten. Wird aber nicht lange dauern, dann wird es vernichtet werden.*[93]
*Wenn der Gäuboden prangt von schneeweißen Häusern mit roten Dacheln, dann wird abgeräumt.«*[94]

**Bernhard Rembort, genannt »Spielbähn«**, 1783, Siegburg:
*»Wenn man aber bei Mondorf eine Brücke über den Rhein bauen wird, alsdann mag es ratsam sein, mit den ersten hinüberzugehen an das andere Ufer. (...) Das ist der Blutzeit Anfang.«*[95]
Mondorf liegt bei Köln, und tatsächlich ist dort seit einiger Zeit der Bau einer neuen Rheinbrücke im Gespräch.

Der südtiroler Pfarrer **Alois Simon Maaß** prophezeite 1846, daß es bis zum *Krieg »nicht mehr lange dauern«* werde, wenn *»der Inn durch den Berg hindurch an Landeck vorbeifließt«*[96], was wahr wurde, als man dort ein Elektrizitätswerks baute. Und auch **Alois Irlmaier** kündigte 1945 die Umleitung von Flüssen zur Elektrizitätsgewinnung an:
*»Die Flüß wird man aus ihren Betten nehmen, weil man ihre Kraft eine Zeitlang wird brauchen. (...)*

*Straßen werden gebaut und jeder Lehrling hat sein Auto. Das Benzin, halt das Öl, wird aus der Erde gesaugt, so wird sie innen trocken und rissig. Ich sehe viele Erdbeben.«*[97]
Die Erdölförderung, die in dem Ausmaß, wie sie heute betrieben wird, erst wenige Jahrzehnte alt ist, findet sich auch in einer Vorhersage des serbischen Sehers **Mitar Tarabich** aus dem 19. Jahrhundert:
*»Menschen werden Brunnen bohren tief im Boden und neues Gold* (Erdöl) *ausgraben, das ihnen Licht, Geschwindigkeit und Kraft gibt, und die Erde wird Tränen vergießen vor Schmerzen, weil viel mehr von diesem Gold an der Oberfläche ist, als im Innern. Die Erde wird leiden wegen der offenen Wunden ...«*[98]

## 7 – Der milde Winter

Der Winter, der dem Kriegsjahr vorausgeht, soll den Vorhersagen zufolge übereinstimmend mild, ja sogar regelrecht warm sein. **Alois Irlmaier** sagte dazu, es sei *»in einem Jahr, in dem der Winter kein richtiger Winter war«.*[99] Überhaupt sei es *»um die Jahrhundertwende so schön warm, daß man am Högel* (827 m hoher Berg bei Freilassing) *Wein anbauen kann«.*[100]
Das stimmt mit einer Ankündigung von **Mühlhiasl, dem Waldpropheten** überein, nämlich, daß man Winter und Sommer nicht mehr auseinanderkenne.[101]

*»In dem Jahre, wo der Krieg losbricht«,* sagte der westfälische Seher **Wessel Dietrich Eilert** 1833, *»wird ein so schönes Frühjahr sein, daß im April die Kühe schon in vollem Grase gehen. Das Korn wird man noch einscheuern können, aber nicht mehr den Hafer.*[102] *Auch wird vor dem Ausbruche des Krieges selbst noch ein sehr fruchtbares Jahr vorangehen.«*[103]
Und auch **Abbe Curique** beschreibt 1872 den Frühling im Kriegsjahr als früh und schön, *»Kühe werden schon im April auf reichen Weiden grasen«.*[104]

Gleichlautendes stammt von **Hermann Kappelmann** (1820), einem Schieferdecker aus Scheidingen bei Werl:

*»Es sind jetzt noch Gute Zeiten, aber sie werden sich sehr verändern. Nach vielen Jahren wird ein furchtbarer Krieg ausbrechen. Zeichen dessen werden sein: wenn im Frühjahr die Schlüsselblumen in den Hecken stehen und überall Unruhe herrscht, in dem Jahre geht es noch nicht los; wenn aber nur ein kurzer Winter war, wenn die Schlüsselblumen vorzeitig aufblühen und es ruhig scheint, dann glaube niemand an Frieden.«*[105]

## 8 – Wirtschaftskrise, Rückkehr des Kommunismus und Bürgerkrieg

Im Vorfeld des Krieges soll es in der westlichen Welt zu einer ausgeprägten Wirtschaftskrise kommen, die die Unzufriedenheit in der Bevölkerung hochkochen läßt und ohnehin schon vorhandene soziale Spannungen zur Eskalation bringt. Traut sich die französische Polizei z. B. schon heute kaum mehr in die vor allem von Algeriern und Marokkanern bewohnten Ausländerghettos französischer Großstädte, so wird das Ausbleiben staatlicher Sozialleistungen die Situation sicherlich keinesfalls beruhigen.
Firmenpleiten und Massenentlassungen werden die Arbeitnehmerschaft auf die Barrikaden bringen, während selbstverliebte Politiker ihre Entschlossenheit beteuern, die wirtschaftliche Situation in den Griff zu bekommen, und dabei jede Chance nutzen werden, ihre staatsmännische Unfähigkeit unter Beweis zu stellen. Steuern und Abgaben werden immer weiter erhöht werden, um das Loch im Staatshaushalt zu stopfen, das nicht etwa von zu hohen Ausgaben gerissen wurde, sondern dessen Ursache einzig und allein im Zinseszinssystem zu suchen ist. Diese Erkenntnis jedoch wird gehütet wie ein Staatsgeheimnis. (Vgl. hierzu Günter Hannich: »Börsenkrach und Weltwirtschaftskrise – Der Weg in den 3. Weltkrieg«, Kopp Verlag, Rottenburg 2001.)
In diese Situation fällt das plötzliche Wiederaufleben der kommunistischen Ideologie, vielleicht zunächst noch unter dem Deckmantel eines »Sozialismus mit menschlichem Antlitz« oder einer ähnlich humanistisch klingenden Phrase. Linke Agitatoren werden dem Kapitalismus, gemeint ist aber nicht das Zinsproblem, sondern allein die Marktwirtschaft und der Privatbesitz, die Schuld an der wirtschaftlichen und

sozialen Misere geben und werden entsprechend viel Zulauf von sozialen Randgruppen und getäuschten Arbeitnehmern erhalten. Nicht zufällig, sondern von langer Hand im Untergrund geplant, brechen vielerorts bürgerkriegsähnliche Zustände aus, und auch in den Staaten der nie wirklich aufgelösten Sowjetunion bekennt man sich plötzlich wieder zur bolschewistischen Tradition. Dort übernehmen Geheimdienst und Rote Armee die Kontrolle, der Ausnahmezustand wird verhängt, Oppositionelle werden in Lager inhaftiert, und möglicherweise besetzt die Rote Armee sogar wieder die Länder Osteuropas.

## *Wirtschaftskrise*

Der französische Seher **Pierre Frobert** äußerte sich im Dezember 1980 mit folgenden Worten zur wirtschaftlichen Lage vor dem Krieg:
*»Das Gold zittert in seinen Reserven und wird schwarz, Erschütterung und finanzieller Zusammenbruch.«*[106]

Einen wichtigen Hinweis darauf, daß die desolate wirtschaftliche Lage von einer Energiekrise begleitet wird, und zwar infolge einer Ölverknappung, möglicherweise in Verbindung mit dem prophezeiten Krieg in Nahost, der etwa zeitgleich stattfinden soll, gab uns schon 1979 der **Bauer aus dem Waldviertel**. Es sei sinnlos, kalorische Kraftwerke zu bauen, sagte er, *»das bißchen Kohle, das wir haben werden, brauchen wir für Haus und Herd«*.[107] Die Erdöllieferung werde eingestellt. Von den Amerikanern sei nicht viel zu erwarten. *»Der Russ«* werde sich nicht an vereinbarte Verträge halten und den Gashahn zudrehen.

In dieser Situation verschärfen die Regierungen die Lage durch eine verfehlte Politik nur noch weiter, wie uns u. a. **Josef Naar** (1763) aus Böhmen ankündigte:
*»Es werden so viele verschiedene Steuern aufkommen, daß die Obrigkeiten nicht mehr wissen, was für Namen sie ihnen geben sollen.«*[108]

**Mühlhiasl, der Waldprophet**, 18. Jahrhundert, Bayerischer Wald:
*»Die neuen hohen Herren können nichts als Gesetze machen, die kein Mensch halten wird, und sie machen neue Steuern aus, die niemand mehr zahlen wird.*[109]

*Der Mittelstand wird noch ganz ausgerottet. Es gibt dann nur mehr Arme und Reiche.«*[110]

Der Mittelstand, das Hauptstandbein einer jeden florierenden Marktwirtschaft, wird von seiten der Politik schon seit Jahren immer weiter gegängelt – systematisch, wie es scheint. Fragt sich nur, ob aus Unfähigkeit oder vorsätzlich?

**Stefan Parlow**, 1999, Wien:
*»Vor mir liegt eine Tabelle, in der alle europäischen Währungen angeführt sind. In einer Spalte ist die aktuelle Inflation der Länder angegeben. Die Werte bewegen sich in einer Bandbreite von 80–110%. Die Inflation beschränkt sich nicht nur auf Europa. Auch in Israel beträgt die Inflation bereits 100%. (…)*
*Ich befinde mich in einem Supermarkt. Die Kunden im Geschäft sind begierig, Grundnahrungsmittel zu kaufen. Viele müssen von einem Kauf jedoch Abstand nehmen, da die Preise bereits in astronomische Höhen geklettert sind.«*[111]

**»Katharina« aus dem Ötztal**, 1951:
*»Die Not wird groß und größer. Und man sagt zueinander: ›Es kann nicht mehr gehen, es geht nimmer‹, und es geht doch noch weiter. Es geht viel länger abwärts, als die Leute zuerst meinten. ›Dann plötzlich brichts.‹«*[112]
Dann plötzlich bricht … die Revolution aus, die auch **Alois Irlmaier** vorhersah:
*»Er herrscht eine hohe Inflation. Das Geld verliert mehr und mehr an Wert. Bald darauf folgt die Revolution. Dann überfallen die Russen über Nacht den Westen.«*[113]
Gleichlautend dazu eine amerikanische Quelle, **David Wilkerson**, 1985:
*»Später dann … ein Angriff von Rußland, und ›Der große Holocaust folgt einem wirtschaftlichen Kollaps in Amerika. Der Feind wird seinen Zug machen, wenn wir schwach und hilflos sind …‹«*[114]

Und auch Nostradamus, der wohl bekannteste aller Seher, kündigt im Vorfeld des 3. Weltkrieges eine Wirtschaftskrise mit schwerer Inflation an.
**Nostradamus**, Centurie III/34:
*»Wenn dann der Fehler der Sonne ist,*
*Wird das Monster am hellichten Tag gesehen werden,*
*Ganz anders wird man es deuten,*

*Gegen die Teuerung gibt es keinen Schutz, niemand wird vorgesorgt haben.«*[115]

Der »Fehler an der Sonne« könnte auf eine Sonnenfinsternis hinweisen, die Nostradamus gerne zur zeitlichen Bestimmung prophezeiter Ereignisse verwendet hat. Das »Monster«, das man »am hellichten Tag sehen« werde, wird unter Nostradamus-Experten als der Himmelskörper interpretiert, der gemäß vielen anderen Prophezeiungen zum Impakt am Ende des Krieges führen wird, d. h. etwa ein halbes Jahr nach der beschriebenen Sichtung.

**Nostradamus**, Centurie III/4:
*»Dann naht der Augenblick der Mondgebrechen.*
*Zwischen dem einen und dem anderen liegt nicht viel Zeit:*
*Kälte, Trockenheit, Gefahren an den Grenzen –*
*Selbst dort wo das Orakel seinen Anfang genommen hat.«*[116]

Mit »Mondgebrechen« könnte der Seher auf eine Mondfinsternis, oder zumindest ein Ereignis im Zusammenhang mit dem Mond anspielen, bald darauf folgen klimatische Störungen. Die »Gefahren an den Grenzen« deuten auf erste Kriegshandlungen hin, z. B. auf die Besetzung eines oder mehrerer Länder, vermutlich durch östliche Truppen. Wo hat das Orakel seinen Anfang genommen? Könnte damit Griechenland gemeint sein?

**Nostradamus**, Centurie III/5:
*»Recht lang der Fehler der zwei großen Lichter.*
*Was geschieht zwischen April und März:*
*Oh, welche Teuerung! Aber zwei große Wohltäter werden*
*Über Land und Meer umfassend zu Hilfe eilen.«*[117]

Zwischen April und März beginnt also die große Verteuerung. Eventuell aber wäre das Wort, das im französischen Original mit »März« übersetzt wurde, besser mit »Krieg« übersetzt. Dann würde die Zeile bedeuten, daß die Verteuerung im April einsetzt und sich zum Kriegsbeginn hinzieht, welcher im nachfolgenden Juli oder August zu erwarten wäre.

## *Rückkehr des Kommunismus*

Bei den weltbekannten Marienerscheinungen von Fatima (Portugal) im Jahr 1917 wurde den drei Seherkindern Lucia, Jacinta und Francisco

noch vor der russischen Oktoberrevolution eine Botschaft offenbart, die auf die Ausbreitung des Kommunismus und schließlich den 3. Weltkrieg hindeutet. Es heißt darin, daß mehrere Nationen vernichtet würden, wenn Rußland nicht von seinem Irrtum, dem dialektischen Materialismus, ablasse. Die ersten beiden Botschaften wurden der Öffentlichkeit zugänglich gemacht, das sogenannte »Dritte Geheimnis von Fatima« aber wurde jahrzehntelang vom Vatikan geheimgehalten und erst vor kurzem der Öffentlichkeit vorgestellt. Allerdings bezweifeln Experten zu Recht die Echtheit dieser Veröffentlichung, denn während die ersten beiden Botschaften sehr konkret sind und sich deutlich auf die Ausbreitung des Kommunismus beziehen, wird das nun veröffentlichte dritte Geheimnis nicht konkret. Es bleibt unklar, und es sei angeblich symbolisch zu verstehen, erklärt man. Ja, so symbolisch, daß man sich an das Wirken der Freimaurerei erinnert fühlt.
Als sich 1989 der Ostblock zu öffnen begann und die Ereignisse ihren Lauf nahmen, die schließlich 1991 zur Umbenennung der Sowjetunion in die »Gemeinschaft Unabhängiger Staaten« (GUS) führen sollten, ließ die letzte noch lebende Fatima-Seherin, die Ordensschwester **Lucia von Fatima**, am 7. April 1990 verlauten:
*»Laßt Euch nicht täuschen durch die Ereignisse, die in Europa Platz greifen: Dies ist eine Täuschung! Rußland wird nicht bekehrt werden, bis Rußland die Geißel für alle Nationen wird. Rußland hat die Geißel zu sein, um alle Nationen zu schlagen. Rußland ist das Werkzeug, das der ewige Vater gebrauchen wird, um die Welt zu bestrafen: Denn Rußland wird den Westen überfallen, und mit Rußland wird China in Asien einfallen. Meine Worte werden verdreht. Die Oberen in der Kirche und die Priester tun dies, um unsere Kinder zu verwirren und sie glauben zu machen, der Weltfriede sei gekommen, und die Bekehrung Rußlands sei da. Dies ist nicht der Fall. Die Welt befindet sich in großer Gefahr. Wenn die Welt nicht umkehrt, wird sie in einen schmerzlichen Krieg hineingestürzt werden. Die Wende in Osteuropa führt nicht zum Frieden!«*[118]
Auch die stigmatisierte **Therese von Konnersreuth**, die angeblich von 1926 bis zu ihrem Tod 1962 ohne feste Nahrung lebte, sagte im Zusammenhang mit der Botschaft von Fatima:
*»Der Kommunismus bricht zusammen, aber drei Jahrzehnte nach meinem Tod lebt er wieder auf, und alles wird sich erfüllen.«*[119]
Mit der Zeitangabe von drei Jahrzehnten nach ihrem Tod traf sie zwar nicht den Zeitpunkt des Wiedererstehens des Kommunismus, lag aber

nur um ein Jahr daneben, was sein vorläufiges Verschwinden betrifft. Es bleibt abzuwarten, wann der Zeitpunkt kommen wird, von dem an sich Rußland wieder offen zum Kommunismus bekennt.

**Nostradamus**, Centurie VI/74:
*»Die Linke* (déchassée im Original ist eine Linkswendung) *wird zur Herrschaft zurückkehren,*
*Ihre Feinde werden als Verschwörer* (Konterrevolutionäre) *betrachtet.*
*Mehr als je wird ihre Zeit triumphieren,*
*73* (Jahre) *zum Tode allzu sicher.«*
Der Nostradamusexperte Bernhard Bouvier, von dem diese glänzende Übersetzung stammt, interpretiert diesen Vierzeiler so, daß der kommunistische Spuk, der mit der russischen Oktoberrevolution von 1917 begann, nach 73 Jahren im Juni 1991 nicht wirklich zu Ende war: Man war sich dessen »allzu sicher«!

Gleichlautend kündigte **Conchita**, eine Seherin der Marienerscheinungen von Garabandal, die in einem späteren Kapitel noch näher vorgestellt werden sollen, im Jahr 1967 die Wiederkehr des Kommunismus an, also ebenfalls zu einer Zeit, als er noch gar nicht »verschwunden« war:
*»Die Ereignisse werden dann eintreffen, wenn die Kommunisten wiederkommen.«*[120]

Bevor das aber passieren kann, mußte zuerst eine Umwälzung im Ostblock stattfinden. Diese wurde vom Lübecker Seher **Albert Oldag** (1962) wie folgt vorausgesagt:
*»Ich sehe einen Umsturz in Rußland, und ich sehe Rußlands Untergang. Das ist der Augenblick der deutschen Wiedervereinigung. Ich sehe Deutschland in seinen alten Grenzen. Doch Zeit und Stunde? Das weiß ich nicht. Aber alles wird friedlich abgehen …«*[121]

Und auch bei **Erna Stieglitz** (1975) finden wir einen Hinweis darauf, daß der Krieg erst zu einer Zeit ausbrechen wird, wenn der Kommunismus schon überwunden zu sein scheint:
*»Rußland verliert allein in seinen Heersäulen sieben Millionen Menschen, ein hoher Blutzoll für ein Volk, das eben in Massen vom Dialektischen Materialismus abgefallen war und wieder zu glauben begonnen hatte.«*[122]

Auch wenn man die Stärke der angreifenden russischen Armeen nicht unterschätzen sollte, scheint die Zahl von sieben Millionen Menschen deutlich übertrieben zu sein.

In Übereinstimmung mit der Marienbotschaft von Fatima lassen viele Seher, darunter auch **Edward Korkowski** (1983), keinen Zweifel daran, daß es sich beim Niedergang der Sowjetunion um ein vorsätzliches, strategisches Täuschungsmanöver handelt:
*»Laßt Euch nicht täuschen, der Ostblock wird Euch friedliche Nachgiebigkeit vorspielen, sei es mittels Grenzöffnungen und Grenzverschiebungen, sei es durch Paktauflösungen oder durch heuchlerische Neutralisierungsvorschläge. Dann erst, wenn Ihr aus dem westlichen Schutz ausgeklammert seid, wird er Euch plötzlich wie Freiwild überfallen.«*[123]

**Veronika Lueken**, 1972, New York:
*»Eure Welt schreit: Friede, Friede, wo kein Friede ist. Ihr tut euch mit Teufeln zusammen; das Wort eines Atheisten ist nicht bindend, die Versprechen eines Atheisten sind nicht wahr. Ihr fallt auf den Plan herein wie Schafe zur Abschlachtung.«*[124]

**Dumitru Duduman**, 1997, USA:
*»Am Anfang noch dachten sie, der große Bär* (die Sowjetunion) *sei tot. Und wenn er dann anfängt, sich wieder zu bewegen, werden sie ihn für harmlos halten. Plötzlich wird er erneut stark werden, vorsätzlich und gewaltsam. Gott wird die Augen jener blenden, die auf dem Opfer des Blutes Christi herumtrampeln, bis zu dem Tag, an dem der Bär plötzlich zuschlägt. Dieser Tag wird sie unvorbereitet treffen ...«*

**Dame aus Valdres,** 1968, Norwegen:
*»Bevor Jesus wiederkommt, und kurz bevor der 3. Weltkrieg ausbricht, wird es eine Art Entspannung geben, wie wir sie nie zuvor gesehen haben. Es wird Friede sein unter den Großmächten in Ost und West, und es wird ein langer Friede sein. In dieser Friedensperiode wird in vielen Ländern abgerüstet werden, auch in Norwegen, und wir werden nicht vorbereitet sein, wenn er losbricht.«*[125]

Ziel und hintergründige Absicht der Auflösung der Sowjetunion war offenbar u. a. die Zersetzung des kommunistischen Feindbildes in den

Staaten des Westens. Man gab sich marktwirtschaftlich und demokratisch, während im Verborgenen die kommunistischen Strukturen konserviert wurden. Mehr noch, der Westen selbst wurde still und langsam ideologisch unterwandert und mit marxistischem Gedankengut durchsetzt und aufgeweicht. Einen großen Anteil daran hatten und haben die Marxisten der 68er-Bewegung, die mittlerweile den von Antonio Gramsci (Gründer der kommunistischen Partei Italiens) geforderten Marsch durch die Institutionen vollendet haben und heute europaweit einflußreiche Stellen in Politik, Bildungswesen und Medien besetzen. Selbst dieses Detail wurde in mehreren Vorhersagen deutlich angekündigt, z. B. 1976 vom **Bauern aus dem Waldviertel**:
*»Vor dem Ausbruch des großen Krieges hält die Linke einen Siegeszug …«*[126]

Auch der Münchner Seher **Erwin Zahn** (2000) weiß Interessantes hierzu zu sagen:
*»Viele deutsche Politiker, vor allem aber sogenannte Journalisten und Lehrer betätigen sich als die Fünfte Kolonne Moskaus, indem sie fast unmerklich die Stimmung immer weiter nach links dirigieren. Was in den 60er Jahren noch als normale deutsche Meinung galt, wird jetzt als rechtsradikal bezeichnet.*[127] *(…)*
*Die Rolle Ungarns als Zwischenstation für die DDR-Flüchtlinge war in Wirklichkeit eine von oben verordnete, und ›der Eiserne Vorhang‹ hob sich nicht aus humanitären, sondern aus militärischen Gründen, zur Vorbereitung des lange schon geplanten Überfalls der Sowjets auf Westeuropa. Tschetschenien ist nur das Übungsmanöver.*[128] *(…)*
*Es wird so kommen, daß sich die europäischen Staaten in tiefstem Frieden wähnen und völlig überrascht sind, wenn die Sowjets ›urplötzlich‹ über Europa herfallen.«*[129]

**Anton Johansson,** 1907, Norwegen:
*»Zu dieser Zeit* (unmittelbar vor dem Krieg) *besaßen die Sozialisten die politische Macht im ganzen Norden, und in Schweden hielten sie die Zügel der Regierung in ihren Händen. Es hatte den Anschein, als schalteten und walteten sie nach Gutdünken. Durch ihr Verhalten wurden sie mitschuldig am Krieg und an seinem unglücklichen Verlauf. Es war ihnen gelungen, die Heeresstärke zu verringern und große Einschränkungen im Verteidigungswesen des Landes vorzunehmen. Die Folge davon war, daß in diesem Krieg viele schwedische Männer*

*ihr Leben unnötig opfern mußten und daß der verhältnismäßig leicht zu erringende Sieg ausblieb. Das Unglück bestand nicht zuletzt darin, daß sie der in breiten Schichten der Bevölkerung herrschenden Gottlosigkeit Vorschub geleistet hatten; zur Strafe mußte das ganze Land dafür leiden.«*[130]
*»Rußland täuscht Abrüstung vor, rüstet aber im geheimen auf.«*[131]

Dem holländischen Seher **Jan C. van der Heide** (ab 1975) zufolge planen die Sowjets insgeheim einen Blitzkrieg, einen Überraschungsangriff gegen Westeuropa, während sie gleichzeitig Verträge zur Rüstungsbegrenzung und andere beschwichtigende Abkommen unterzeichnen. Der Seher warnt besonders vor Zellen der kommunistischen Fünften Kolonne, die in großen Städten Deutschlands bereits seit langem aktiv sind, besonders, so sagt er, in Kaiserlautern, Bonn, Karlsruhe, Limburg und Essen. Unter dem Deckmantel der Wiedervereinigung Deutschlands wollte die russische Führung offenbar ganz Deutschland an sich reißen. Wenn es dann zum Angriff kommt, würden die Westmächte eine Eskalation des Krieges zu verhindern suchen, indem Teile Deutschlands aufgegeben würden. Ganze Divisionen russischer Truppen hätten westliche Uniformen und westliche Ausrüstung, darunter sogar Kopien westlicher Panzer, die auf dem Schlachtfeld für Verwirrung sorgen sollen, weil die überfallenen Länder nicht mehr zwischen ihren eigenen und den gegnerischen Truppen unterscheiden können.[132]
Ion Mihai Pacepa, ein in den Westen übergelaufener Vertrauter des rumänischen Diktators Nicolae Ceaucescu, hat übrigens bestätigt, daß in Rumänien an direkten Kopien deutscher Leopard-II-Panzer gearbeitet wurde.

**Erna Stieglitz,** 1975, Augsburg:
*»Während im Westen Bequemlichkeit und Weichheit, Wohlstand und Luxus obenan stehen, bereitet sich der Osten vor, erzieht zur Entbehrung, stählt seine Völker, sorgt für Nachwuchs und Waffen.«*[133]
Es ist kein Geheimnis, daß nicht nur zu Zeiten der Sowjetunion, sondern auch heute noch tausende russische Jugendliche in Trainingscamps gesteckt und dort jahrelang auf hohem Nivcau militärisch ausgebildet werden. Finanziert werden diese Lager von der GRU, dem militärischen Geheimdienst Rußlands, und, da ja der russische Staat bekanntlich pleite ist, letztendlich mit Krediten aus dem Westen.

Der ukrainische Seher **Josip Terelja** kündigte weitere Details dazu an, leider mit unbekanntem Ursprungsjahr:
*»Die Sowjetunion wird aufhören zu existieren. Rußland wird frei vom Kommunismus. Aber der Tag wird kommen, an dem es in eine Diktatur fallen wird. Das Volk schart sich um einen Mann. ›Wladimir‹ wird sein Name sein.«*
*»Rußland wird sein Imperium mit Gewalt zurückgewinnen und Wladimir wird das russische Volk in einen Krieg gegen Israel führen.«*
*»Feuer werden überall ausbrechen, ganz Rußland wird brennen, ganz China in Flammen stehen.«*[134]
Mit »Wladimir« muß nicht Wladimir Putin gemeint sein. Aber auch von dieser Quelle wird ein Krieg in Nahost mit russischer Beteiligung erwähnt. Besonders interessant ist natürlich, was islamische Quellen zu diesem Krieg in Nahost zu berichten haben. Auf direktem Weg zwischen dem Gebiet der Sowjetunion und Israel liegt bekanntlich die Türkei, und zur Türkei weiß der islamische Gelehrte **Sheikh Nâzim** folgendes zu sagen:
*«Für Mahdîs Kommen, der Friede sei auf ihm, gibt es zwei Zeichen. Das erste ist, daß die Türkei kommunistisch werden wird, dann wird der große Krieg ausbrechen. Das ist das zweite Zeichen. Dann wird Mahdî, auf dem der Friede sei, kommen ...«*[135]

Das Wiederaufstehen des Kommunismus und die zeitgleich herrschenden Spannungen in den Staaten Europas und Nordamerikas werden schließlich in einen blutigen Bürgerkrieg übergehen. Ob schon vor dem russischen Angriff oder erst danach, geht aus der Prophezeiung des Bregenzer Sehers **Franz Kugelbeer** von 1922 nicht eindeutig hervor:
*»Über Nacht kommt die Revolution der Kommunisten, verbunden mit den Nationalsozialisten, der Sturm über Klöster und Geistliche. Die Menschen wollen es zuerst nicht glauben, so überraschend tritt es ein. Viele werden eingekerkert und hingerichtet. Alles flieht in die Berge, der Pfänder ist ganz voll Menschen.*
*Wie ein Blitz aus heiterem Himmel kommt der Umsturz von Rußland her, zuerst nach Deutschland, darauf nach Frankreich, Italien, England. Allerorts ist Aufruhr und Zerstörung. Es ist an einem Ort eine lange, breite, von Soldaten umsäumte Straße, darin jung und alt, Frauen, Kinder und Greise. Am Straßenrand steht eine Köpfmaschine, die der Oberhenker durch einen Druckknopf in Betrieb setzt, zu beiden Seiten von je zwei Henkern unterstützt. Alle diese Menschen werden enthaup-*

*tet. Es fließt so viel Blut, daß die Köpfmaschine zwei- bis dreimal versetzt werden muß.«*[136]

Ähnliches beschreibt die Ordensschwester **Barbara Becher** aus dem Saarland:

*»In Italien wird sich der Kommunismus erheben, um Rom, das Herz der Christenheit zu erobern; aber diese Überfälle werden durch die Macht der Himmelskönigin verhindert und abgewehrt. Maria wird den Papst und Rom vor den wilden Horden der Feinde bewahren und den beabsichtigten Landungsversuch der Russen an der Adria-Küste vereiteln. Außerhalb Roms jedoch wird das Blut fließen.«*[137]

In der Prophezeiung der österreichischen Bäuerin **Aloisia Lex** von 1956 wird nun erstmals ein Zusammenhang zu den darauffolgenden Katastrophen hergestellt:

*»Die große Übermacht des gottlosen Weltkommunismus wird unerwartet über die noch freien Länder einbrechen, denn er kennt keine Grenzen. Das wird die große Weltkatastrophe auslösen!«*[138]

Und auch **Nostradamus** spricht in seiner Vorrede an Heinrich II. über die dreitägige Finsternis so, als ob sie im Herbst desselben Jahres stattfände, in dem zuvor die kommunistische Weltrevolution ausgebrochen war:

*»Im Frühling werden diesem Ereignis* (dreitägige Finsternis) *vorhergehen – und später werden ihm nachfolgen – extreme Veränderungen, nämlich Umgestaltung der Reiche, und zwar einmal durch schwere Erdbeben, zum anderen durch die Vermehrung des neuen Babylons, der miserablen Tochter, gestärkt und großgeworden durch die Greuel des ersten Brandopfers. Sie wird sich nicht länger als 73 Jahre und 7 Monate halten können.* [139]

*Dann beginnt die große Herrschaft des Antichristen im Reich des Attila und Xerxes* (Rußland/Persien). *In riesiger, unübersehbarer Zahl werden seine Anhänger heranstürmen.«*[140]

Das »neue Babylon«, d. h. der Kommunismus, das aus dem »ersten Brandopfer«, d. h. dem 1. Weltkrieg hervorging und zunächst von 1917 bis 1991 tatsächlich knapp 74 Jahre bestand hatte, wird im Frühjahr vor der großen Katastrophe also die Reiche umgestalten. Nostradamus spricht hier offenbar von Revolutionen in mehreren Ländern. Daß zeitgleich mit einem schweren Erdbeben zu rechnen ist, wird später noch ausführlich behandelt. Nach der Wiederkehr des Kommunismus geht von Rußland der 3. Weltkrieg aus. Die Erwähnung Persiens könnte ein Hinweis auf ein Bündnis zwischen Rußland und dem »Schurkenstaat« Iran sein. Über ein solches Bündnis finden sich in den Prophezeiungen noch mehrere Hinweise, doch dazu an späterer Stelle mehr.

## *Bürgerkrieg*

Durch die Wirtschaftskrise, die sozialen Spannungen und die kommunistische Agitation angeheizt, verschärft sich die Situation in Nordamerika und in den Staaten Europas, vor allem in England, Frankreich und Italien, aber auch in Deutschland und Spanien so weit, daß schließlich der offene Bürgerkrieg ausbricht. Nun zeigen sich auch die fatalen Folgen jahrzehntelanger Überfremdung und Entwurzelung der europäischen Völker: Der Wohlstandskitt, der ganze Staaten zusammengehalten hatte, ist verschwunden, und die Bevölkerung, der jede gesunde nationale Identität aberzogen wurde, zerfällt im Chaos.
Spätestens mit dem Angriff der Roten Armee fließt dann auch Blut, und alle Vertreter der marktwirtschaftlichen Gesellschaftsordnung sowie Kirchenvertreter, Priester und Gläubige werden auf Leben und Tod verfolgt. Die Nationen sind gespalten in die eine Gruppe der Helfershelfer Moskaus, die die Weltrevolution losbricht, und die andere Gruppe, die überraschten Verteidiger der konservativen Ordnung. In Deutschland schlagen sich Überbleibsel des alten DDR-Apparates, der nie wirklich aufgearbeitet wurde, auf die Seite der Revoluzzer. Interessant ist in diesem Zusammenhang auch, daß die DDR-Führung noch Ende der 1980er Jahre Pläne erarbeitete, denen zufolge im Fall innerer Unruhen Teile der Bevölkerung in blitzschnell errichteten Lagern inhaftiert werden sollten.

Die illiterate französische Bäuerin **Palma Matarelli** (geb. 1825), beschreibt die Situation wie folgt:
*»Die Republik wird in Frankreich, in Spanien und in Italien ausgerufen, und darauf folgt der Bürgerkrieg ... Außergewöhnliche Zeichen erscheinen am Himmel.*
*Die Ausrufung der Republik in Spanien ist das Signal!«*[141]
Der Prophezeiungskenner Bernhard Bouvier kommentiert: *»Mit ›Republiken‹ ist offenbar die Proklamation von roten ›Volksrepubliken‹ gemeint. Und: Spanien ist noch Monarchie! Wird dort die Monarchie gestürzt, geht das Ganze los ...«*

Eine **»Nonne in Verzückung«** (1872):
*»Dann, wenn man glaubt, der Frieden sei sicher, dann, wenn man es am wenigsten erwartet, dann brechen die großen Ereignisse herein. Die Revolution bricht in Italien los, fast zur gleichen Zeit wie bei uns hier.*
*Auch England wird erheblich erschüttert. Die Revolution weitet sich auf alle Städte Frankreichs aus. Es ist ein absolutes Blutbad. Aber diese Revolution dauert nur einige Monate ... das Blut fließt überall ... die Zahl der Opfer ist unermeßlich ... Die Kirchen sind geschlossen ... der Erzbischof von Paris wird ermordet ... wir werden eine Zeitlang keinen Papst haben.«*[142]
Bernhard Bouvier ergänzt, daß die Zeitspanne vom Beginn der ersten Anzeichen von Revolution in Italien bis zum Krieg, laut romanischer Quellen, etwa neun Monate betragen soll.

Der südafrikanische Seher **Nicolaas Van Rensburg** (1926) sah in der ethnischen Überfremdung der europäischen Bevölkerung großes Unruhepotential:
*»Gott will Deutschland wieder erheben – nach dem 2. Weltkrieg. Jedoch die Nacht wird über England fallen. Ich sehe eine schwarze Schlange dort liegen. Das bedeutet das schwarze Problem von England. Es bedeutet Bürgerkrieg und Hungersnöte. Die Schlange rollt sich auf. Schwarze und farbige Menschen werden sich in Europa niederlassen, und dann wird Englands Problem und sein Kollaps beginnen.«*[143]

**Ron White**, 1976, USA:
*»Der Herr zeigte mir noch, daß, wenn der Krieg in Europa ausbrechen wird, britische Truppen, die sich jetzt in Irland befinden, zurückgezogen und in Europa stationiert werden. Und der Herr zeigte mir, daß Irland unter kommunistischer Herrschaft sein werde. Zur selben Zeit habe ich Schottland gesehen, sich von England zu befreien und unabhängig zu werden.«*[144]
Es ist eine bemerkenswerte Tatsache, daß die nordirische Terrororganisation IRA für ihren Kampf gegen die britische Regierung seit Jahrzehnten Waffen und Unterstützung von der Sowjetunion erhielt und daß bis heute noch russische Waffen ihren Weg nach Nordirland finden.

Was die Revolution in Frankreich angeht, findet sich sehr häufig das Motiv, daß weite Teile von Paris von den Aufständischen niedergebrannt werden, und zwar noch bevor die kommunistischen Truppen die französische Grenze erreichen:

**Onit,** 1948, Tirol:
*»Bürgerkriege werden herrschen in Italien, Frankreich und Deutschland. Der fallende Eifelturm wird in das Trümmerfeld seiner Stadt fallen.«*[145]

**Marienerscheinung von La Salette,** 1846:
*»Frankreich, Italien, Spanien und England: Das Blut wird auf den Straßen fließen. Der Franzose wird mit dem Franzosen kämpfen, der Italiener mit dem Italiener. Schließlich wird es einen allgemeinen Krieg geben, der entsetzlich sein wird.*
*Für eine Zeitlang wird Gott weder Italiens noch Frankreichs gedenken, weil das Evangelium Christi ganz in Vergessenheit geraten ist. Die Bösen werden ihre ganze Bosheit entfalten. Man wird sich töten, man wird sich morden bis in die Häuser hinein ...*
*Paris wird niedergebrannt und Marseille verschlungen werden.«*[146]
Für Marseille ist vielfach prophezeit, daß es einer Flutwelle zum Opfer falle. Dieses Ereignis wird in einem späteren Kapitel näher behandelt.

**Franziskanermönch Ludovico Rocco**, 1840:
*»Frankreich wird in einen auswärtigen Krieg verflochten werden. Sobald dieser zu Ende ist, wird das Volk aufstehen und den Präsidenten ermorden, wobei ein entsetzliches Blutbad entstehen wird. Mehr als die Hälfte der Stadt Paris wird in Asche verwandelt werden.«*[147]
Mit dem auswärtigen Krieg könnte der zeitgleich stattfindende Krieg in Nahost gemeint sein, und der Präsidentenmord könnte zu einer Reihe politischer Morde gehören, in die auch der von Irlmaier prophezeite Mord am »3. Hochgestellten« gehört, nach dem unmittelbar der russische Angriff erfolgen soll.

**Jesuitenpater Nectou,** 1760, Frankreich:
*»Es werden sich in Frankreich zwei Parteien bilden, die sich auf Leben und Tod bekämpfen. Die eine wird zahlreicher sein als die andere, doch die schwächere wird siegen. Es wird alsdann ein Zeitpunkt eintreten, so schrecklich, daß man glauben wird, das Ende der Welt sei gekommen.*

*Das Blut wird in mehreren großen Städten fließen, die Elemente werden in Aufruhr geraten. Es wird sein wie das Jüngste Gericht im kleinen.*
*In dieser Katastrophe wird eine große Menschenmenge zugrunde gehen, doch die Bösen werden die Oberhand nicht gewinnen.*
*Sie werden die Absicht haben, die Kirche gänzlich zu zerstören; doch die Zeit wird ihnen dazu nicht gelassen werden, denn diese schreckliche Periode wird von kurzer Dauer sein.*
*In dem Augenblick, wo man alles für verloren halten wird, wird alles gerettet werden.*
*Während dieser Umwälzung, die – wie es scheint – allgemein sein und sich nicht nur auf Frankreich erstrecken wird, wird Paris gänzlich zerstört werden ...*[148] *(...)*
*England wird seinerseits eine Revolution durchmachen, schrecklicher als die französische, und Frankreich wird England zur Wiederherstellung des Friedens behilflich sein.«*[149]

**Mater Alphonsa Eppinger**, 1850, Elsas:
*»Paris wird in Flammen stehen.«*[150]

**Josef Kugelbeer**, 1922, Bregenz:
*»Paris brennt.«*[151]

**Erna Stieglitz**, 1975, Augsburg:
*»Paris wird von den Franzosen* (den Aufständischen) *selbst in Brand gesteckt.«*[152]

**Bauer aus dem Waldviertel**, 1977:
*»Er sah einen Bürgerkrieg in Italien und in der Bundesrepublik, östlich vom Rhein.«*[153]

Viele Einzelheiten der Bürgerkriege in Europa und Nordamerika sah **Alois Irlmaier** in den Jahren 1945–1959:
*»Ein Staat im Westen kriegt die größte Revolution aller Zeiten, zwei Drittel aller Menschen sind tot. Ich sehe eine Stadt dort mit dem eisernen Turm, die Stadt geht drauf, nicht aber durch den Krieg, nein, durch die eigenen Leute. (Paris)*[154] *(...) Sie zünden alles an, Revolution ist und wild gehts her.*[155]
*Zuerst wird die Stadt mit dem eisernen Turm sich selbst anzünden und*

*Revolte mit der Jugend machen, der Stunk geht um die Welt.*[156] *Auch in Italien geht es böse her. Alle Geistlichen, bis auf sechs, werden umgebracht, viele Kirchen stürzen ein.«*[157]
Auf die Frage, wie es möglich sei, daß Paris zerstört werde, wenn der russische Ansturm doch schon am Rhein völlig zusammenbreche, sagte er etwas von einer *»Inneren Sache«*[158]. Die Zerstörung von Paris geht also auf das Konto der »Fünften Kolonne« Moskaus, welche auch in Deutschland nicht untätig bleiben wird: *»Die Russen stehen bereits am 1. Tag des Angriffs am Rhein.«*[159] Es seien schon vorher sehr viele Agenten hier, die Chaos auslösen.
Außerdem sah er *»am Rhein einen Halbmond, der alles verschlingen will. Die Hörner der Sichel wollen sich schließen«.*[160] Was das bedeutet, wußte er nicht zu sagen, jedoch ist aus anderer Quelle überliefert, er habe in Deutschland Unruhen mit Moslems vorausgesehen, die sieben Monate und einige Tage andauern würden.[161]

Wenn in den Prophezeiungen zum 3. Weltkrieg die Rede von Moslems ist, die mit den Kommunisten gemeinsame Sache machen, dann sind damit jene Islamisten gemeint, die bereits in der Vergangenheit international Anschläge verübten und die zumeist von jenen »Schurkenstaaten« unterstützt werden, die in irgendeiner Weise mit der Sowjetunion verbündet waren bzw. mit dem heutigen Rußland immer noch verbündet sind. Auch wenn an dieser Stelle der Beweis nicht erbracht werden kann, daß der internationale Terrorismus letztlich eine Marionette der kommunistischen Weltrevolution ist (vgl. hierzu mein Buch »Wer plant den 3. Weltkrieg?«), gibt es eine Menge Indizien, die genau dafür sprechen. Im Gegensatz zu diesem »islamischen« Terrorismus steht der wahre muslimische Glaube, der sich genausowenig mit dem materialistischen Kommunismus unter einen Hut bringen läßt wie das wahre Christentum oder jede andere Religion, die die Rückbindung des Menschen in eine überirdische Ordnung zum Zwecke hat. Im Gegenteil, wie an anderer Stelle bereits gezeigt wurde, gibt es eine Anzahl islamischer Prophezeiungen, die dasselbe Geschehen ankündigen wie unsere christlich-europäischen Quellen.

Auch **Mühlhiasl, der Waldprophet** sah im 18. Jahrhundert Details der kommunistischen Revolutionen voraus:
*»Nach dem großen Krieg* (gemeint ist der 2. Weltkrieg) *wird keine Ruhe sein. Nachher wird das Volk aufstehen, alle Leute werden untereinan-*

*der raufen, in jedem Haus wird Krieg sein. Die Kleinen werden groß und die Großen klein. Wer feine Hände hat, der wird totgeschlagen. Wer etwas hat, dem wird es genommen.*[162] *Nachher geht's an! Das größte Aufräumen beginnt. In der Stadt geht die Gaudi zuerst los. Da wird der Bruder den Bruder und die Mutter die Kinder nicht mehr kennen. Leute, die aus der Stadt auf's Land laufen, um den Bauern zu sagen, geh, laß mich ackern, werden von den Bauern mit dem Pflugreitel erschlagen werden.*[163] *Die großen Herren werden dem armen Mann die Kleider abkaufen und sich in der Wildnis verkriechen. Es wird ihnen aber nichts nützen, weil man sie an den weißen Händen erkennt.*[164] *Die Pfarrer werden sich die Hände und die Gesichter anrußen, damit man sie nicht kennt. Wer feine Hände hat, wird erschlagen.*[165] *Die reichen und noblen Leute werden umgebracht werden. Bauernknechte und Handwerksburschen sitzen einmal in der Regierung.*[166] *Es müssen sich die Leut verstecken, wenn die Rotkapperl da sind. Viele Leut aber werden aus ihrem Versteck herausgeholt, denn alles wird verraten.«*[167]
Bauernknechte und Handwerksburschen in der Regierung? Das klingt sehr nach sozialistischer »Arbeiter- und Bauernpolitik«!

**Katharina aus dem Ötztal,** 1951:
*»Die Not wird groß und größer. Und man sagt zueinander: ›Es kann nicht mehr gehen, es geht nimmer‹, und es geht doch noch weiter. Es geht viel länger abwärts, als die Leute zuerst meinten. ›Dann plötzlich brichts.‹ Die Leute sind auf dem Feld, es ist Spätsommer, das Korn schon reif, da kommen sie, ganze Horden schiacher Leute, und überfallen alles. Sie bringen um, was sie erwischen – es ist furchtbar! Die Haustüren werden eingeschlagen und alles kaputt gemacht. Sie morden und rauben, und sogar Einheimische aus dem Dorf laufen mit jenen und plündern genauso. (…)*
*Es geht auch hauptsächlich um den Glauben. Es gibt nur mehr zwei Parteien: Für den Herrgott und gegen den Herrgott! Die Verfolger der Kirche haben eine Zeitlang eine große Macht. Aber diese kurze Zeit dürft ihr im Glauben nicht umfallen.*[168] *(…)*
*Ich sehe irgendwo eine Kirche, gesteckt voll betender Leute, plötzlich kommen diese schiachn Leute in roten Fetzen und sperren die Kirchtüren zu und bringen die in der Kirche alle um.«*[169]

Während der Revolution und nach dem anschließenden Einmarsch der Roten Armee kommt es in den betroffenen Gebieten also zur Verfol-

gung von Religion und Kirche. Eine ganz ähnliche Szene sah auch der **Bauer aus dem Zellertal**, 2002:
*»Einige Leute flüchten in die Kirche von Drachselsried, doch sie wird von Soldaten umstellt, die dann Handgranaten hineinwerfen, danach wird sie gestürmt. Überleben tut's glaub ich niemand. Bald darauf ist beim Pfarrhof eine gewaltige Explosion. Der Pfarrhof, die Metzgerei und das Pokorny-Haus werden völlig zerstört. Es gibt noch mindestens zwei weitere Explosionen, eine davon in der Siedlung, hab diese aber nicht mehr gesehen. Ich traf eine Frau, die mir sagte, daß dabei ihre Mutter umgekommen sei. 2003 ist sie 70 geworden, den 75er wird sie nicht mehr erleben. In der Siedlung von Drachselsried soll es auch noch so eine Explosion geben, hab die aber nicht mehr gesehen. (...)*
*Es sind auffallend wenig Menschen auf der Straße, angesichts dessen, was hier los ist – entweder sind schon fast alle davongelaufen, oder sie verstecken sich. Wenn vereinzelt jemand herumläuft, ist die furchtbare Anspannung in ihren Gesichtern und die hastige Bewegung zu erkennen.*
*Das einzige Mal, wo ich den Soldaten nahe gekommen bin, ist bei der Autowerkstätte Hofmann, wo sie direkt an mir vorbeirennen. Sie hatten Jacken an, aber die Farbe konnte ich nicht erkennen, weil es noch düster war. Beim Futterholen dann hab ich nicht darauf geachtet, aber das Gesicht konnte ich sehen. Das war mit Sicherheit ein Russe oder Osteuropäer, also keiner aus südlicheren Ländern.«*[170]

Gleichlautendes von **Leonie van den Dyck** (1933):
*»Die Gläubigen werden auf teuflische Weise verfolgt. Alles unterliegt der vollen Macht Satans. Das Schicksal der Völker des Ostens wird über uns kommen und mit unvorstellbaren Greueln an uns vollzogen. Kirche und Gläubige haben eine sehr harte Verfolgung zu erleiden. Viele Bischöfe und Priester werden zur Zwangsarbeit in Konzentrationslagern verurteilt. Wie Wild werden sie aufgejagt. Einzelne werden aus Angst den Glauben verleugnen und den Verfolgern Hilfe leisten.«*[171]

Der Schwarzwälder Bauer **Adolf Schwär** hatte 1950 eine Vision, in der er den Umsturz in Deutschland erlebte:
*»Zunächst stürzte eine schwere Bombe vor meine Füße. Ich war furchtbar erschrocken und glaubte nicht, daß ich davonkommen würde. Dann war ich in einer Kaserne. Es wurde mobil gemacht, aber es waren wenig Mannschaften da. Dann sah ich große Massen von feindlichem*

*Militär auf uns zukommen. Auf die feindlichen Truppen wurde nicht geschossen. Nachher waren wir mitten unter ihnen. Männer mit langen Säbeln, in russischer Kleidung. Sie hatten nichts mit uns. Sie kamen von Osten in drei bis vier Kolonnen. Ich reiße ein MG hoch, aber es fällt niemand um. Dann ruft es noch laut: ›Somit besteht jetzt eine unabhängige Volksrepublik!‹«*[172]

Zeitgleich beginnt die Verfolgung der Kirche und die Umerziehung der Bevölkerung: *»Ich war in der Kirche zu St. Märgen in der Josefskapelle, mit zwei oder drei Buben. Es war Gottesdienst. Da kam der Vikar Müller* (seit 1950 verstorben) *in die Kapelle und sagte, es hätte keinen Zweck mehr, Gottesdienst zu halten, es sei ja niemand mehr in der Kirche. Ich schaute auf und sah, daß die Männerseite leer war, und auf der Frauenseite sah ich etwa zwei Frauen. Nun ging ich zur Haupttüre hinaus. Hinter derselben standen im Kreis ein Haufen Männer, in der Mitte ein russischer Soldat, der einen Vortrag hielt. Ich ging etwas weiter und sah in der gleichen Weise einen Haufen Frauen, in der Mitte ein russischer Soldat.«*[173]

Deutlich weist der Seher darauf hin, daß auf die feindlichen Invasoren nicht geschossen wurde, und daß in Deutschland ohne großen Widerstand eine kommunistische Volksrepublik ausgerufen werde. Das klingt sehr nach innerem Verrat, ähnlich wie Irlmaier ihn für Frankreich beschrieb. Auskunft darüber, aus welchen Reihen die Verräter stammen könnten, gibt die folgende Vorhersage vom **Einsiedler Antonius**, 1820, Aachen:

*»Die Russen machten gemeinsame Sache mit den Preußen.«*[174]

Eine nähere Erklärung dazu gibt der Münchner Seher **Erwin Zahn** (2000):

*»Vor der Wiedervereinigung hätte man kein Problem damit gehabt, die ›Preußen‹ als kommunistisch linientreue NVA-Truppen zu sehen. Heute dagegen müssen wir uns mit dem Gedanken vertraut machen, daß diese Erzkommunisten überall in ganz Deutschland längst dabei sind, den Widerstand gegen den sowjetischen Angriff zu verhindern. Das wird ihnen auch einige Zeit gelingen. Sie werden sich auch zu Verbänden zusammenfinden und gegen die eigenen deutschen Truppen kämpfen, letztlich aber doch besiegt. Damit beschäftigt sich dann auch das ›Lied der Linde‹, wo es heißt: ›Wenn Bruder gegen Bruder ficht.‹«*[175]

Doch der Verrat ist nicht auf Deutschland oder Europa beschränkt:

*»Von Skandinavien bis nach Afghanistan werden sie* (die Sowjets) *zeitgleich ihren Angriff starten. Auch Alaska und Kanada besetzen sie.*

*Kanada wird ihnen durch Verrat in die Hände fallen, was wohl auch mit den Streitigkeiten zwischen den Kanadiern englischer und französischer Abstammung zu tun haben dürfte. Einen Teil der USA werden die Sowjets auch noch besetzen, scheitern aber dann. In den USA wird es große Rassenunruhen vor allem mit den Latinos geben, weshalb die Vereinigten Staaten selbst erhebliche Probleme haben und ihre Rolle als sogenannte ›Weltpolizisten‹ nicht mehr wahrnehmen können.«*[176]

**Alois Irlmaier** bestätigt ein solches Szenario für Nordamerika:
*»In den USA kommt es zu Aufständen.*[177] *Amerika wird ihre eigenen Präsidenten ermorden. Die Schwarzen werden die Macht bekommen, die solange im Staub waren. Sittenlosigkeit, Verbrechen wird drüben als Originalität bezeichnet werden.«*[178]

Und natürlich gibt es eine Anzahl nordamerikanischer Seher, die ganz ähnliches zu berichten haben, wie z. B. **John Lallier**:
*»Der Herr führte mich auf die Straßen Amerikas und Ich sah alle Städte brennen, wir haben 8 Millionen Moslems in Amerika, und wenn der Krieg im Heiligen Land ausbricht und Amerika darin verwickelt wird, werden 8 Millionen Moslems Amerika niederbrennen. Ich sah muslimische Frauen nach Amerika kommen, und in ihrem Inneren hatten sie Behälter mit Milzbranderregern und Biochemikalien. Ich sah 180 Millionen Amerikaner in einem Zeitraum von nur 72 Stunden sterben, dann sah ich New York, Florida, Nevada, Texas, Kalifornien atomar zerstört, wir werden von Rußland und China überfallen.«*[179]

**LaVonne Parke**, 1996–1997, USA:
*»Die USA werden durch Sowjets und Chinesen von innen her angegriffen, die, als Studenten getarnt, hierher gekommen sind und deren Aufgabe es ist, zu spionieren und zu sabotieren.«* [180]

**Anton Johansson**, 1907, Norwegen:
*»Frankreich wird von innen und außen erobert. Die gewaltigen amerikanischen Waffenlager werden in so einem Falle in die Hände des Ostens fallen.*[181] *Die Bezeichnung ›Revolution‹ oder ›fürchterliche innere Unruhen‹ hörte ich mit Bezug auf viele europäische sowie einige außereuropäische Länder. Rußland, Deutschland und Österreich-Ungarn wurden an erster Stelle genannt, aber auch England, Italien sowie Amerika, Kanada, Indien und China, ferner die Kolonien mehrerer*

*europäischer Länder, insbesondere die Englands, wurden erwähnt. Über Rußland äußerte der Herr, daß in diesem Lande Krieg und Revolutionen so unvorstellbar hohe Opfer fordern würden, daß wir niemals erführen, wieviel Menschen umgekommen seien.«*[182]

Die ersten kommunistischen Revolutionen, die in Rußland und China schon vor Jahrzehnten stattfanden, während die in Europa und Nordamerika noch ausstehen, forderten tatsächlich so unwahrscheinlich viele Opfer, daß die genaue Zahl bis heute nicht bekannt ist. Schätzungen geben etwa 85 Millionen Tote an. Und auch in den ehemaligen Kolonien machten sich nach dem Abzug der Kolonialmächte die Kommunisten breit, was in Afrika und Südostasien zu blutigen Bürgerkriegen führte, die die wahre Ursache von Hungersnot und Elend der Dritten Welt darstellen.[183]

Antons Johanssons Verleger, der Schriftsteller A. Gustafsson, ergänzt hierzu 1918, basierend auf Johanssons Vorhersagen:

*»Ost und West, die russische und amerikanische Machtgruppe werden zusammenstoßen. Das Kriegsziel des Ostens ist: die Zerstörung Amerikas und Englands. Sind diese besiegt, so fällt ihm die andere Welt wie eine reife Frucht in die Hände. Dieses Ziel will man nach folgendem Plan erreichen:*

1. *Innere Auflösung (in Amerika, England und den übrigen Ländern). (a) Verstärkung und Machterweiterung der sogenannten ›demokratischen‹ (häufig auch bolschewismusfördernden) Kräfte. (b) Auflösung der christlichen Moral, des christlichen Rechtsbegriffes und der Vaterlandsliebe. (c) Körperliche und seelische Vergiftung der Menschheit, besonders der Jugend, durch Alkoholisierung, Sexualverwilderung, Freidenkerei und Bolschewisierung.*
2. *Äußerer Angriff. Hierdurch werden: (a) Die Kräfte Amerikas und Englands zersplittert und so stark wie möglich geschwächt, so daß man nach Behagen jeglichen Teil der Welt dann zerstören kann; (b) England als der schwächste und am leichtesten treffbare Partner zuerst besiegt und (c) die Voraussetzung für eine gemeinsame angloamerikanische Verteidigung gesprengt, dessen Folgen Bürgerkrieg und bolschewistische Machtübernahme in England, seinen Kolonien und Dominien sein werden.«*[184]

Einen Ausblick auf das Ende von Revolution und Krieg gibt **Rosa Colomba Asdente** (1847):

*»Eine große Revolution wird sich über ganz Europa verbreiten, und die*

*öffentliche Ruhe wird nicht eher hergestellt, als bis die Weiße Lilie den Thron von Frankreich besteigen wird.«*[185]

# 9 – Nahostkrieg

Etwa parallel zu den Unruhen in Europa und Nordamerika ist ein weiterer Krieg in Nahost angekündigt. Welches von beiden Ereignissen zuerst eintrifft, geht aus den Vorhersagen nicht sicher hervor. Der Krieg im arabischen Raum wird vermutlich eine Öl- und Energiekrise auslösen, die ursächlich für den wirtschaftlichen Totalzusammenbruch sein könnte. Auch werden militärische Handlungen der USA in Nahost die Friedensbewegung auf die Straße treiben, die in vereinter Volksfront mit anderen kommunistisch dominierten Bewegungen und Organisationen, z. B. den »Globalisierungskritikern«, das Fundament einer revolutionären Massenbewegung bilden soll.

Der große Krieg werde, so sagte die **Böhmische Flüchtlingsfrau** (1947), *»im Nahen Osten beginnen«.*[186]
Dort scheint besonders Syrien im Konzept der Kommunisten eine Schlüsselrolle einzunehmen, denn bei **Veronika Lueken** (1970) aus New York heißt es:
*»Syrien hat den Schlüssel zur Lösung des Weltfriedens oder zum dritten Weltkrieg.«*[187]

Und ein **Unbekannter Verfasser** gibt ergänzend dazu an:
*»Das Volk von Altisrael wird mit einem Krieg konfrontiert werden, der von Syrien ausgeht. Die Israelis werden von den Vereinigten Staaten keine Unterstützung bekommen, wegen der Haltung, die die gegenwärtige Regierung einnimmt. Sie werden nicht siegreich sein in ihrem Versuch, die Syrer aus Nordisrael herauszuhalten, es wird ihnen aber gelingen, den Krieg nicht zu verlieren. Die Syrer werden die Rückendeckung der russischen und der chinesischen Regierung haben.«*[188]

Dieselben Hintermänner macht auch **Erwin Zahn** (2000) für den Nahostkrieg verantwortlich:
*»Die Sowjetkommunisten sind auch die Brandstifter im Nahen Osten,*

*weil sie glauben, dann in Nord- und Westeuropa, im Balkan, in der Türkei, in Persien und Afghanistan nur auf relativ geringen Widerstand zu stoßen ...*[189] *Demnach fallen die Sowjets zuerst in Afghanistan und Persien ein. Da wird man noch höhnen, daß es den Mullahs gar nicht schadet, wenn sie davongejagt werden. Mit dem Überfall auf die Türkei und den Balkan sind aber auch Natostaaten betroffen, wodurch sich dieser Krieg über ganz Europa ausbreitet.«*[190]

Der Krieg weitet sich aus und wird atomar, dazu **Edward Korkowski** (1989):
*»Es brach dort ein Krieg aus, mit Explosionen in Israel und weiter im arabischen Osten. Aber dieses Kriegsgeschehen breitete sich auch nach Ägypten, Syrien und auf der anderen Seite nach dem Iran bis nach Pakistan aus. Flugzeuggeschwader überflogen das ganze Gebiet, und plötzlich waren die Atompilze sichtbar, verteilt über das Kriegsgebiet von Nordafrika und den Nahen und Mittleren Osten.«*[191]
Auch der Amerikaner **Samuel Doctorian** kündigt 1998 den Einsatz von Atomwaffen im Nahen Osten an:
*»In wenigen Sekunden sah ich den Iran, Armenien, Aserbaidschan, die Türkei, Georgien, Irak, Syrien, Libanon, Israel und ganz Kleinasien voller Blut. Ich sah Blut in allen diesen Ländern. Ich sah Feuer, den Einsatz von Atomwaffen in vielen dieser Länder.«*[192]
Sogar eine Prophezeiung der amerikanischen **Hopi-Indianer** spricht von einem atomaren Krieg in Nahost als Vorzeichen des Übergangs in eine neue Welt:
*»Der weiße Mann wird Krieg führen gegen andere Völker in fremden Ländern – gegen die, die das Licht der Weisheit zuerst besessen hatten. Es wird dort viele Säulen aus Rauch und Feuer geben, genau solche, wie sie der weiße Mann in den Wüsten nicht weit von hier gemacht hat.«*[193]
Mit jenen Ländern deren Völker das Licht der Weisheit zuerst besessen hatten, dürfte zweifellos Mesopotamien gemeint sein, man denke z. B. an die uralte Hochkultur der Sumerer. Die Säulen aus Rauch und Feuer, die der weiße Mann in den Wüsten Nevadas gemacht hat, erinnern sehr an atmosphärische Atomtests.

Bis zum russischen Angriff auf Europa, so sagte **Alois Irlmaier**, entwickele sich das Geschehen in Nahost zum Flächenbrand:
*»Alles ruft Frieden, Schalom! Da wird es passieren. – Ein neuer*

*Nahostkrieg flammt auf, große Flottenverbände stehen sich im Mittelmeer feindlich gegenüber – die Lage ist gespannt.*[194] *Im Nahosten gibt's zeitgleich viele Kriege.«*[195]

***Russische Panzertruppen kommen in Syrien bis Aleppo …***[196]

Offenbar bekommen die kriegführenden islamischen Staaten im Verlauf des Krieges direkte militärische Unterstützung von Rußland. **Sheikh Nazim** berichtet dazu:

*»Im großen Krieg, Armageddon, wird er* (Mahdî) *dem Befehl des Herrn entsprechend allen Leuten erscheinen. Er hat einhundert und ein Hindernis zu überwinden, bevor er erscheinen kann. Neunundneunzig dieser Hindernisse sind überwunden. Jetzt bleiben nur noch zwei.*

*›Rote Leute‹ sind nach Afghanistan gekommen. Sie müssen auch nach Pakistan und dann in die Türkei kommen. Das erste Zeichen ist: Russen kommen in die Türkei. Gewaltige russische Kräfte werden im Westen von Aleppo sein. Sie werden zur Ebene von Yarmuq bei Aleppo vorstoßen. Zur selben Zeit werden die amerikanischen Kräfte in der Türkei, in Adana, nahe dem Meer sein. In jener Ebene dort wird es eine große Schlacht geben. Der Krieg wird drei Monate dauern, und während jenes Krieges wird Mahdî erscheinen. Es wird in einem Jahr eines Óajj al-akbar geschehen.«*[197]

Allepo (Haleb) liegt im Norden Syriens, an der türkischen Grenze und damit auf direktem Weg zwischen Rußland und Nordisrael. Die ›Roten Leute‹, die nach Afghanistan kamen, waren die 1979 eingedrungenen sowjetischen Truppen.

Denselben russischen Vorstoß bescheibt der Südafrikaner **Nicolaas Van Rensburg** (1926). Spätestens die russische Intervention ruft die Amerikaner auf den Plan:
*»Während der Nacht stürmt Rußland durch die Türkei auf dem Weg in die Suez-Region, wobei die Türkei keinen Widerstand leistet. Die Russen kommen nun mit der amerikanischen Armee in Kontakt in Syrien und Palästina, wo sie (die Russen) durch die Amerikaner gestoppt werden. Palästina wird während der Kämpfe zerstört. Viele geheime Waffen und Gas werden überall eingesetzt. Während schreckliche Bomben Tod und Zerstörung säen, werden Nationen ausgelöscht. Einige Nationen hören auf zu existieren, andere überleben, werden aber dann unbedeutend sein.*[198]
*Der Krieg wird sehr heftig und schnell sein, zerstörend und schlimm. Nationen werden aufgelöst, sehr schnell, durch Luftattacken, durch schlimme Bomben und bakteriologische Kriegsführung. Einige Araber stellen sich an die Seite der Amerikaner. Viele Ölfelder im Mittleren Osten werden angezündet. Die Rote Armee wird geschlagen durch die technisch fortgeschritteneren Waffen der USA.«*[199]

***… werden aber schließlich geschlagen.***[200]

Der Sieg der USA über die Rote Armee dürfte erst wesentlich später erfolgen, zunächst scheinen die Russen ihren Angriff fortzusetzen, dazu **Anton Johansson** (1907):
*»Persien und die Türkei werden – vermutlich von russischen Truppen – erobert und gehen ihrer Ölquellen und Reichtümer verlustig.«*[201]
Bei Wolfgang Johannes Bekh lesen wir eine ähnlich lautende Ankündigung des **Bauern aus dem Waldviertel**, derzufolge der *»totale Krieg«*, mit amerikanischer Beteiligung, erst in Saudi-Arabien stattfinde, wo die Amerikaner in das Ölgebiet einfielen; jedoch zögen sie dort (zunächst?) den kürzeren.[202]

Zweifellos erleiden die US-Streitkräfte in Nahost bedeutende Niederlagen, der Amerikaner **Stephen L. Bening** sah 1993 sogar den Verlust eines Flugzeugträgers:
*»Es wurde mir offenbart, daß der US-Flugzeugträger ›Kitty Hawk‹ mit elf Begleitschiffen im Persischen Golf bei einem Angriff, ausgeführt von den ›Nachkommen Ishmaels‹, zerstört wurde. Ich sah atomar bestückte Marschflugkörper im Anflug auf die ›Kitty Hawk‹, sie und alle ihre Flugzeuge und Begleitschiffe wurden zerstört, und ich hörte die Anzahl der Getöteten: 12 600. Mir wurde gesagt, dieses würde sich am 17. Tag eines zukünftigen Monats ereignen.«*[203]

***Der US-Flugzeugträger »Kitty Hawk«***[204]

Alle Flugzeugträger der USA werden im Einsatz stets von mehreren Begleitschiffen unterstützt, die zusammen eine sogenannte Flugzeugträgerkampfgruppe bilden, zu der auch Unterseeboote gehören. Die Begleitschiffe haben den Auftrag, den verwundbaren Flugzeugträger gegen Angriffe zu schützen. Allein die »Kitty Hawk« hat eine Besatzung von 5630 Mann und soll von der US-Marine bis 2008 genutzt und anschließend außer Dienst gestellt werden.
Tatsache ist außerdem, daß in der Region um den Persischen Golf mindestens der Iran von Rußland und China mit modernsten Waffensystemen beliefert wird, darunter auch mit atomar bestückbaren Marschflugkörpern.

## 10 – The Big One – das grosse Erdbeben

Der immer wieder von kleineren und mittleren Erdbeben geschüttelte Südwesten der USA, speziell die kalifornischen Städte Los Angeles und San Francisco, warten schon seit Jahren auf das richtig große Erdbeben, das sogenannte »Big One«. Geologen meinen, daß nach Jahrzehnten, in denen sich die tektonischen Spannungen entlang des vor der Westküste der USA verlaufenden San-Andreas-Grabens aufgestaut haben, das nächste große Beben mit siebzigprozentiger Wahrscheinlichkeit innerhalb der nächsten 30 Jahre komme. Zu dieser Vorhersage führen die Auswertung der Erdbebenintervalle in der Vergangenheit und neuere Messungen durch Satelliten. Und auch in unseren Prophezeiungen findet sich dieses Erdbeben, auf das die Menschen dort schon lange warten. Vergleichen wir die Vorhersagen, die Krieg und Erdbeben erwähnen, so wird der 3. Weltkrieg wenige Monate zuvor von eben diesem Beben angekündigt.

**Dr. Ferenc Kossuthany** (1916):
*»... Naturkatastrophen von so gewaltigen Ausmaßen, wie sie die Weltgeschichte noch nicht erlebte, werden ihn ankündigen – plötzlich und unerwartet wird dann der Krieg da sein.«*[205]

**Joe Brandt**, ein junger Amerikaner, hatte nach einem Sturz vom Pferd und während des anschließenden Krankenhausaufenthaltes 1937 eine Reihe aufeinanderfolgender Visionen, die genau und sehr detailliert dieses zukünftige große Erdbeben an der Westküste der USA zeigten:
*»Ich schien mich in Los Angeles zu befinden, aber es war nicht zur jetzigen Zeit (1937), denn es war größer, viel größer. Die Busse und merkwürdig geformte Autos füllten die Straßen der Stadt. Ich dachte an den Hollywood-Boulevard, und dann befand ich mich dort auf dem Hollywood-Boulevard, ob dies wahr ist oder nicht, ich weiß es nicht. Da waren viele Männer in meinem Alter, aber sie hatten Bärte, und manche von ihnen trugen Ohrringe.*
*Alle Mädchen trugen kurze Röcke, und sie schlenderten dahin in einer tanzähnlichen Bewegung. Ich fragte mich, ob ich mit ihnen reden könnte. Ich sagte: ›Guten Tag‹, aber sie hörten mich nicht, noch sahen sie mich. (…) Ich bemerkte, da war eine Ruhe, eine Art von Stille, als ob man Stille hören könnte. Etwas fehlte, das da sein sollte. Zuerst begriff ich es nicht, und dann erkannte ich, daß es keine Vögel gab. Ich horchte, ich ging auf dem Boulevard zwei Blocks weit nach Norden, vorbei an all den Häusern, aber es gab keine Vögel. Ich fragte mich, was mit ihnen passiert war, waren sie fortgegangen? Wohin? Es war so still, ich konnte die Stille hören. So etwas hatte ich noch nie erlebt, aber ich horchte, nur Stille – und dann wußte ich, daß etwas geschehen würde. Ich fragte mich, welches Jahr es war, es war zweifellos nicht 1937. Ich sah eine Zeitung an der Ecke mit einem Bild des Präsidenten. Es war nicht Roosevelt, er war größer, gewichtiger, hatte große Ohren. (…)«*
*»Ich sah jene Menschen und wunderte mich, warum sie sich so kleideten. Ich war wieder auf dem Boulevard, und diesmal wartete ich darauf, daß etwas passiert. Etwas Großes würde passieren, und ich würde dabei sein. Ich schaute auf zu der Uhr unten an dem großen Theater, und es war zehn vor vier am Nachmittag.*
*An der Stelle, wo alle die Filmstars ihre Handabdrücke und Namen hinterlassen, sah ich Namen, manche, die ich erkannte, aber manche, die ich überhaupt nicht kannte, nie gehört hatte. (…) Es war eher am Anfang des Frühlings. Da war wieder dieses Geräusch, bzw. das Fehlen des Geräusches, Stille, Stille, Stille. (…)«*
*»Da war ein komischer Geruch. Ich wußte nicht, woher er kam. Ich mochte ihn nicht, ein Geruch wie Schwefel oder Schwefelsäure, ein Geruch wie der Tod. Einen Moment lang dachte ich, ich wäre wieder im Chemie-Unterricht.«*

*»Meine Augen schienen an der Uhr zu kleben. Es war fünf vor vier Uhr an einem sonnigen Nachmittag. Ich dachte, ich würde ewig dort stehen und auf die Uhr schauen, darauf wartend, daß etwas passiert. (...)*
*Ich fing an zu laufen, und der Boden fing an zu zittern. Ich konnte es nicht fühlen, aber ich wußte, daß er zitterte. Alle sahen erschrocken aus, sie sahen schrecklich aus. Eine junge Dame setzte sich einfach auf den Bürgersteig, krümmte sich in einem Lachkrampf und sagte einfach: ›Es ist das Erdbeben, es ist das Erdbeben‹, immer und immer wieder, aber ich konnte nicht erkennen, daß sich etwas geändert hatte.*
*Dann kam es, und wie es kam, wie nichts in Gottes Welt, wie nichts. (...)*
*Es war schrecklich, es war, als ob ein Monster die Bürgersteige nach oben schob. Man fühlte es lange bevor man es sah. Die Bürgersteige hielten nicht mehr. Ich schaute auf die Autos, sie hupten, sie bewegten sich einfach weiter, sie schienen noch nicht zu wissen, daß etwas geschah. (...)*
*Das Schütteln hatte wieder begonnen, aber diesmal anders. Ein nettes Schütteln, wie das Wiegen einer Wiege, und dann sah ich – es schien, daß die Mitte des Boulevards in zwei Stücke brach. Der Beton sah aus, als ob er von einer großen Schaufel geradewegs nach oben gedrückt worden war. (...) Dann ein lautes Geräusch, wie ich es nie zuvor gehört hatte, dann Hunderte von Geräuschen, die alle auf einmal kamen.*
*Kinder und Frauen und diese verrückten Männer mit Ohrringen, sie schienen sich alle über dem Bürgersteig zu bewegen. Sie wurden hochgehoben, und das Wasser sickerte hervor, die Schreie, es war schrecklich. (...)*
*Meine Trommelfelle fühlten sich an, als ob sie platzen würden. Leute fielen hin, einige von ihnen schwer verletzt. Stücke von Gebäuden splitterten ab und flogen in der Luft, eines traf mich hart an der Seite meines Gesichts, aber ich schien es nicht zu fühlen. (...)*
*Dann war es, daß ich mich hochgehoben fühlte. Ich war über der Stadt. Sie neigte in Richtung Ozean wie das Hochklappen eines Picknicktisches. Die Gebäude hielten besser, als man es glauben würde, sie blieben stehen. Die Menschen, die die Gebäude sahen, versuchten, sich an ihnen festzuhalten oder in sie hineinzukommen. (...) Alles andere um sie herum brach, aber sie hielten, hielten. (...) So sah es eine lange Zeit aus, drei Minuten, drei Minuten waren wie ewig. Alle versuchten, ins Innere zu gelangen. Sie würden halten, du wußtest, sie würden halten, selbst wenn die Wasser weiterhin steigen würden – nur sie taten es nicht. (...) Sie zerfielen zu Nichts. (...) Ich schien mich auf dem Big*

*Bear Berge zu befinden, in der Nähe von San Bernadino, aber das Komische war, daß ich überall hinsehen konnte. Ich wußte, was geschah. Die Erde schien wieder zu zittern. Ich konnte es fühlen, obwohl ich hoch oben war. Diesmal dauerte es vielleicht zwölf Sekunden, und es war sanft. Man kann nicht glauben, daß etwas so Sanftes soviel Schaden anrichten könnte, aber da sah ich die Straßen von Los Angeles, und alles zwischen Los Angeles und den San Bernadino Bergen kippte zum Ozean hin, Häuser und alles, was übrig war. Ich konnte die großen Straßen sehen, Dutzende großer Fahrbahnen, die immer noch mit Autos überhäuft waren, an einigen Stellen gab es fünf Spuren, und alle Autos glitten in die gleiche Richtung.*
*Jetzt kam der Ozean herein und bewegte sich wie eine riesige Schlange das Land hinauf. Ich fragte mich, wie spät es war, und ich konnte die Uhr sehen, es war 16.29, obwohl ich nicht auf dem Boulevard war, es war eine halbe Stunde vergangen. (…)*
*Dann, wie auf eine riesige Landkarte der Welt schauend, konnte ich sehen, was auf dem Land und mit den Leuten geschah. San Francisco fühlte es, aber es war in keiner Weise wie in Hollywood und Los Angeles. Ich schien zu sehen, daß der Garlet-Graben und nicht nur der San-Andreas-Graben San Francisco erschütterten. Ich konnte sehen, wie alle diese Berge zusammenkamen, die Sierra Nevada, San-Andreas und Garlet. Ich wußte, was mit San Francisco passieren würde. Es würde wegen des Garlet-Grabens umkippen. Es würde sich auf den Kopf stellen. (…)*
*Ich schloß meine Augen für eine lange Zeit. Ich schätze, es waren etwa zehn Minuten, und als ich sie wieder öffnete, sah ich den Grand Canyon, und als ich in den Grand Canyon schaute, schloß sich die riesengroße Lücke. Der Boulder-Damm wurde von unten hochgedrückt, und dann von Nevada bis nach Reno und nach Süden hinunter bis zu Baha California und auch bis Mexiko schien es, als ob ein Vulkan ausbricht mit allem, was dazugehört. (…)*
*Die Stadt New York kam in das Blickfeld. Sie war noch da, nichts war passiert. (…)*
*Der Boulder-Damm fiel auseinander, es war immer noch Tageslicht, und alle diese Radiosender brachten es zu der gleichen Zeit: Der Boulder-Damm ist gebrochen. Ich fragte mich, wie die Menschen im Osten es erfahren würden, dann sah ich Hand-Radio-Betreiber* (Handys). *Ich sah sie an den merkwürdigsten Stellen, so, als ob ich direkt bei ihnen war. Ein kleiner Mann mit einer Brille sagte: ›Hier ist Kaliforni-*

*en, wir versinken im Meer, hier ist Kalifornien, wir versinken im Meer. Eilt zu den Höhen, flieht in die Berge. Alle Staaten westlich, hier ist Kalifornien, wir gehen ins Meer.‹ (...) Ich nehme an, ich werde dies mein ganzes Leben lang hören.«*[206]
Einige Details dieser Vision des jungen Amerikaners sind bemerkenswert. So zeigt nach seiner Beschreibung das Foto des Präsidenten einen Mann mit großen Ohren. Der gegenwärtig amtierende US-Präsident George Bush jun. wird in Karrikaturen stets mit übergroßen Ohren abgebildet, seine Ohren sind offenbar charakteristisch und auffällig. Zwei Einzelheiten lassen die Jahreszeit erkennen, zu der dieses Beben stattfinden soll. Zum einen sei es *»eher am Anfang des Frühlings«*, zum anderen soll New York zum selben Zeitpunkt noch unbeschädigt sein, d. h. das Beben muß noch vor dem atomaren Anschlag auf New York, der für einen Frühsommer angekündigt ist, stattfinden!

Versuchen wir nun mit Nostradamus eine genauere Datierung dieses Bebens.
**Nostradamus**, Vorrede an Heinrich II:
*»Im Frühling werden diesem Ereignis* (dreitägige Finsternis) *vorhergehen – und später werden ihm nachfolgen – extreme Veränderungen, nämlich Umgestaltung der Reiche, und zwar einmal durch schwere Erdbeben, zum anderen durch die Vermehrung des neuen Babylons, der miserablen Tochter, gestärkt und großgeworden durch die Greuel des ersten Brandopfers.«*[207]
Übereinstimmend mit Joe Brandt kündigt Nostradamus hier schwere Erbeben im Frühjahr des Kriegsjahres an.

**Nostradamus**, IX/83:
*»Die Sonne zwanzig vom Stier, so stark zittert die Erde.*
*Das große gefüllte Theater wird zerstört.*
*Die Luft, Himmel und Erde verdunkeln sich und sind aufgewühlt,*
*Selbst die Ungläubigen werden Gott und die Heiligen anrufen.«*[208]
In einer anderen Übersetzung lautet die letzte Zeile:
*»Dann knetet der Ungläubige Gott & die Heiligen durch.«*[209]

»Sonne zwanzig vom Stier« ist eine Zeitangabe und bedeutet, daß die Sonne zum Zeitpunkt des Ereignisses entweder zwanzig Grad im Sternzeichen Stier steht, was jedes Jahr um den 11. Mai der Fall ist, oder aber, daß die Sonne zwanzig Grad vom Stier entfernt ist, und das wäre

etwa der 1. April (zwanzig Grad vor dem Stier) oder etwa der 10. Juni (zwanzig Grad nach dem Stier).
Das große gefüllte Theater erkennen manche Interpreten als Hollywoods Traumfabrik, und die mit dem Beben einhergehenden Vulkanausbrüche verdunkeln die Luft (Asche).
Der »Ungläubige«, der Gott und die Heiligen durchknetet, könnte auf ein Wiedererstehen des Kommunismus mit einhergehender Kirchenverfolgung anspielen, denn genau das kündigt Nostradamus auch in seiner Vorrede an Heinrich II. an, wenn er vom Überhandnehmen des »neuen Babylons« spricht.
Und auch der Amerikaner **Stephen L. Bening** stellte etwa 1992 einen zeitlichen Zusammenhang zwischen dem Beben und dem nachfolgenden russischen Angriff her:
*»Viele Propheten haben ein schreckliches Erdbeben entlang des San-Andreas-Grabens vorhergesagt, aber Gott hat offenbart, daß dieses vorhergesagte Erdbeben bald darauf von einem ›Bärenangriff‹ gegen die Vereinigten Staaten gefolgt wird; einem Angriff durch Rußland gegen die Küsten der USA.«*[210]

# 11 – Balkankrieg

Kurze Zeit nach dem Ausbruch des Krieges in Nahost, vermutlich nur einige Wochen oder wenige Monate später, erwartungsgemäß noch bevor die Lage rund um Israel zum atomaren Krieg eskaliert, gibt es neue Unruhen auf dem Balkan, wahrscheinlich in und um Mazedonien. Westliche Truppen, die seit den 1990er Jahren im ehemaligen Jugoslawien weitflächig präsent sind, werden in die Kämpfe verwickelt, und es kommt überraschend zu einer Intervention Rußlands, die die Spannungen zwischen den USA und Rußland deutlich verschärft.
Eine ähnliche Situation hatte es bereits während des Kosovokrieges gegeben, als die Truppen der westlichen Allianz im Kosovo einmarschierten und 200 in Bosnien stationierte russische Soldaten plötzlich den Flughafen von Pristina besetzten. Washington war über den überraschenden Schachzug der Russen damals tief beunruhigt. Die russischen Forderungen nach einem eigenen Sektor im Norden des Kosovo und die Tatsache, daß die russischen Truppen nicht unter NATO-

Oberkommando stehen sollten, wurden abgelehnt. Nachdem sich die Russen schließlich geweigert hatten, vom Flughafen Pristina abzulassen, gab General Wesley Clark, der Oberbefehlshaber der NATO, britischen und französischen Truppen den Befehl, die Russen militärisch daran zu hindern, die Kontrolle über den Flughafen zu übernehmen. Der Befehl wurde jedoch vom britischen Befehlshaber der Kosovo-Friedenstruppe, Michael Jackson, verweigert. Ein Vertreter der US-Regierung sagte später, der Vorfall sei die gefährlichste und am wenigsten berichtete Episode zwischen den USA und Europa überhaupt gewesen und hätte *»zu der größten diplomatischen Krise seit Ende des Kalten Krieges führen können«.*[211] Ein solcher Vorfall könnte in einer ähnlichen Situation jederzeit wieder passieren.

Den Vorhersagen ist zu entnehmen, daß das, was in Nahost als weit entfernter, eng begrenzter Krieg beginnt, immer weiter eskaliert und schließlich auch Europa bedroht. Die Ereignisse beginnen sich zu überschlagen und es werden immer mehr Nationen in die Kämpfe verwickelt. Dazu **Alois Irlmaier**, Freilassing:
*»Alles ruft Frieden, Schalom! Da wird es passieren. – Ein neuer Nahostkrieg flammt auf, große Flottenverbände stehen sich im Mittelmeer feindlich gegenüber – die Lage ist gespannt. Aber der eigentliche zündende Funke wird im Balkan ins Pulverfaß geworfen.«*[212]
Diese Flottenverbände werden auch in einer Vorhersage der **Franziska Maria Beliante** erwähnt: *»Wehe Italien! Es wird Krieg mit Ungläubigen beginnen, wenn England mit großer Flotte ins Mittelmeer läuft.«*[213]
Zeitgleich zum Einlaufen der britischen Flotte ins Mittelmeer sollen in Italien also Kämpfe mit Ungläubigen stattfinden, das erinnert stark an die zu erwartenden kommunistischen Revolutionen. Denkbar ist, daß eine gemischte anglo-amerikanische Flotte zur Unterstützung Israels ins Mittelmeer ausläuft oder in der Adria Position bezieht, um von dort aus in die Unruhen auf dem Balkan einzugreifen. Ihr feindlich gegenüber stünde dann wohl die russische Schwarzmeerflotte, jedenfalls dann, wenn es ihr gelingt, den Bosporus und die Dardanellen zu passieren. Vielleicht dient die Einnahme der Türkei durch russische Truppen u. a. gerade dazu, für die Schwarzmeerflotte die Passage ins Mittelmeer zu sichern. Das spätere Schicksal dieser Flottenverbände schildert der **Bauer aus dem Waldviertel** (1976):
*»Die Überschwemmungen im Mittelmeergebiet werden durch A-Waffenzündungen in großer Höhe über der Adria, von Norden beginnend,*

*hervorgerufen. Die Erschütterungen sind bei uns deutlich spürbar. (...) Die A-Waffeneinsätze über den Meeren gelten den Flottenverbänden.«*[214]

Eine direkte Verbindung zwischen dem Krieg in Nahost, der Krise auf dem Balkan und den Revolutionen in Italien und Frankreich finden wir auch im »Lösepreis«, dem prophetischen Gedicht eines unbekannten Verfassers:

***Der Lösepreis***
*(...)*
*Sieh die Kampfestruppen dort*
*Wo des Gottes Kindheit Hort*
*Sieh, wie racherzürnt sie sind*
*Schalomgruß verweht im Wind.*

*Hier beginnt der Große Krieg*
*Niemand trägt davon den Sieg*
*Rußland nimmt Stadt Belgrad ein*
*Frankreich, Rom zieht mit hinein.*
*(...)*[215]

Was den genauen Schauplatz der Kämpfe auf dem Balkan angeht, verweist der Norweger **Anton Johansson** (1907) auf die Region um Griechenland:
*»Anton hörte ferner, daß ein neuer Balkankrieg kommen werde, an dem auch Griechenland teilnehme und der für die Balkanstaaten unglücklich ende. Er hörte auch, daß es den Balkanstaaten und besonders Serbien, dem heutigen Jugoslawien, schlecht gehe.«*[216]

Was der **Bauer aus dem Waldviertel** (1976) bestätigt:
*»Worüber ich zum Beispiel bisher kaum Klarheit finden konnte, das ist die Frage, wie weit manche Ereignisse von hier entfernt sind. Worum es bei dem Krieg in Südosteuropa geht. Wer daran beteiligt ist. Es ist ein Gewirr. Es beginnt in der Nähe der Adria und endet in der Türkei. Dabei werden die ersten größeren A-Waffen eingesetzt. Auf den Feldern bei uns sah ich zu der Zeit kaum Vegetation. Die Menschen im übrigen Europa sagen sich da noch erleichtert: Na, Gott sei Dank nicht bei uns!«*[217]
Ein interessantes Detail: Auf den Feldern in Niederösterreich ist zu

dem Zeitpunkt noch kaum Vegetation, d. h. die Kämpfe auf dem Balkan brechen demzufolge im Frühjahr aus, eventuell im April oder Mai. Der Bauer aus dem Waldviertel präzisiert den Schauplatz des Krieges mit den Worten: *»Der erwähnte Krieg am Mittelmeer fand noch nicht statt. Er erfolgt im Gebiet Albanien–Türkei. Die Verlierer sind die östlichen Verbände.«*[218] Bei anderer Gelegenheit erwähnte der Bauer außerdem noch Bulgarien, und diese Region wird auch von dem Wiener **Stefan Parlow** (1999) als Kriegsschauplatz genannt: *»Die Türkei, der Süden Griechenlands, Rumänien und Albanien werden plötzlich Kriegsschauplatz sein. Dies werden die ersten Länder sein, die in den großen Krieg verwickelt werden. Der Krieg geht vom Balkan aus. (...) Die Besetzung der Türkei durch die Russen wird der Beginn des großen Krieges sein.«*[219]

Spätestens mit dem russischen Einfall in die Türkei, die ja bekanntlich Mitgliedsland der NATO ist, wird die Lage zwischen den Großmächten so gespannt sein, daß kurzfristig eine Friedenskonferenz angesetzt werden muß, um eine Eskalation der Kämpfe hin zum Weltkrieg zu vermeiden. Wie wir in einem späteren Kapitel noch sehen werden, erweist sich dann jedoch genau diese Konferenz als Falle.

**Bruder Adam**, 1949, Würzburg:

*»Der Krieg wird im Südosten ausbrechen, aber es ist nur eine List. Dadurch soll der Feind irregeführt werden; Rußland hat seinen Angriffsplan längst vorbereitet. Jeder russische Offizier hat den Marschbefehl schon in der Tasche und wartet nur noch auf das Stichwort.«*[220]

## 12 – Atomterror in New York

Ein Seher aus Deutschland hatte seit Anfang der 1990er Jahre Visionen von einer Zunahme terroristischer Anschläge. Als Hintermänner der Terroristen vermutet er die Protagonisten der kommunistischen Weltrevolution, speziell die Anschläge des 11. September 2001 sah er als Auftakt zum 3. Weltkrieg und erwartet im zeitlichen Zusammenhang mit weiteren Anschlägen einen Umsturz in Rußland. Ein 1978 in England übergelaufener ehemaligen Mitarbeiter des russischen Geheimdienstes GRU, der unter dem Pseudonym Viktor Suvorov mehrere Bücher veröffentlicht hat, berichtet, daß es zur russischen Strategie gehört, mit Hilfe terroristischer Aktionen im Vorfeld eines Angriff für Verwirrung beim Gegner zu sorgen. Offiziell laufen solche Aktionen unter der Bezeichnung »Vorbereitungsphase«, inoffiziell nennt man sie »Ouvertüre«. Suvorov schreibt:

*»Ouvertüre ist eine Serie großer und kleiner Operationen mit dem Zweck, noch vor dem Ausbruch militärischer Kampfhandlungen die Moral des Gegners zu schwächen, eine Atmosphäre allgemeiner Verdächtigung, Furcht und Unsicherheit zu schaffen und die Aufmerksamkeit von den gegnerischen Armeen abzulenken und die Polizeikräfte auf eine riesige Zahl verschiedener Ziele aufzusplittern, von denen jedes vom nächsten Anschlag betroffen sein könnte. Ouvertüre wird von Agenten der Geheimdienste sowjetischer Satellitenstaaten* (oder von verbündeten islamischen Terroristen, Anm. LDG) *ausgeführt. In diesem Stadium handelt es sich um grauen Terror, der auf keinen Fall im Namen der Sowjetunion ausgeführt wird. Die sowjetischen Geheimdienste hinterlassen zu diesem Zeitpunkt weder ihre eigenen noch die Visitenkarten anderer. Der Terror wird im Namen bereits bestehender Extremistengruppen* (z. B. Osama bin Ladens Organisation Al-Kaida, Anm. LDG) *durchgeführt, die in keiner Weise mit der Sowjetunion in Verbindung stehen, oder aber im Namen fiktiver Organisationen.*

*Die GRU versucht die Zwischenfälle dieser Phase als natürliche Unglücke, menschliches Versagen oder Terroranschläge zu tarnen. (...) Ouvertüre kann zwischen einigen Wochen und mehreren Monaten dauern, wobei sie sich beständig in Intensität und Ort ausdehnt.«*[221]

Stanislav Lunev, ein weiterer Agent des russischen Militärgeheimdienstes GRU, wechselte 1992 die Fronten und lief zu den Amerikanern über. Während seiner Arbeit für die GRU war eine seiner Aufgaben u. a., in den USA geeignete Stellen für die Plazierung sogenannter »Koffer-Atombomben« zu finden. Das sind tragbare Atombomben mit einer Sprengkraft im unteren Kilotonnenbereich, die speziell für den Einsatz durch Agenten vor Ort entwickelt wurden. Geeignete Ziele wären z. B. der Sitz der US-Regierung, wichtige Marinehäfen oder Schlüsselstellen der US-Luftraumüberwachung.

Bereits vor einiger Zeit ließ der russische General Alexander Lebed, der inzwischen bei einem Hubschauberabsturz ums Leben gekommen ist, verlauten, daß im Verlauf der 1990er Jahre aus den Depots des russischen Militärs etwa 100 dieser »Koffer-Atombomben« spurlos verschwunden seien. Außerdem gibt es immer wieder Meldungen, islamische Terroristen, darunter Osama Bin Laden, hätten versucht, an

russische Atombomben zu gelangen bzw. russisches Personal anzuheuern, das im Umgang mit diesen Waffen erfahren ist.
Mit der monotonen Wiederholung solcher Aussagen will man dem Westen offenbar suggerieren, daß es hier jederzeit zu einem Terroranschlag mit solchen Waffen kommen könnte, für den dann nicht etwa Rußland verantwortlich wäre, sondern der allein auf das Konto des islamischen Terrors ginge. Im Szenario unserer Prophezeiungen ist nun genau die Rede von einem solchen Anschlag, und interessanterweise machen die Vorhersagen nicht nur deutlich, daß es sich um eine russische Atomwaffe handelt, die da zur Detonation kommt und daß der Anschlag von arabischen Terroristen durchgeführt wird, sondern, daß die sowjetische Führung sogar gemeinsame Sache mit diesen Terroristen macht, die Terroristen also nichts weiter als »nützliche Idioten« im übergeordneten Konzept der kommunistischen Strategie sind.

Der Anschlag auf New York wird unabhängig von mehreren amerikanischen und europäischen Quellen gleichlautend beschrieben. Wir wollen mit einer Vorhersage der Amerikanerin **Linda Newkirk** aus dem Jahr 1997 beginnen:
*»Ich sehe einen großen Feuerball vom Himmel auf New York City fallen. Er blitzt auf und verbreitet Feuer über die Stadt mit rasender Geschwindigkeit. Es geschieht in der Dunkelheit. Es ist früh am Morgen. Die Kennzeichnung auf der Bombe trug die Inschrift ›USSR‹. Sie kam aus Richtung des Nordatlantiks. Die russische Koalition arbeitet mit den Arabern zusammen.«*[222]

Eine andere amerikanische Quelle, **Jack Marie Smith**, hatte diesbezüglich 1998 folgende Vision:
*»Der heilige Geist offenbarte ihm, daß es einen Verrat unserer Führer in einer internationalen Verschwörung gab, Atomwaffen einzusetzen, um damit die Weltpolitik zu destabilisieren ... Er hatte die Vision einer großen Rakete, die den Angriff ausführte, was nicht zwingenderweise eine einzelne Bombe oder Angriffsmethode bedeuten muß. Die Vision zeigte ihm das Bild einer glänzenden, goldfarbenen Rakete, die von fremdem Boden abhob (was bedeutet, der Angriff ginge von einer ausländischen Macht aus), über den Atlantik flog und die Ostküste der Vereinigten Staaten traf, wo das Land nur als dunkle Schatten erkennbar war ... Plötzlich gab es eine Explosion über einem Gebiet, das wie New York City aussah.«*[223]

***Manhattan aus südwestlicher Richtung betrachtet: Im Hauptgeschäftszentrum, etwa in der Bildmitte, müßte sich den Beschreibungen zufolge der Bodennullpunkt der Explosion befinden.***[224]

Alle Details, die der Verfasser dieses Berichts vorsichtig symbolisch zu interpretieren versucht, stimmen mit Einzelheiten aus anderen Gesichten überein, z. B. die einzelne Rakete, die Flugbahn aus Richtung des Atlantiks, und die Dunkelheit der Landschaft, denn der Anschlag findet bei Nacht statt.

Die letzte amerikanische Quelle, die an dieser Stelle zitiert werden soll, ist **Dumitru Duduman**, seine Offenbarung stammt von 1992:

*»Die Sünden der großen Hure haben sich über die ganze Welt ausgebreitet. Der Gestank ihrer Sünden hat mich erreicht, und es wird nicht lange dauern, bis ich die ganze arabische Welt, die Russen und andere Länder gegen sie erheben werde, das möge sie vernichten.«* [225]

Die große Hure Babylon ist ein Bild aus der **Bibel**, über sie heißt es in der **Offenbarung, Kap. 18**:

*»Darum werden ihre Plagen an einem Tag kommen, Tod, Leid und Hunger, und mit Feuer wird sie verbrannt werden; denn stark ist Gott der Herr, der sie richtet.*

*Und es werden sie beweinen und beklagen die Könige auf Erden, die*

*mit ihr gehurt und gepraßt haben, wenn sie sehen werden den Rauch von ihrem Brand, in dem sie verbrennt. Sie werden fernab stehen aus Furcht vor ihrer Qual und sprechen: Weh, weh, du große Stadt Babylon, du starke Stadt, in einer Stunde ist dein Gericht gekommen! Und die Kaufleute auf Erden werden weinen und Leid tragen um sie, weil ihre Ware niemand mehr kaufen wird: Gold und Silber und Edelsteine und Perlen und feines Leinen und Purpur und Seide und Scharlach und allerlei wohlriechende Hölzer und allerlei Gerät aus Elfenbein und allerlei Gerät aus kostbarem Holz und Erz und Eisen und Marmor und Zimt und Balsam und Räucherwerk und Myrrhe und Weihrauch und Wein und Öl und feinstes Mehl und Weizen und Vieh und Schafe und Pferde und Wagen und Leiber und Seelen von Menschen. (...)*
*Und alle Schiffsherren und alle Steuerleute und die Seefahrer und die auf dem Meer arbeiten, standen fernab und schrien, als sie den Rauch von ihrem Brand sahen: Wer ist der großen Stadt gleich? Und sie warfen Staub auf ihre Häupter und schrien, weinten und klagten: Weh, weh, du große Stadt, von deren Überfluß reich geworden sind alle, die Schiffe auf dem Meer hatten; denn in einer Stunde ist sie verwüstet!«*[226]
Es gibt Autoren, die allein in dieser Beschreibung aus der Offenbarung die Zerstörung der Stadt New York zu erkennen glauben, und der Gedanke hat durchaus etwas Nachvollziehbares an sich. New York steht stellvertretend für den Zinskapitalismus, der die ganze westliche Gesellschaftsordnung prägt. Bei den Händlern und Kaufleuten, die weithin klagen, weil niemand mehr ihre Waren kaufen will, fühlt man sich an Börsenmakler erinnert, deren Mekka ja bekanntlich die in New York ansässige Wall Street ist. Ein Atomanschlag auf New York hätte zweifellos einen sofortigen Börsencrash zur Folge. Und auch das Bild der Schiffsbesatzungen, die noch weitab von der Küste voller Entsetzen die Pilzwolke über der Stadt sehen, ist vorstellbar, ist New York doch der bedeutendste Hafen an der US-Ostküste.

Der **Bauer aus dem Zellertal** hatte 2001 nachfolgende Eingebung, der zu entnehmen ist, daß es noch in diesem Jahrzehnt zu einem atomaren Terroranschlag in den Staaten an der US-Ostküste kommen werde:
*»Mitte Juni 2001 bekam ich plötzlich ein Gefühl, wie ich es noch nie hatte, daß in dem Jahr noch etwas schreckliches passieren wird. Dieses Gefühl dauerte tagelang an. Ich dachte so an ein schreckliches Flugzeug oder Eisenbahnunglück. Auf diese Terroranschläge* (Anschläge auf das Pentagon und das World Trade Center) *wäre ich aber nicht*

*gekommen. So zwei Tage nach den Terroranschlägen bekam ich wieder so ein Gefühl: Noch in diesem Jahrzehnt wird eine Atombombe von Terroristen gezündet. Anschlagsziel ist wieder die USA. Ich konnte in einem Nachrichtenbeitrag die Ostküste erkennen, wo sie aber gezündet wird, weiß ich nicht.«*[227]

Ergänzend fügt er hinzu, der Terroranschlag könne zwar an der Ostküste sein, aber auch etwas im Landesinneren. Er wollte sich nicht genau festlegen, auch wenn die Küste wahrscheinlicher erscheint. Das Gebiet grenzt er zwischen Florida und Boston ein. Nördlich davon passiert es mit Sicherheit nicht, sagte er.

Die ausführlichste Beschreibung von der atomaren Zerstörung New Yorks stammt vom **Bauern aus dem Waldviertel** aus dem Jahr 1976:

*»Bei der Zerstörung New Yorks sah ich hingegen Einzelheiten, die man mit dem Auge niemals wahrnehmen könnte. Es war auch die Lauffolge um ein Vielfaches langsamer. Ich sah diese Stadt in allen Einzelheiten. Da fiel ein dunkler Gegenstand auf einer sich stets krümmenden Bahn von oben herab. Gebannt starrte ich diesen Körper an, bis er barst. Zuerst waren es Fetzen, dann lösten sich auch diese auf. In dem Moment begriff ich noch immer nicht, was geschehen war. Der erste Sprengkörper explodierte einige Häuser weit hinter einem größeren, mit der Breitseite am Meer stehenden Haus, die anderen Häuser standen, vom Meer aus gesehen, etwas südlicher dahinter.*

*Die Häuser fielen nicht um oder in sich zusammen, sondern sie wurden meist als ganze, sich nur wenig neigend, vom Explosionsherd weggeschoben. Sie zerrieben sich dabei förmlich von unten her. Von vorne hatte es den Anschein, als würden sie näherkommend im Erdboden versinken.*

*Als ich wie üblich vom Hof aus gerade eine Kleinigkeit essen gehen wollte, kam erstmals diese Meldung im Radio. Das könnte, wie ich es für möglich hielt, zur Mittagszeit sein (Ortszeit). Wenn man aber bedenkt, daß es im Frühsommer sehr zeitig hell wird, könnte das auch in den Morgenstunden sein. Bei uns konnte ich da noch keinerlei Kriegseinwirkungen erkennen. Folglich muß dieses Ereignis viel früher eintreten, als bisher angenommen wurde. Den Reden nach zu schließen, müßte es ein Bravourstück eher psychopathischer Gegner sein.*[228] *Überall wurde darüber heftig und aufgeregt diskutiert. Bei uns ist etwa frühsommerliches Wetter.*[229]

*Er sah aber nicht nur den Untergang New Yorks, er sah sich mit anderen Dorfbewohnern zusammenstehen und das Ereignis kommentieren. Daß dies der Racheakt von Terroristen sei, hörte er sagen. Sicher, was die Amerikaner gemacht hätten, sei nicht schön gewesen. Daß man aber deswegen gleich eine ganze Stadt zerstöre, das gehe entschieden zu weit! So redeten die Leute.«*[230]

An anderer Stelle heißt es: *»Ein begrenzter Konflikt auf dem Balkan und die Zerstörung New Yorks, das sei der Anfang der kriegerischen Auseinandersetzungen, ohne nennenswerte Auswirkung noch auf Mitteleuropa.«*[231]

Folgende Details sind besonders interessant: Es handelt sich bei der Zerstörung New Yorks den beiden Bauern zufolge um einen Terroranschlag. Nehmen wir die Informationen aus den amerikanischen Quellen hinzu, dann kommen wir zu dem Ergebnis – was ohnehin auf der Hand lag –, daß der Anschlag von islamischen Terroristen ausgeführt worden sein muß, und zwar mit einer russischen Waffe und mit russischer Unterstützung. Der Anschlag erfolgt im Frühsommer, d. h. im Mai oder Juni, etwa zeitgleich zur Krise auf dem Balkan und nach dem Kriegsausbruch in Nahost. Die Tageszeit, zu der das Ereignis in Mitteleuropa erstmals bekanntgegeben wird, liegt schätzungsweise zwischen 10 Uhr und 11 Uhr am Vormittag. Wir erinnern uns an Linda Newkirks Vorhersage, der Anschlag finde bei Dunkelheit statt, in den frühen Morgenstunden. Da New York südlicher liegt als die Heimat des Bauern aus dem Waldviertel, wird es dort im Sommer etwas später hell als bei uns. Rechnen wir noch die durch die Erdkrümmung bedingte Tageszeitdifferenz hinzu, dann würde ein in New York um 4 Uhr morgens (Ortszeit) stattfindendes Ereignis bei sofortiger Berichterstattung in Mitteleuropa etwa um 10 Uhr (Ortszeit) bekanntgegeben. Wir sehen, beide Zeitangaben stimmen miteinander überein.

***Der Beschreibung des Bauern aus dem Waldviertel ist zu entnehmen, daß ein Sprengkörper einige Häuser weit hinter einem größeren – mit der Breitseite am Meer stehenden – Haus explodiert. Das Gebäude auf dem Bild ist das UN-Hauptquartier, es steht mit der Breitseite am Meer.***[232]

# 13 - Der Papst flieht aus Rom

Während der eskalierenden Ereignisse in Nahost, auf dem Balkan und in New York haben sich die kommunistischen Unruhen in Europa, vor allem aber in Italien derartig verschärft, daß es zu blutigen Übergriffen gegen Vertreter der Kirche kommt. Die Sicherheit des Papstes im Vatikan ist nicht mehr gewährleistet, so daß sich die Kurie schließlich zur Flucht entscheidet.

**Alois Irlmaier** aus Freilassing berichtet darüber wie folgt:
*»Im Stiefelland (Italien) bricht eine Revolution aus, ich glaube es ist ein Religionskrieg, weil sie alle Geistlichen umbringen. Ich sehe Priester mit weißen Haaren tot am Boden liegen. Hinter dem Papst ist ein blutiges Messer, aber ich glaub, er kommt ihnen im Pilgerkleid aus.*[233] *Der Papst verläßt seine Stadt und geht nach Westen, dort, wo eine große Kirche steht, am großen Wasser, und wenn er wieder zurückkommt, sind von seinen Leuten nur sechs noch da, denn auch dort geht's drunter und drüber.*[234] *Dem Papst gelingt es, nach Übersee zu fliehen.«*[235]
Irlmaier wird von **Josef Kugelbeer** (1922) bestätigt, wenn letzterer auch ein anderes Fluchtziel des Papstes angibt:
*»Mord in Rom. Drei bis vier Meter hohe Berge von Leichen von Geistlichen und Bürgern. Der Papst flieht mit zwei Kirchenfürsten auf Nebenstraßen zu einer alten Kutsche und in ihr über Genua in die Schweiz. Später kommt er nach Köln.«*[236]

Viele weitere Vorhersagen nennen die Papstflucht als wichtiges Vorzeichen vor dem Krieg:

**Bruder Adam**, 1949, Würzburg:
*»Der Heilige Vater muß fliehen. Er muß schnell flüchten, um dem Blutbad zu entgehen, dem Kardinäle und Bischöfe zum Opfer fallen werden.«*[237]

**Veronika Lueken**, 1972, New York:
*»Schaut nach Rom. Wenn ihr den geliebten Vikar* (den Papst) *fliehen seht, ist die Zeit da.«*[238]

**Onit**, 1948, Tirol:
*»Italien wird ein einziges Revolutionsfeld. Der Vatikan wird ausgeräuchert. Der Papst wird in blasser Angst vor dem Kommunismus übers Meer fliehen. Alle Kunstschätze des Vatikans werden verschleppt, gestohlen und geraubt. Hekatomben von Blut werden dabei fließen. Die Schweizer Garde wird trotz der Flucht des Papstes ihren Widerstand unter Blutopfern versuchen und dabei zugrunde gehen.«*[239]

**Elisabeth Alphonsa Eppinger**, 1867, Elsas:
*»Rom wird das Blut der Priester fließen sehen!«*[240]

**Wessel Dietrich Eilert**, 1833, Westfalen:
*»Der römische Stuhl wird eine Zeitlang ledig stehen.«*[241]

Nach dem Ende der Kampfhandlungen und dem Sieg über die angreifenden russischen Armeen wird der neue deutsche Kaiser vom Papst im Kölner Dom gekrönt, wie uns die **Feldpostbriefe** (1914) verraten:
*»Dann sagt er, daß der regierende Papst dabei sei beim Friedensschluß, muß aber zuvor in Italien fliehen, da er als Verräter hingestellt wird, und er kommt nach Köln, wo er nur einen Trümmerhaufen findet, alles kaputt. (...)*
*Der Papst müsse fliehen, um sein Leben zu retten. Der Osten verliere, und der Papst werde zurückgebracht.«*[242]

Einen interessanten Hinweis auf die Zeitspanne zwischen dem Beginn der blutigen Ausschreitungen und der Wiederherstellung von Frieden und öffentlicher Ordnung gibt die Augsburgerin **Erna Stieglitz** (1975):
*»Der Papst muß aus Rom fliehen, wohin er nach zweihundert Tagen wieder zurückkehrt.«*[243]
200 Tage sind etwas mehr als sechs Monate, etwa ein halbes Jahr also. Schätzen wir die Flucht des Papstes auf Anfang Juni, dann wäre er kurz vor Weihnachten wieder in Rom. Das deckt sich mit einer Vorhersage von **Alois Irlmaier**, derzufolge an Weihnachten wieder Frieden herrsche.

Ein weiteres Detail, das mit der Flucht des Papstes in zeitlichem Zusammenhang steht bzw. dieser unmittelbar vorausgeht, liefert Hepidanus von St. Gallen in Kombination mit einer Vorhersage von Nostradamus. Zunächst **Hepidanus von St. Gallen** (1083):

*»Schau empor! Erkenne das Sternbild der himmlischen Krone dort mittagwärts von deinem Scheitelpunkte. In dieser Sternenkrone wird ein neues Juwel eingesetzt werden und ein Stern hellglänzend da erscheinen, wo du jetzt nur die unerforschte Bläue des Weltenraumes erblickst. Wenn dieser Stern als weithin leuchtendes Feuerzeichen erscheinen wird, dann ist die Zeit nahe, wo jene Tage über die Menschheit kommen werden, von denen ich zu dir gesprochen habe. Dann sind die Tage vieler gezählt wie die Tage der Ernte, wenn der Schnitter die Sichel wetzt.«*[244]

Auf dieses Vorzeichen folgt laut Hepidanus das, was wir aus zahlreichen anderen Vorhersagen als den 3. Weltkrieg kennen. Auch Nostradamus erwähnt diesen Stern und läßt uns wissen, daß sieben Tage nach seinem Erscheinen der Papst flieht.

**Nostradamus**, II/41:

*»Der große Stern wird sieben Tage lang brennen.*
*Zwei Sonnen lassen eine (Nebel-)Wolke erscheinen.*
*Der große Mastin wird die ganze Nacht heulen,*
*Wenn der große Papst das Land verläßt.«*[245]

Bei dem neuen Stern, der im Sternbild der nördlichen Krone erscheint, handelt es sich möglicherweise um eine Supernova, d. h. um einen kollabierenden Stern, der normalerweise nicht mit bloßem Auge zu erkennen ist, während der Explosion aber in kürzester Zeit eine enorme Leuchtkraft entwickelt.

Und es gibt noch weitere Übereinstimmungen zwischen den beiden Vorhersagen, nämlich das Motiv der beiden Sonnen und der zu diesem Zeitpunkt erscheinenden Wolke.

**Hepidanus von St. Gallen** (1083):

*»Aber es wird bald ein Tag anbrechen, da wird ein Licht aufgehen um Mitternacht im Norden, und heller strahlen wie die Mittagssonne des Südens. Und der Schein der Sonne wird verbleichen vor jenem Lichte. Alsbald aber wird sich eine düstere Wolke lagern zwischen jenem Licht und der Menschheit, die danach hinblickt. Ein furchtbares Gewitter wird sich aus dieser Wolke bilden. Es wird den dritten Teil der Menschen verzehren, die dann leben werden. Und der dritte Teil der Saatfelder und Ernten wird zerstört werden. Auch der dritte Teil der Städte und Dörfer, und überall wird große Not und Jammer sein.«*

Dieses Licht erscheint nicht wie die zuerst beschriebene Supernova im Süden (mittagwärts), sondern im Norden, d. h., daß es sich hierbei aller Wahrscheinlichkeit nach um den Himmelskörper handelt, der im darauffolgenden Herbst zum Impakt und zur dreitägigen Finsternis führt. Die Wolke, die dieser Himmelskörper mit sich bringt, könnte auch zu dem prophezeiten Funkenregen führen, der noch vor der dreitägigen Finsternis, etwa im August oder September, zumindest in Niederösterreich, Bayern und Böhmen viele Brände auslösen soll. Wieder einmal lassen sich zwischen verschiedenen Vorhersagen deutliche Parallelen und Zusammenhänge erkennen.

# 14 – Funkenregen und Kälteeinbruch im Sommer

Im vorhergehenden Kapitel haben wir einen zeitlichen Zusammenhang zwischen den Revolutionen in Europa, der Flucht des Papstes aus Rom und einem kosmischen Ereignis, dem »Funkenregen«, hergestellt. Diese Zusammenhänge werden noch deutlicher, wenn wir uns die Vorhersagen zum Funkenregen und dem Kälteeinbruch im Sommer genauer betrachten, der vermutlich dadurch entsteht, daß die kosmische Staubwolke, die den Funkenregen auslöst, auf ihrem Weg zur Erde die Sonne verdeckt.

## *Der Funkenregen*

Die beeindruckendste Beschreibung dieses außergewöhnlichen Ereignisses stammt vom **Bauern aus dem Waldviertel**, sie wurde von dem Prophezeiungsforscher Alexander Gann – nebenbei erwähnt, einer der wenigen Autoren, die sich die Mühe machen, wirklich sauber zu recherchieren – 1982 erstmals ausführlich aufgezeichnet:
*»Es war ein schöner Sommertag, keine Wolke trübte den Himmel, und kein Wind regte sich. Wir waren alle ziemlich aufgeregt und schauten etwas erwartend in Richtung Sonne, die sich auf einmal langsam zu verdunkeln begann. Der Verfinsterungsprozeß dürfte, dem Sonnenstand nach zu urteilen, etwa um 10 Uhr vormittags, höchstens eine halbe Stunde früher oder später, eingesetzt haben und könnte sich bis 11 Uhr hingezogen haben. (…) Während die Sonne allmählich schwächer und schwächer wurde, wurde es herunten immer dämmeriger. Man hatte*

*dabei nicht den Eindruck, als werde die Sonne von einem kompakten Körper wie bei einer normalen Sonnenfinsternis verdeckt, sondern eher von einer Art Nebel, der sich aber draußen im Weltraum befunden haben muß, denn in der Atmosphäre selbst herrschte klare Sicht. Die Sonnenstrahlen schienen zunehmend durch irgend etwas durchdringen zu müssen, was ein wenig den Anschein erweckte, als ziehe sich die Sonne langsam zurück.«*[246]

An dieser Stelle taucht wieder die kosmische Nebelwolke auf, die zuvor schon von Nostradamus und Hepidanus von St. Gallen angekündigt wurde. Weiter heißt es:

*»Während es ständig noch finsterer wurde, traten nun am Firmament langsam zunächst wenige, dann immer mehr Sterne hervor. Zuerst wurden sie im Westen sichtbar und daraufhin ungefähr gegen Norden hin. Nahe dem Östlichen Horizont sowie in jener Region des Südhimmels, wo die Sonne am Himmel gestanden war, gewahrte ich keine Sterne. In dem Himmelsbereich, in dem sie am deutlichsten sichtbar wurden, erkannte ich nun auch einige Sternbilder, deren Position ich mir genau einprägen konnte, da ich wohl mehrere Minuten lang hinaufstarrte. Zuerst nahm ich den Orion wahr, dann den Fuhrmann und am Schluß den Großen Bären. Letzterer ist relativ spät hervorgetreten und war auch nicht so gut sichtbar wie der Orion. Über den Großen Bären hinaus sah man in nordöstlicher Richtung kaum mehr Sterne, er dürfte ziemlich an der Grenze der dort wahrnehmbaren Sterne gelegen sein. Der Orion stand vom Zenit aus gesehen in Richtung Westsüdwest, der Große Bär zeigte, nahe dem Zenit stehend, mit seiner Deichsel nach Ostnordost, und zwischen den beiden stand ziemlich genau über uns im Zenit der Fuhrmann. (...) Den Mond gewahrte ich nicht.«*[247]

Der genauen Beschreibung der Sternbilder folgend, ergibt sich, daß das Geschehen etwa Ende Juli oder Anfang August eintreffen muß, was sich auch mit dem Reifezustand des Getreides decken würde, das der Bauer an anderer Stelle beschreibt.

Ein anderer österreichischer Seher aus der Region, **Pater Brik**, hatte 1972 ein ähnliches Traumgesicht, das in frappierender Weise die Vision des Bauern bestätigt, denn auch er erkannte denselben Stand der Sternbilder:

*»In der Nacht vom 14. Auf 15. Juni 1972 hatte ich ein seltsames Traumgesicht. Ich befand mich im Traum, um die Mittagszeit, nach dem Unterricht vor der Sternwarte. Es war – ich entsinne mich dessen*

*genau – ein herrlicher Frühsommertag. Weit und unwahrscheinlich blau spannte sich der Himmel, und die Sonne verströmte ihren Lichtsegen auf das grüne Land. Irgendwo im Geäst eines uralten Baumes flötete eine Amsel, und in den blütenüberwucherten Bosketten summten die Bienen. Plötzlich wurde es finster. Die Sonne war verschwunden, als hätte sie ein Ungeheuer verschlungen. Am Himmelsgewölbe erschienen die Sterne. Über dem ältesten Trakt des Klosters schwebte das Sternbild des Orion mit den hellen Gestirnen Beteigeuze und Rigel. Mit einmal sah ich hinter der Kirche von Kirchberg eine rote Lohe aufschießen, als stünde das ganze Dorf auf der Anhöhe in Flammen. Aber die Erscheinung deutete nicht auf eine Feuersbrunst, denn ich nahm keine Rauchschwaden wahr. Die Lichterscheinung änderte ihre Farbe, bald flackerte sie blau, bald orangerot, um allmählich grün zu verblassen und als zarter Lichtschleier zu erlöschen. Das faszinierende Lichtphänomen prägte sich meinem Gedächtnis so unaustilgbar ein, als hätte ich es in vollwachem Zustand erlebt.«*

Es scheint sich bei der Lichterscheinung um denselben Funkenregen zu handeln, den der **Bauer aus dem Waldviertel** wahrnahm. Zurück zu seiner Beschreibung des Geschehens:

*»Unentwegt gegen den östlichen Himmel blickend gewahrte ich, wie auf diesem nach einiger Zeit plötzlich massenhaft weiße Punkte sichtbar wurden. Zwischen dem Verlöschen der Sterne und dem Auftauchen dieser Punkte mochten grob geschätzt vielleicht zehn Minuten vergangen sein. Als sie erschienen, hörte ich ein Kind in meiner Nähe rufen: ›Schau, die Sterne!‹ Doch ich erwiderte: ›Das sind nicht die Sterne.‹ Es handelte sich vielmehr um eine Art Glutregen, der von Osten nach Westen ziehend sehr rasch, ähnlich einem Hagelschauer, über unserem Gebiet niederging. Weil ich den heranfliegenden Objekten direkt entgegenblickte, vermag ich deren Flugbahn nur ungefähr anzugeben. Sie flogen in einer gekrümmten Ost-West-Bahn auf uns zu, um zuletzt, als sie schon ziemlich weit herunten waren, fast senkrecht niederzufallen. In dieser ihrer letzten Flugphase hatten sie auch keine völlig gerade Spur mehr. Sie schienen ein wenig zu taumeln und nach seitlich auszuweichen, so daß ihre Bahnen nicht mehr streng parallel liefen und sich manchmal in einem spitzen Winkel kreuzten.«*[248]

Die Wolke, aus der die glühenden Partikel niedergehen, scheint aus der Richtung der Sonne zu kommen, so erklärt sich ihre Flugbahn am Vormittag aus östlicher Richtung. Der Himmelskörper, der die Staubwolke mit sich führt, könnte, wenn er sich lange hinter der Sonne

befand, von den Astronomen vielleicht erst recht spät entdeckt werden. Staub- und Gasschweife eines Kometen sind aufgrund des Sonnenwinds immer von der Sonne weg gerichtet. Wenn ein Komet dann zwischen Sonne und Erde steht, zeigt der Kometenschweif genau in Richtung Erde. So entsteht die beschriebene Verdunklung und möglicherweise der Funkenregen.
Auch bei Nostradamus finden wir in Centurie III/34 einen undeutlichen Hinweis auf einen Himmelskörper, der aus Richtung der Sonne kommt:
**Nostradamus**, III/34:
*»Wenn dann der Fehler der Sonne ist,*
*Wird das Monster am hellichten Tag gesehen werden,*
*Ganz anders wird man es deuten,*
*Gegen die Teuerung gibt es keinen Schutz, niemand wird vorgesorgt haben.«*[249]
Wie an anderer Stelle schon erwähnt, scheint der Himmelskörper erst etwa im März oder April des fraglichen Jahres entdeckt zu werden, zeitgleich herrscht eine hohe Inflation.

Der **Bauer aus dem Waldviertel** beschreibt nun detailliert die Auswirkungen des Funkenregens und die zahlreichen damit verbundenen Brände, die dieser verursacht, wenn glühende Partikel auf trockenes Gras und Getreide fallen:
*»Die Objekte glühten zunächst weißlich, verfärbten sich aber dann im Verlauf ihres Fluges über gelblich auf rot. Manche schienen so etwas wie eine Rauchfahne hinter sich herzuziehen. Viele von ihnen verloschten, bevor sie noch den Erdboden erreichten. Im Osten prasselten sie zuerst nieder, dann bei uns, aber hoch über uns strichen sie ebenfalls hinweg, um weit im Westen niederzufallen. In welcher Dichte sie auftrafen, ist schwer zu sagen, ich schätze, in Abständen von 50 bis 100 Metern, vielleicht manchmal dichter, manchmal weniger dicht. (...) Auf dem Gelände gewahrte ich jetzt dort und da vereinzelt Feuerstellen, die erste auf einem Feld einige hundert Meter außerhalb des Dorfes. Entweder schon mit dem Funkenregen, spätestens aber mit dem am Boden entstandenen Feuer kam jetzt aus Richtung Osten ein heftiger Wind auf, der die einzelnen Brandnester anfachte, das Feuer vor sich hertrieb und es mit unheimlicher Geschwindigkeit an die Gebäude heranbrachte. Auf dem besagten Roggenfeld brannte in Dorfnähe fast das ganze dort stehende Getreide weg. Von den Feldern griff das Feuer an einzelnen Stellen auf das halbdürre Gras am Dorfrand über und*

*erfaßte das Brennholz und anderes Holzmaterial, welches bei uns die meisten Bauern hinter ihren Höfen liegen haben.«*[250]
Als Ursache des Funkenregens sieht der Bauer einen Kometen, denn das entnahm er den Gesprächen, die er zu Beginn der Vision mit anderen Leuten geführt hatte.
Darüber hinaus wird spekuliert, daß es eventuell nicht der Komet selbst ist, der den Funkenregen auslöst, sondern daß der Funkenregen erst durch die Kollision des Kometen mit einem anderen Planeten des Sonnensystems entsteht, dessen Trümmer die Flugbahn der Erde kreuzen und glühend niedergehen. Prophezeiungsexperten mutmaßen, daß es zu einer Kollision zwischen dem Kometen und dem Planeten Merkur kommen könnte, die Merkur vollständig zerstört, mit entsprechenden Auswirkungen auf das ganze Sonnensystem.
Wichtig festzuhalten ist außerdem, daß der Bauer zum Zeitpunkt des Funkenregens noch keinerlei Kriegseinwirkung in seiner Heimat erkennen konnte, allerdings schlossen sich an diese Vision Szenen an, in denen er Meldungen über einen sowjetischen Raketenangriff hörte, wahrscheinlich auf Deutschland. Ob der Angriff mit konventionellen oder atomaren Waffen vorgetragen wurde, wußte er nicht, allerdings konnte er sich an entrüstete Kommentare und empörte Diskussionen darüber erinnern. Es scheint also so, daß zum Zeitpunkt des Funkenregens bereits erhebliche internationalen Spannungen herrschen.

Einen kleinen Hinweis auf den Funkenregen finden wir auch in einer **Kapelle bei Winterberg** im Böhmerwald, eine Inschrift dort lautet:
*»Wenn die Sterne fallen, wenn der Himmel brennt, hat die Welt ein End.«*[251]
Das böhmische Winterberg liegt unweit der Grenze zu Deutschland und Österreich, und damit etwa in dem Gebiet, in dem, dem Bauern aus dem Waldviertel zufolge, mit dem Ereignis zu rechnen wäre.

In einem prophetischen Gedicht aus der Feder eines niederbayerischen Pfarrers namens **Franz Sales Handwercher** (1830), taucht ein Motiv auf, das stark an den Funkenregen erinnert:
*(...)*
*Aber in derselben Stunde,*
*Wo im Geiste dies geschehen,*
*Ward ein schrecklich Feuerzeichen*
*An dem Firmament gesehen.*

*Ähnlich einem Tafeltuche*
*Hing es nieder von den Sternen,*
*Und es ward herabgelassen*
*Aus des Himmels tiefsten Fernen.*

*Aus dem Tuche steigen Nebel*
*Auf samt Rauch und Feuerflammen*
*Und es wickelt wie ein Balken*
*Plötzlich sich das Tuch zusammen.*

*Eins der Enden von dem Balken*
*Hat ein Kronreif umfangen,*
*Doch am andern Ende sah man*
*Eine Geißel Gottes hangen.*

*Lange sah man diesen Balken*
*Waagerecht am Himmel glühen*
*Und die Geißel hochgeschwungen*
*Feuerfunken niedersprühen*

*Endlich sah man noch den Balken*
*In ein Schlachtschwert sich verändern,*
*Welches blutrot aufgehoben*
*Über Städten hing und Ländern.*
*(...)*[252]

Eine weitere Erwähnung des Funkenregens finden wir bei **Nostradamus**, im Vorwort seiner Prophetien, wo es heißt:
*»Vom Himmel fallen riesige Mengen von Feuer und herabstürzender Steine, so daß niemand bleiben kann, der nicht erschlagen werden will. Das wird sich in Kürze ereignen, vor dem letzten Aufruhr ...«*[253]
Wieder ergibt sich daraus der Zusammenhang zum »letzten Aufruhr«, d. h. zum 3. Weltkrieg.

## *Der Kälteeinbruch im Sommer*

Die kosmische Wolke, aus der der Funkenregen niedergeht, verfinstert zunächst die Sonne, so daß es zu einer deutlichen Abkühlung des

Sommers in Mitteleuropa kommen könnte. Diese Abkühlung finden wir beim **Bauern aus dem Waldviertel** (1985) folgendermaßen beschrieben:
*»In der ersten Szene sah ich mich auf meinem Feld X (...) stehen, das schon gedroschen war. Die Getreidestoppeln waren sichtbar, und es lag noch Stroh auf dem Feld, und zwar aller Wahrscheinlichkeit nach Weizenstroh. In der zweiten Szene sah ich mich über dasselbe Feld auf eine kleine Bodenwelle zugehen, die den Blick nach Süden freigibt – und schritt dabei durch lockeren, flaumigen Neuschnee. Er mochte eine Tiefe von einigen (mindestens zwei, höchstens zehn) Zentimetern gehabt haben. Ich glaube, daß unter dem Schnee immer noch die Getreidestoppeln gestanden sind und daß das Feld noch nicht umgeackert war. Als ich die Bodenwelle erreicht hatte, schaute ich in Richtung Süden, wo mein Blick ein paar Kilometer weit reichte. Und auch hier lag die ganze Landschaft unter einer weißen Schneedecke. (...) Ich vermag nicht sicher anzugeben, welcher Zeitraum die beiden Szenen voneinander trennt. Höchstwahrscheinlich sind es aber nur wenige Tage gewesen. Möglich, daß schon am nächsten Tag nach dem Strohpressen der Schnee auf dem Feld gelegen ist. Denn ich habe mich in der Vision darüber gewundert, daß es zu der Zeit Schnee gibt. Folglich muß er zu einer ungewöhnlichen Jahreszeit gefallen sein.«*[254]

Eine weitere Vorhersage aus dem nicht weit entfernten Böhmen stammt von **Sybille Michalda** (1868):
*»Das zehnte Zeichen wird sein, wenn man Schnee statt Heu einführen wird, denn zur Zeit der Heufächsung wird viel Schnee fallen.«*[255]

**Egger Gilge**, 1735, Tirol:
*»Es wird ein Jahr kommen, in welchem ein sehr schöner Frühling sein wird; später aber wird es kalt werden und schneien, so daß die Gebirgsbauern fürchten, es könnte nicht mehr abreifen. Dieses aber wird noch gut abgehen. Im Frühling soll man nicht jammern, im Herbst wird die große Trübsal kommen.«*[256] Unter der großen Trübsal versteht der Seher den Angriff der Roten Armee: *»Es werden die Rotröckler kommen und da wird es schrecklich zugehen.«*[257]

Ein Zusammenhang zwischen der Flucht des Papstes und dem Kälteeinbruch ergibt sich auch aus einer Verknüpfung mehrerer Nostradamus-Centurien. In Centurie III/86 heißt es:

**Nostradamus**, III/86:
*»Ein Führer von Italien wird über das Meer nach Spanien gehen,
In Marseille legt er einen Aufenthalt ein,
Vor seinem Tod wird er lange Zeit dahinsiechen,
Nach seinem Tod wird man ein großes Wunder sehen.«*[258]
Der Führer von Italien könnte der fliehende Papst sein, von dem häufig gesagt wurde, er fliehe »über das Meer« in Richtung Westen. Spanien als Fluchtort erscheint nicht nur plausibel, um der drohenden Roten Armee zu entgehen, sondern auch, weil sich dort zu diesem Zeitpunkt ein großes Wunder ereignet, das lange erwartete Wunder von Garabandal nämlich.

In einer weiteren Centurie heißt es:
**Nostradamus,** Centurie X/71:
*»Das Land und die Luft, gefroren so viel Wasser,
Dann, wenn man den Donnerstag verehrt,
Das, was geschieht – nie geschah derart schönes.
Von vier Seiten kommen sie um zu ehren.«*[260]
In der ersten Zeile haben wir den Kälteeinbruch und in den beiden letzten Zeilen das Wunder aus Centurie III/86. Die zweite Zeile, »wenn man den Donnerstag verehrt«, scheint mit der Prophezeiung von Garabandal in Zusammenhang zu stehen, die zuerst eine Warnung, dann ein großes Wunder und schließlich ein weltweites Strafgericht ankündigt. Conchita, eines der vier Kinder, denen sich im Laufe der Erscheinungen von **Garabandal** 1961–1965 die Muttergottes zeigte, verkündete, *»daß eine große Katastrophe über die Menschheit hereinbrechen werde, wenn man sich nicht bessere. Vorher werde Gott eine auf der ganzen Welt auftretende Warnung und dann ein großes Wunder in Garabandal wirken, um der Menschheit eine letzte Mahnung zur Umkehr zu geben.«*
Über die Warnung, das Wunder und das anschließende Strafgericht wurde viel spekuliert und geschrieben. Das Strafgericht ist noch am leichtesten einzuordnen, denn es werde aus zwei Teilen bestehen, so die vier Sehermädchen. Ein Teil von den Menschen gemacht und der andere Teil direkt von Gott. Der eine, von Menschen gemachte Teil, besteht aus Krieg und Revolutionen, der andere vermutlich aus den prophezeiten Naturkatastrophen.
Über die Warnung und das darauffolgende Wunder läßt sich nur rätseln. Mit der Warnung könnte eventuell der Funkenregen gemeint sein,

denn es heißt, es werde wie Feuer sein. Alle Nationen und alle Menschen würden es gleichermaßen spüren und dabei den Zustand ihrer Seele erkennen, so wie Gott sie sieht. Außerdem würde es sich am Himmel abspielen und im Spanischen mit einem »A« beginnen. Vielleicht Asteroide (span. asteroide), die vom Himmel fallen?
Über das Wunder in Garabandal heißt es, daß es sich nach dem großen Schnee ereigne. Auf die Frage, daß es dann ja wohl nur im Frühjahr stattfinden könnte, entgegnete Conchita: *»Es kann auch im Sommer schneien.«*[261] Womit wir wieder einen Hinweis auf den Kälteeinbruch im Sommer haben. Außerdem fände das Wunder von Garabandal an einem Donnerstag um 20:30 Uhr statt und werde Pilger anziehen, unter denen viele Kranke geheilt und Ungläubige bekehrt würden. Damit haben wir den Bezug zu den restlichen drei Zeilen der Nostradamus-Centurie X/71.

## 15 – Mord am 3. Hochgestellten

Die politische Lage zwischen den Großmächten USA und Rußland ist mit den eskalierenden Ereignissen zum Bersten gespannt. Amerikanische und russische Bodentruppen stehen sich auf dem Balkan und in Nahost gegenüber und auch im Mittelmeer bedrohen sich amerikanische und russische Flottenverbände gegenseitig. Da kommt es zu einer Mordserie an wichtigen, vermutlich westlichen Entscheidungsträgern, für die man vielleicht zunächst das rechte politische Lager verantwortlich macht, was dazu führt, daß die ohnehin schon rebellierende Linke flächendeckend auf die Barrikaden geht. Das ist natürlich kein Zufall, sondern ausdrücklicher Zweck der Anschläge. Zwei politische Morde sind bereits geschehen, als es zu den ersten Gefechten kommt. Eilig wird von russischer Seite eine Friedenskonferenz einberufen, auf der das Schlimmste verhindert werden soll. Diese Konferenz entpuppt sich jedoch als Falle, denn während dieser Konferenz wird der 3. hochrangige Politiker ermordet. Wir erinnern uns an die bereits zitierte Vorhersage von **Bruder Adam** (1949):
*»Der Krieg wird im Südosten* (Balkan oder Nahost) *ausbrechen, aber es ist nur eine List. Dadurch soll der Feind irregeführt werden; Rußland hat seinen Angriffsplan längst vorbereitet. Jeder russische Offizier*

*hat den Marschbefehl schon in der Tasche und wartet nur noch auf das Stichwort.«*[262]

Auch **Abbe Curique** (1872) beschreibt eine Situation, in der es noch unmittelbar vor Ausbruch des Krieges zu scheinbar erfolgreichen Friedensverhandlungen kommt:
*»Der Feind wird wie eine Flut aus dem Osten kommen. Am Abend werden sie noch ›Friede, Friede!‹ rufen, doch am nächsten Morgen werden sie vor unserer Türe stehen.«*[263]

Gehen wir ins Detail. Die ausführlichsten Informationen, die uns über die zu erwartende Friedenskonferenz und den dort stattfindenden Mord am sogenannten »3. Hochgestellten« zur Verfügung stehen, stammen aus Freilassing, von **Alois Irlmaier**. Betrachten wir nun einmal alle überlieferten Aussagen genauer.
Auf die Frage nach dem Beginn des 3. Weltkrieges sagte Irlmaier: *«Die Leut' meinen immer, daß alles so werden müßte, wie sie es wünschen. Ich aber sehe genau, daß ein neuer Krieg über uns kommen wird. Zuerst bringen's noch den Dritten um, auch einen Hochgestellten. Zwei hams schon ermordet. Da drüben muß er dran glauben, wo die Sonne aufgeht* (im Osten)*, und dann bricht's los über Nacht. Grausam wird der Krieg werden.*[264]
*Wenn noch ein dritter politischer Mord erfolgt, dann dauert es nicht mehr lange.*[265]
*Das erste Zeichen sei eine Mordtat an einem ›Hochgestellten‹ südöstlich von uns. Wenn dieser dritte politische Mord geschehen ist, dann beginnt es. Über Nacht geht es an, dann kommen sie daher, ganz schwarz über den Wald herein. So schnell kommen sie, daß die Bauern am Wirtstisch beieinandersitzen, da schauen die fremden Soldaten schon bei den Türen und Fenstern herein. Weg kommt nicht leicht mehr einer, aber es geht alles so schnell vorüber, daß man es nicht glaubt.*[266]
*Nach dem dritten Mord wird's geschehen, so schnell ...*[267]
*Ein politischer, die ganze Welt aufhorchen lassender Mord in einer Stadt auf dem Balkan.*[268]
*Der Dritte Hochgestellte wird umgebracht, dann geht es in einer regnerischen Nacht los.*[269]
*Und die zwei Männer, die den dritten ›Hochgestellten‹ umbringen, sehe ich auch. Sie sind von anderen Leuten bezahlt worden. Der eine Mörder ist ein kleiner schwarzer Mann, der andere etwas größer mit heller*

*Haarfarbe. Ich denke, am Balkan wird es sein, kann es aber nicht genau sagen. Dem Krieg geht voraus ein fruchtbares Jahr mit viel Obst und Getreide. Nach der Ermordung des Dritten geht es über Nacht los. Die Mörder kommen ihnen aus, aber dann staubt es. Ich sehe ganz deutlich drei Zahlen, zwei Achter und einen Neuner. Was das bedeutet, weiß ich nicht, eine Zeit kann ich nicht sagen.*[270] *Der dritte große Krieg kommt, wenn drei Hochgestellte ermordet worden sind.*[271]
*Ein neuer Nahostkrieg flammt auf, große Flottenverbände stehen sich im Mittelmeer feindlich gegenüber – die Lage ist gespannt. Aber der eigentliche zündende Funke wird im Balkan ins Pulverfaß geworfen. Ich sehe einen ›Großen‹ fallen; ein blutiger Dolch liegt daneben. – Dann geht es Schlag auf Schlag.«*[272]
Der schon erwähnte dritte Mord sollte sich, nach Irlmeiers Überzeugung, in Jugoslawien oder in der Tschechoslowakei ereignen, an anderer Stelle deutet er eine Stadt auf dem Balkan an. Bei wieder anderer Gelegenheit wurde er jedoch präziser und nannte Budapest als Ort der Tat:
*»Es kommt aufgrund eines Blitzangriffs russischer Einheiten in Belgrad ganz kurzfristig zu einer Konferenz in Budapest. Dabei wird ein Hochgestellter ermordet, wahrscheinlich erstochen.«*[273]
Der Zeuge, von dem diese Aussage überliefert wurde und der Irlmaier gut gekannt hat, meint heute, daß es sich beim »3. Hochgestellten« um einen jugendlich anmutenden amerikanischen Präsidenten handelt. Vielleicht weil dieser optisch jung aussieht, oder weil etwas Jugendliches in seinem Namen auftaucht, z. B. ein »junior«, wie in »George Bush jun.«.
*»Der Hochgestellte wird von den Russen ermordet, daraufhin erklärt sein Nachfolger den Russen schlichtweg offiziell den Krieg. Doch die Amerikaner sind völlig verblüfft, daß die Russen schon am 3. Tag danach angreifen. Sie dachten, daß die Russen noch eine Zeitlang brauchen, bis sie mobil machen und angreifen. Aber das wird nicht lange dauern, die Russen sind wie aus dem Erdboden hervorgezaubert, wie die Schwammerl im August. Gleich nach der Konferenz von Budapest kommen die Leute in Passau aus dem Dom und stellen fest, daß auf der anderen* (österreichischen) *Seite Panzer sind. Zuerst meinen sie, das sei eine Übung einheimischer Panzer, bis sie feststellen, daß es Russen sind. Da sind sie ganz entsetzt und merken, jetzt ist alles verloren.«*[274]
Glauben wir Alois Irlmaier, dann laufen die Amerikaner den zum Krieg gerüsteten Russen mit ihrer Kriegserklärung direkt in die Falle.

Gleiches wie Irlmaier verkündet auch eine **Brigittenschwester** (1970): *»Der dritte Weltkrieg wird wenige Tage nach dem Mord an einem Führer im Gebiet Jugoslawien–Ungarn beginnen.«*[275]

Ein weiteres sehr interessantes Detail zu diesem Ereignis liefert die **Böhmische Flüchtlingsfrau**:
*»Ein kleines Volk wird großes Unrecht tun, und ein berühmter Staatsmann wird ermordet werden. Ein großer Mann wird sich in Europa erheben, und Deutschland wird von einem Stiernacken regiert werden. Es wird eine Konferenz geben zwischen vier Türmen, dann ist es bereits zu spät. Die Russen werden durch die Gasthausfenster der Deutschen schauen, wenn diese noch still bei ihrem Bier sitzen.«*[276]
Die Konferenz, auf der vermutlich der 3. Hochgestellte umgebracht wird, findet also zwischen vier Türmen statt. Ein geeigneter Ort für eine Friedenskonferenz in Budapest wäre das Budapester Parlament. Die Konferenzsäle des Budapester Parlaments sind tatsächlich umgeben von vier Türmen.

***Das Budapester Parlament mit seinen von je vier Türmen gesäumten Konferenzsälen.***[277]

Nehmen wir außerdem noch die **Birkenbaumsage** hinzu, dann wäre mit dieser Konferenz in den ersten beiden Augustwochen zu rechnen:

*»Der Roggen wird vor der Schlacht am Birkenbaum erst eingefahren, der Hafer aber nicht. Die Soldatenpferde fressen von den Hafergarben im Felde. Wenn die Büdericher auf Krautweih* (Mariä Himmelfahrt, 15. August) *aus dem Hochamte kommen, steht rings um die Kirche alles voll von Soldaten.«*[278]

Vom strategischen Standpunkt aus betrachtet, ist diese prophezeite Mordserie an westlichen Politikern einleuchtend und nachvollziehbar. Tatsächlich verfügen die russischen Geheimdienste GRU und KGB über Spezialkommandos, die unmittelbar vor dem Ausbruch eines Krieges die wichtigsten Entscheidungsträger der gegnerischen Nationen eliminieren sollen. Das dadurch entstehende Machtvakuum lähmt die Fähigkeit zur Verteidigung, und so kann sich der Angreifer in den ersten Phasen eines Krieges bedeutende Vorteile sichern. Ähnliches geschah im Vorfeld der Besetzung Afghanistans, als russische Speznas-Einheiten den Präsidentenpalast in der afghanischen Hauptstadt Kabul stürmten, den amtierenden Präsidenten Hafizullah Amin und seine Familie ermordeten und schließlich Babrak Karmal als seinen Nachfolger einsetzten, der dann offiziell um eine Einmischung der Sowjetunion in den afghanischen Bürgerkrieg und den Einmarsch der Roten Armee bat.

### *Eine Spekulation: Warum George Bush jun. der 3. Hochgestellte sein könnte*

In den 1830er Jahren kämpften die Truppen des damaligen Gouverneurs von Indiana (USA), William Henry Harrison, gegen Indianer vom Stamme der Shawnee. Als ein Indianerhäuptling, und zwar entweder Tecumseh oder sein Bruder Ellskwatata (die Quellen widersprechen sich in diesem Punkt) tödlich verwundet wurde, sprach dieser eine unheilvolle Prophezeiung aus. Er sagte, in Zukunft würden alle Präsidenten der Vereinigten Staaten, die in einem Jahr mit einer Null am Ende gewählt werden (eine solche Wahl findet alle 20 Jahre statt), das Ende ihrer Amtszeit aufgrund eines unnatürlichen und vorzeitigen Todes nicht mehr erleben.

Und tatsächlich starben seither alle US-Präsidenten, die in einem solchen Jahr mit einer Null am Ende gewählt wurden, während ihrer Amtszeit, häufig einen gewaltsamen Tod. Eine Ausnahme allerdings gibt es, auf Ronald Reagan wurde zwar ein Attentat verübt, aber er überlebte schwer verletzt.

Die Reihe der unnatürlich umgekommenen US-Präsidenten liest sich wie folgt:[279, 279a]

- **William H. Harrison**, gewählt 1840, regierte nur einen Monat lang und starb unter ungeklärten Umständen.
- **Abraham Lincoln**, gewählt 1860, wurde 1865 von einem Attentäter erschossen.
- **James A. Garfield**, gewählt 1880, starb nach einem Attentat im Jahr 1881.
- **William McKinley**, wiedergewählt 1900, fiel 1901 einem Attentat zum Opfer.
- **Warren G. Harding**, 1920 gewählt, starb 1923.
- **Franklin Delano Roosevelt**, wiedergewählt 1940, starb vor Ende seiner Amtszeit 1945.
- **John F. Kennedy**, gewählt 1960, wurde 1963 auf offener Straße erschossen.
- **Ronald Reagan**, gewählt 1980, überlebte 1981 als einziger in der Reihe ein Attentat.

Ist nun **George Bush jun.**, gewählt im Jahr 2000, der »3. Hochgestellte«, von dem Irlmaier spricht?

# Der 3. Weltkrieg

## 16 – Flankensicherung, Angriff auf Skandinavien, Österreich und Südeuropa

Die Rote Armee war vorbereitet. Direkt nach dem Mord am »3. Hochgestellten«, also wahrscheinlich am US-Präsidenten, überfallen russische Truppen die Länder an der russischen Nord- und Südflanke, d. h. im Norden Finnland, Schweden und Norwegen, im Süden Griechenland, die Türkei, Irak und Iran. Gleichzeitig marschiert die Rote Armee durch die Slowakei und Ungarn nach Österreich, das handstreichartig besetzt wird, und weiter nach Italien und Frankreich. Spätestens jetzt werden die Absichten der kommunistischen Führung deutlich, die nie von ihrem lange vorbereiteten Ziel der kommunistischen Weltrevolution abgelassen hat. Doch jetzt ist es auch für viele Länder zu spät, Gegenmaßnahmen zu ergreifen. Die Armeen des Westens sind abgerüstet und verteidigungsunfähig, der Zivilschutz existiert nicht mehr, nicht einmal Lebensmittelvorräte stehen ausreichend zur Verfügung. Statt dessen sorgen kommunistische Agenten im Westen für Panik und Chaos, während gleichzeitig die Rote Armee scheinbar unaufhaltsam weiter vordringt. Flüchtlingszüge verstopfen die Straßen und Autobahnen und werden von den heranstürmenden Panzerarmeen niedergewalzt. Nach Deutschland, das bisher noch nicht angegriffen wurde, strömen in wilder Flucht Österreicher, Polen und Tschechen und verschlimmern die chaotische Lage nur noch, denn auf diese Flüchtlingswellen ist niemand vorbereitet.
Die Augsburger Ordensschwester **Erna Stieglitz** faßte 1975 das Geschehen zusammen:
*»Nach den Gesetzen der Militärstrategie stärkt Rußland seine Flanken, bevor es in der Mitte, das heißt gegen Westeuropa, vorstößt. Es muß an den Flanken unverwundbar sein. Die Südflanke heißt: Afghanistan, Persien, Irak, Türkei, Griechenland, Jugoslawien. Die Nordflanke heißt: Finnland, Schweden, Norwegen, Dänemark.*

*Bis zur bayerischen Grenze wird eine russische Weitspurbahnlinie herangeführt.*
*In einem Sommer, wahrscheinlich im Monat Juli, wenn die Erdölregion bereits in ziemlich festen russischen Händen ist, erfolgt der Angriff aus dem Osten auf die Süd- und Nordflanke, auf die Türkei, auf Griechenland, auf Jugoslawien und auf Skandinavien.*[280] *(...)*
*Auf die blitzartige Besetzung aller militärischen Basen in Skandinavien folgt ein zweiter Flankenangriff gegen die Türkei. Dort und in Persien finden Panzerschlachten statt. Der Russe bemüht sich, möglichst rasch durch den Balkan zur Adria vorzudringen.«*[281]

## *Der Überfall auf Skandinavien*

In dem militärischen Versuch, eine weltweite Diktatur zu errichten, nehmen die Kommunisten natürlich keinerlei Rücksicht auf neutrale Staaten wie Schweden oder später die Schweiz. Schweden wird genauso rücksichtslos überrannt und besetzt wie das NATO-Mitglied Norwegen.

**Bruder Adam** gibt 1949 die Reihenfolge des russischen Angriffs an:
*»Der Hauptstoß erfolgt zuerst gegen Schweden und richtet sich dann gegen Norwegen und Dänemark.«*[282]

Auch **Alois Irlmaier** erwähnt die Besetzung Skandinaviens:
*»Die Russen dringen über Norwegen, aber auch über Finnland, Schweden, die baltischen Staaten und Polen auf Westeuropa ein.«*[283]

Eine ausführliche Vision über den Krieg in Skandinavien bekam der Schwede **Birger Claesson** 1950 gezeigt:
*»Zuerst bekam ich zu sehen, wie fremde Heere kamen und Umeå angriffen. Und Umeå wurde dem Erdboden gleichgemacht. Woher sie kamen, kann ich nicht sagen.*
*Dann sah ich fremde Heere Östersund angreifen. Es war ein Angriff aus der Luft, der praktisch ganz Östersund dem Erdboden gleichmachte. Es sah so aus, als ob der Feind Östersund hauptsächlich als Hauptquartier haben wollte. Aber die schwedische Armee hielt die Festung, so daß sie die Stadt nicht einnehmen konnten, aber sie verwüsteten sie schwer.*
*Dann bekam ich einen Angriff von See her zu sehen, in dem Härnösand*

*angegriffen wurde, aber von einer Insel mit Namen Hemsö aus, auf der die schwedische Küstenartillerieüberwachung ziemlich große militärische Kräfte zusammengezogen hatte, wurde das ankommende feindliche Heer beschossen. Auch dort hielten sie die Festung mit Hilfe der schwedischen Luftwaffe. Aber zwischen Örnsköldsvik und Härnösand sah ich massenweise Soldaten, die aus Flugzeugen abgeworfen wurden und in großen Massen mit ihren Sonnenschirmen* (Fallschirme) *herunterfielen, zu Hunderten, ja es sah fast so aus, als seien es Tausende. Und sie landeten an einer Stelle zwischen Örnsköldsvik und Härnösand, und ich hörte die Stimme rufen: ›Dieser Platz heißt Veda‹, von dem aus sie die Schweden in Härnösand angriffen und die ganze Stadt besetzten. Es wurde eine Überrumpelung, ein Angriff im Rücken, mit dem die Schweden nicht gerechnet hatten, als sie die Festung gegen das Meer halten wollten.«*[284]

Als Claesson 1950 diese Vision gezeigt bekam, war der Ort Veda strategisch uninteressant. Erst 1997 wurde dort eine große Brücke eingeweiht, die Härnösand mit Örnsköldsvik verbindet und die seither von erheblicher strategischer Bedeutung ist. Eine Landung russischer Fallschirmtruppen in dieser Region macht also erst seit 1997 Sinn – und damit erst lange nach der »Auflösung« der Sowjetunion.

Weiter heißt es: *»Dann sah ich einen Angriff, der war gleichzeitig mit dem auf Umeå. Es war ein Angriff auf Göteborg, und dieser Angriff war so fürchterlich, daß in wenigen Sekunden – natürlich nur in der Vision, das dauert sicher länger, wenn es passiert – ganz Göteborg dem Erdboden gleichgemacht war.«*[285]

Es ist durchaus möglich, daß die Zerstörung in einer sehr kurzen Zeit erfolgt, und dazu sind nicht einmal unbedingt Atomwaffen erforderlich. Das russische Militär verfügt über sogenannte Vakuumbomben, das sind konventionelle Sprengkörper, die ihren flüssigen Inhalt beim Abwurf erst fein zerstäuben und dann zur Explosion bringen. Die Sprengkraft dieser Bomben ist so groß, daß sie an kleinere atomare Ladungen heranreicht.

Claesson fährt fort: *»Das schwedische Militär konnte die Außenposten in den Schären nicht halten, sondern mußte sich zurückziehen. Die fremden Militärs nahmen die Festungen, und da stellten sie ihre Waffen auf und verwendeten sie zum Beschuß von Göteborg. Die schwedischen Bodentruppen und die Küstenartillerie zogen sich bis Kungälv zurück. Dort bissen sie sich fest und bekamen von irgendwoher Verstärkung und hielten den Feind die ganze Zeit zurück.*

*Gleichzeitig mit diesem Angriff sah ich auch einen Angriff auf Malmö. Aber Malmö wurde eingenommen, und es sah aus, als ob kein Haus eingestürzt sei. Es wurde auch zur Freistadt ausgerufen, und alle Einwohner, die in der Stadt blieben, sollten loyal behandelt werden. Aber damit gleichzeitig sah ich eine große breite Reihe kleiner Boote, vermutlich Invasionsboote, in fünf Reihen hintereinander kommen auf einer Strecke, die ich nicht richtig berechnen kann. Die Invasion der fremden Truppen geschah zwischen Trelleborg und Ystad.«*[286]
Die Landung erfolgt an der Südspitze Schwedens, an einer Stelle, wo zu Zeiten des Kalten Krieges wahrscheinlich sowjetische und ostdeutsche Truppen aus der DDR gelandet wären.
Claesson berichtet weiter: *»Zur selben Zeit, als die feindlichen Truppen zwischen Trelleborg und Ystad an Land gingen, hielten die Feinde die schwedische Armee durch einen Angriff auf Falsterbo gebunden, welches völlig verschwand. Dann verschwanden die Truppen. Ich weiß nicht, welche Straßen sie nahmen, aber sie tauchten wieder auf, und da hatte sich die schwedische Armee bis Hässleholm zurückgezogen. Aber dort leisteten die Schweden einen furchtbaren Widerstand, und einige der feindlichen Heere kamen um.*
*Ich sah auch zwei große Männer und begriff, daß es Generäle oder sowas sein mußten – sie hatten solche Uniformen an. Es waren also fremde Generäle, und der eine sagte in sehr schlechtem Schwedisch: ›Wenn ich gewußt hätte, daß sich die Schweden so furchtbar verbissen wehren würden, hätte ich die Invasion anders aufgezogen.‹ Sie hatten wohl viele Leute verloren. Hier kam der Feind nicht weiter.«*[287]
Die Invasion Schwedens wurde von der Sowjetunion lange intensiv geplant und vorbereitet, wie erst kürzlich aufgetauchte Landkarten aus Beständen der sowjetischen Armee aus dem Jahr 1987 beweisen. Alle Verteidigungseinrichtungen der schwedischen Armee waren auf diesen Karten detailliert eingezeichnet, bis hin zur exakten Wassertiefe schwedischer Militärhäfen, und sogar die Lage geheimer schwedischer Minenfelder blieb den Sowjets nicht verborgen. Die dazu erforderlichen Informationen sammelten Agenten der sowjetischen Geheimdienste KGB und GRU, die sich, beispielsweise als Botschaftspersonal getarnt, frei in Schweden bewegen konnten. Selbst unter dem Deckmantel der Tätigkeit als Fernfahrer spähten sowjetische Agenten die Beschaffenheit schwedischer Verkehrsverbindungen aus, und auch die häufige Anwesenheit russischer Uboote in schwedischen Gewässern sorgte lange Zeit für diplomatische Spannungen. Darüber hinaus verfügte die

Sowjetunion über ein weites einheimisches Agentennetz, bestehend aus gebürtigen Schweden, die z. B. aus politischen Gründen bereit waren, ihr Land zu verraten.
Zurück zur weiteren Beschreibung des Kriegsverlaufs: »*Dann sah ich gleichzeitig mit diesem Angriff einen Angriff auf Stockholm. Es war eine fremde Flotte, die angriff. Sie wollten bei Vaxholm durchfahren, und dort trafen sie auf einen fürchterlichen Widerstand von der schwedischen Flotte und der schwedischen Küstenartillerie, die den Feind von Land aus beschoß, wahrscheinlich von Oscar-Fredriksborg. Sie versenkten einen Teil dieser Flotte, und ich hörte die Stimme sagen: ›Das geschah im Oxdjupet.‹ Die Schiffe, die sich zurückzogen, wurden auch versenkt, und kein feindliches Schiff blieb übrig. Zum Zeichen, wo die Kämpfe waren, bekam ich ein kleines Leuchtfeuer zu sehen, das ich selber nicht kenne, aber auf dem Leuchtfeuer war zu lesen: ›Brödstycket‹. Genau neben diesem Leuchtfeuer erlitt der Feind die große Niederlage.*«[288]
Claesson berichtet an dieser Stelle, daß er sich gemeinsam mit dem Pastor Alvar Blomgren zur Stadtbücherei von Örebro aufmachte, um herauszufinden, ob dieses Leuchtfeuer tatsächlich existiert. Nach kurzer Suche fanden sie es in einem Atlas, es existiert tatsächlich.
Claesson fährt fort: »*Das Furchtbarste von allem war, daß viele Hunderte von Flugzeugen des fremden Heeres gleichzeitig mit dem Angriff zur See einen Luftangriff flogen, und daher erlitt die Stadt Stockholm schwere Verluste durch den Beschuß von oben. Die Stadt wurde vom Feindesheer nicht eingenommen, aber sie wurde fürchterlich zerstört, und ein großer Teil der Zivilbevölkerung, die sich nicht evakuieren lassen wollte oder es zeitlich nicht mehr geschafft hatte, kam völlig in den Ruinen um. Dann sah ich auch einen Angriff vom Meer gegen Västervik, und der kam so überraschend, daß dort die fremden Heere an Land gingen, aber nicht eher, als Västervik so gut wie dem Erdboden gleichgemacht war. Dort wurden auch Bodentruppen angelandet, die landeinwärts marschierten. Ich sah sie dann nicht mehr, sondern erst wieder in der Gegend von Söderköping. Und da hörte ich eine Stimme rufen: ›Marsch Richtung Norrköping!‹*
*Als die Heere verschwanden, die in Västervik an Land gesetzt worden waren und während des Aufenthalts dort, bevor ich sie in Söderköping sah, bekam ich eine Vision davon, wie es der Zivilbevölkerung in verschiedenen Städten unseres Landes ergehen würde. Ich sah, wie die feindlichen Soldaten in die Häuser gingen und unsere Frauen heraus-*

*zerrten, während die Frauen hysterisch schrien und um Hilfe riefen. Ich sah auch, wie an den Straßenecken Leute versammelt umherstanden, auch ältere Männer in Zivil, aber sie konnten nichts tun, obwohl sie sahen, wie die Frauen unter Hilferufen fortgezerrt wurden. Die Soldaten lachten sie aus und sagten in gebrochenem Schwedisch: ›Niemand hilft Euch. Nicht einmal Gott im Himmel.‹*

*Dann sah ich, wie Sundsvall mit seinen Einwohnern von den feindlichen Heeren furchtbar behandelt wurde. Es war ein Angriff vom Meer, und zur gleichen Zeit, als die Schweden mit diesem Angriff beschäftigt waren, wurden Truppen aus der Luft abgesetzt. Die Bodentruppen, die zwischen Örnsköldsvik und Härnösand abgesetzt worden waren, waren durch Härnösand marschiert, und die Überreste gesellten sich als Verstärkung zum feindlichen Heer in Sundsvall.*

*Es waren also insgesamt fünf Orte, die in meiner Vision gleichzeitig angegriffen wurden. Das waren Umeå, Göteborg, Malmö, Stockholm und Västervik.*

*Dann sah ich die Stadt Nyköping von feindlichen Heeren überschwemmt, und diese marschierten in drei Richtungen, und die eine Richtung, sah ich, war Katrineholm. Dann sah ich die Luftangriffe. Die weiße Gestalt zog sich zurück und stellte sich hinter mich, und ich sah die Angriffe, wie sie in Wirklichkeit werden, und ich hörte die Stimme rufen: Kumla, und da wurde Kumla mit einem fürchterlichen Krach dem Erdboden gleichgemacht. Es kamen massenweise Flugzeuge. Von Kumla blieben nur drei Häuser in Richtung Stene übrig. Da war auch Kvarntorp schon vernichtet und die Strecke zwischen Kvarntorp und Kumla. Hallsberg sah ich nur duster, aber es sah aus, als sei auch Hallsberg schwer zugerichtet.*

*Dann hörte ich die Stimme rufen: Örebro. Da sah ich die Stadt Örebro als einen Ruinenhaufen, Steinhaufen neben Steinhaufen. Mehr als die halbe Stadt ging unter, aber es sah aus, als ob ein Teil der Stadt in Richtung Lindesberg und Arboga übrigbleiben sollte.*

*Dann hörte ich die Stimme rufen: Fagersta. Dann gab es dort denselben Krach. Es war ein furchtbarer Angriff aus der Luft, und ich sah ganz Fagersta dem Erdboden gleichgemacht. Nicht einmal der Bahnhof Västanfors war übrig. Und die feindlichen Truppen waren dabei, die Brücke über den Fluß Västanfors zu reparieren.*

*Dann hörte ich die Stimme rufen: Avesta. Und Avesta wurde dem Erdboden gleichgemacht. Dieselbe Stimme wieder: Sandviken. Und auch von Sandviken blieb nichts übrig. Gävle sah ich nur sehr, sehr*

*verschwommen. Ich kann nicht sagen, ob die Stadt zerstört wurde, aber ich habe eine Ahnung, daß ich auch dort etliche Ruinen sah.*
*Dann bekam ich wieder die Stimme zu hören, und jetzt rief sie: Bofors. Es wurde ein gewaltiger Angriff aus der Luft. Aber ein feindliches Flugzeug nach dem andern stürzte ab, und Bofors überstand den Kampf praktisch unversehrt. Das ganze Werksgelände war unbeschädigt. Ein paar Häuser wurden beschädigt, aber nicht durch den Angriff, sondern wegen der Abstürze, denn ein Teil der Maschinen explodierte und riß die Umgebung mit sich. Karlskoga sah ziemlich unberührt aus. Wahrscheinlich überstand es den Kampf völlig ohne Schäden.«*[289]
Bofors wird als einziges Ziel genannt, das den Luftangriff heil übersteht. Die Angreifer scheinen hier mit einer sehr effektiven Luftabwehr konfrontiert zu werden, und tatsächlich liegt in Bofors eine der größten Rüstungsschmieden Schwedens. Dort wurde nicht nur das Luftabwehrsystem RBS 70 entwickelt, sondern auch das Fliegerabwehrsystem BAMSE, das allerdings von der schwedischen Regierung nicht in Dienst gestellt wurde. Die Prototypen von BAMSE existieren allerdings noch und werden im Ernstfall vermutlich zur Selbstverteidigung eingesetzt.

***Fliegerabwehrsystem RBS-70, von Bofors entwickelt.***[290]

***Links: Das schwedische Luftabwehrsystem BAMSE.[291] Rechts: BAMSE wird abgefeuert.[292]***

Claesson schließt seinen Bericht mit den Worten: *»Dann hörte ich die Stimme rufen: Borlänge. Da wurde Borlänge mit all seinen Vororten dem Erdboden gleichgemacht. Danach wurde es kohlschwarz, und es wurde über dem ganzen Land völlig schwarz, und gleich hörte ich die Stimme rufen: ›Dunkelheit fällt über die ganze Welt.‹*
*Dann bekam ich von der Bevölkerung ein großes Jammergeschrei zu hören. Ich sah einen Lichtstreifen oberhalb der Dunkelheit, und wie aus dem Dunkel eine große Anzahl weißgekleideter Gestalten zum Lichtstreifen hochgerissen wurden. Von dort hörte ich ein wunderbares Lied vom Lamm, das uns mit seinem Blut für Gott losgekauft hat.«*[293]
Die Dunkelheit könnte ein Hinweis auf die im Oktober zu erwartende dreitägige Finsternis sein, von der in einem späteren Kapitel noch ausführlich die Rede sein wird.

Auch der Norweger **Anton Johansson** (1907) erwähnt die Invasion Schwedens durch russische Truppen, wenn auch nicht alle Details mit Claesson übereinstimmen:
*»Die Russen griffen mit zwei Abteilungen an. Die eine fiel von Süden auf Gotland ein und überschwemmte die Insel. Ich sah lange Marsch-*

*kolonnen und große Luftflotten. Die Luft war nicht klar. Es schien, als ob sie von Rauch geschwängert sei. Die Russen drängten zum Festland und schienen gegenüber von Öland an Land zu gehen. (...) Stockholm schien ziemlich vom Kriege verschont zu bleiben. Dank der Luftflotten und der Luftabwehr funktionierte hier die Verteidigung gut. Mit der anderen Abteilung griffen die Russen im Norden an. Mit gewaltigen Massen fielen sie in Nordschweden ein, wo sie erstaunlicherweise leicht voran kamen. Ich befürchte, daß den Sozialisten bei Boden irgendein Trick gelungen war, weil dort nicht solch ein Widerstand wie in Gotenburg sichtbar wurde.*
*Ich sah zwei Eisenbahnen und eine davon nördlich des Sumpesvon Enare. Auf dieser Bahn sah ich einen russischen Militärzug, in dessen Wagen die Russen dicht gedrängt standen. Das Gelände war durchschnitten. Es war in dem Passviksthal. Der Zug ging nach Osten zur Murmanskküste. Ich sah nördlich vom Fluß Tana, etwa eine halbe Meile entfernt, eine Schlacht zwischen Waljock und Poschd (kleine Flüsse). Ich sah eine mehrere Meilen lange Schlachtlinie; daselbst gefallene Soldaten und Kriegsvolk, welches die Toten begrub. Hier befanden sich Massen von Gräbern. Die Norweger hier oben zogen sich zum Porsangerfjord zurück. Zwischen den unteren Gräbern und dem Gagga-Wasser sah ich wieder eine mehrere Meilen lange Schlachtenlinie, woselbst ich beide Gajsar (Gletcher) im Osten und Westen erblickte. In dem steinigen Gelände, welches an verschiedenen Stellen kaum ein Pferd überwinden kann, sah ich Leichen, verzerrte Gesichter und verstümmelte Glieder aus den Gräbern herausstehen.[294] (...)*
*Über der ganzen schwedischen Westküste bis nach Hälsingborg und Malmö lag undurchdringlicher Rauch, und ich hörte, daß die hier liegenden Städte ebenfalls Luftangriffen ausgesetzt waren. Auch Stockholm wurde von Luftgeschwadern angegriffen, dieser Stadt gelang die Verteidigung jedoch besser als Göteborg. Hier schien die Luftabwehr besser geordnet und wirkungsvoller zu sein; u. a. hatten die Schweden hier mehr ›Luftmaschinen‹ zur Verfügung.*
*In Nordschweden fielen die Russen teils von der Landseite her über Torned, wo damals gerade eine Eisenbahnlinie angelegt worden war, und teils von der Seeseite, und zwar von Kvarken her ein. Die Schweden kämpften hier und unmittelbar nördlich von Stockholm mit großer Verbissenheit und Tapferkeit, und die Russen erlitten ungeheure Verluste, führten aber ständig neue Truppenmassen heran. Und schließlich*

*wurde ganz Nordschweden von den Russen erobert. Ich hörte, daß Gävle besonders schwer heimgesucht und ausgeplündert werde. Die Festung Boden wurde durch Verrat der Sozialisten ohne großen Kampf übergeben. Auch in Südschweden, wahrscheinlich in der Nähe des ostschwedischen Hafens Västervik (genau konnte ich die Stelle nicht erkennen), landeten die Russen, um von hier aus nach Stockholm und Göteborg zu gehen. Vorher hatten sie schon Gotland und Öland erobert, und es war zu befürchten, daß auch letzteres beim Friedensschluß an Rußland abgetreten werden müsse, denn ich erinnere mich, im Zusammenhang mit den Friedensbedingungen auch den Namen Öland gehört zu haben. Wegen der Vielfalt der Bilder fiel es mir jedoch schwer, alle Einzelheiten aufzunehmen. Auf Gotland erblickte ich endlose russische Marschkolonnen, über der Insel lagen dichte Rauchwolken.«*[295]

Übereinstimmend berichten Claesson und Johannson von schweren Verlusten auf russischer Seite, die Schweden scheinen – entgegen den russischen Erwartungen auf einen leichten Sieg – erbitterten Widerstand zu leisten.

Der Amerikaner **Ron White** berichtet 1976 über den Angriff auf Norwegen:

*»Die Vision eröffnete sich auf einer Karte von Europa, von Großbritannien bis Rußland und von Norwegen bis zum Nahen Osten. Ich studierte diese Karte einen Moment, und währenddem ich sie betrachtete, passierte etwas Bemerkenswertes. Ganz oben im oberen Teil von Norwegen begann die Karte die Farbe zu wechseln. Sie wurde rot, und diese rote Farbe breitete sich aus vom nördlichsten Teil bis ins Zentrum Norwegens. (…) Ich sah in diesem Gebiet Zehntausende von kommunistischen Soldaten, ein Teil der sowjetischen Armee. (…) Rußland wird den nördlichen Teil Norwegens einnehmen und besetzen. Man wird viele Erklärungen darüber abgeben in Europa. Man wird viel diskutieren vom politischen Standpunkt aus, aber Gott zeigte mir, daß nichts getan werde gegen diese Situation. Rußland wird die Macht ergreifen, wie es in der Tschechoslowakei geschah.«*[296]

Zum Krieg in Norwegen äußert sich **Anton Johansson** (1907) wie folgt:

*»In Norwegen fielen die Russen in den nordöstlichen Teil des norwegischen Finnmarken ein. Zu jener Zeit führte eine Eisenbahnstrecke*

*hinauf zum Enare-See und weiter durch das Pasviks-Tal nach Osten; an der Südspitze zweigte eine Nebenlinie zu einer nördlich gelegenen Siedlung ab. Den ersten großen Zusammenstoß sah ich am Tanafluß zwischen Valljok und Poschd im südlichen Teil der Gemeinde Karasjok. Die Front war hier etwa 20 km lang, und die Schlacht verlief äußerst blutig. Die Norweger wurden geschlagen und zogen sich in die Gegend zwischen ›Gaggangajsarna‹ und dem unteren ›Skoganvaravattnet‹ zurück, wo sie neue Stellungen bezogen und wo neue erbitterte Kämpfe ausgefochten wurden. Hier erblickte ich Massen von Gräbern, schrecklich verstümmelte Gefallene mit verzerrten Gesichtszügen. Die Toten lagen über weite Gebiete verteilt, stellenweise zu großen Haufen gestapelt.*[297] *(...)*

*Kristiansand wurde aus der Luft bombardiert und übel zugerichtet (= beinahe ausradiert).*[298]

*Die ganze norwegische Küste, von der Südspitze bis hinauf nach Drontheim, das besonders erwähnt wurde, war diesen Luftangriffen ausgesetzt. Drammen, Stavanger, Bergen und Kristiana (Oslo) wurden betroffen, doch wurde keine norwegische Stadt so gründlich zerstört wie Kristiansand, das einem wahren Trümmerhaufen glich.*

*Schwedens Niederlage besiegelte auch die Niederlage Norwegens. Norwegen mußte das Land nördlich und östlich vom Lyngenfjord, also das ganze norwegische Finnmarken, an Rußland abtreten. Der Krieg war nur kurz: im Sommer (...) begann er und schien noch im gleichen Sommer oder zu Herbstbeginn beendet zu sein.*

*Die Finnen hatten nicht daran teilgenommen, sie waren zu der Zeit, wie schon erwähnt, unterjocht und besassen anscheinend keine Waffen.«*[299]

Johannson betont, daß der Krieg in Skandinavien besonders kurz ist, er beginnt, übereinstimmend mit den anderen Quellen, im Sommer, wahrscheinlich im Juli, und endet spätestens zu Beginn des Herbstes. Die darauffolgende Besetzung schildert **Anton Johansson** (1907) folgendermaßen:

*»Die Kämpfe beschränkten sich aber nicht nur auf diese Gebiete, denn die Stimme sagte mir: ›An den Grenzen wird heiß gekämpft! – und hier siehst du zwei Schlachten.‹ Die Norweger wurden trotz wiederholter Angriffe und Gegenangriffe auch dort geschlagen und mußten vor der russischen Übermacht nach Süden weichen. In Südnorwegen, bei Oslo dicht an der schwedischen Grenze, kämpften Norweger und Schweden Schulter an Schulter.*[300] *(...)*

*Schweden und Norweger mußten gegen ihren Willen Frieden schließen.*

*Schweden verlor nur Gotland, nicht Norrland. Norwegen verlor die norwegischen Finnmarken bis zum Lyngsfjord nördlich von Tromsö. Mit entschiedener Stimme wurde zweimal gesagt, daß hier die Grenzen für Norwegen sein würden.*[301] *(...)*
*Über den Friedensschluß herrschte in ganz Schweden große Empörung. Europa glaubte, daß Schweden und Norwegen völlig vernichtet werden würden. Die Russen schienen die Absicht gehabt zu haben, sich die ganze nördliche Hälfte Skandinaviens anzueignen. Als ich den Herrn ängstlich fragte, ob beide Länder an die Russen verlorengingen, erwiderte er, auf den Lyngenfjord zeigend: ›Bis dahin werden sie kommen, und nicht weiter.‹ Wenn ich mich nicht irre, blieb es Schweden erspart, einen Teil Norrlands abzutreten.«*[302]
Schweden und Norwegen werden trotz allem nicht lange unter kommunistische Herrschaft fallen, denn nachdem sich das Blatt auf dem europäischen Kriegsschauplatz zu wenden beginnt und der Krieg zum weltweiten Atomkrieg eskaliert, müssen sich die Russen an allen Fronten zurückziehen und werden schließlich weltweit geschlagen.

## *Die Besetzung Österreichs*

Wie wir den Vorhersagen entnehmen können, wird Österreich noch deutlich vor dem Angriff auf Deutschland besetzt. **Alois Irlmaier** sah folgende Situation voraus:
*»Gleich nach der Konferenz von Budapest kommen die Leute in Passau aus dem Dom und stellen fest, daß auf der anderen Seite Panzer sind. Zuerst meinen sie, das sei eine Übung einheimischer Panzer, bis sie feststellen, daß es Russen sind. Da sind sie ganz entsetzt und merken, jetzt ist alles verloren. (...) Nachdem die Russen in Ost-Österreich eingedrungen sind, fliehen die Österreicher auf der A8 Salzburg–München, und zwar in einer so dichten Weise, daß die Autobahn auf beiden Seiten von Flüchtlingen Richtung Westen verstopft ist. (...) Wären sie doch nur dort geblieben, wo sie waren, es kommt nicht besser, es kommt eher schlimmer für sie.«*[303]

Tatsächlich gab es in der Sowjetunion verschiedene Pläne für die Wiederbesetzung Österreichs. Je nach Ausgangssituation variierten diese geringfügig. Gemeinsam hatten die Planungen jedoch, daß die Sowjets, ähnlich wie im Fall von Schweden, auf ein dichtes Netzwerk kommunistischer Agenten zurückgreifen konnten, das die österreichische Handlungsfähigkeit derartig sabotieren sollte, daß die österreichischen Truppen widerstandslos noch in den Kasernen festgesetzt werden konnten. Eine ähnliche Situation beschreibt der **Bauer aus dem Waldviertel**. Das österreichische Militär scheint zu keiner nennenswerten Gegenwehr in der Lage:

*»Ende der fünfziger Jahre hatte ich eine Einzelvision. Ich sah die Russen wieder hier einziehen; sie nisteten sich am Übungsplatz ein und verschanzten sich nachher auf den östlich und südlich vorgelagerten Hügelketten. Sie erschienen mir dabei außergewöhnlich hektisch und gereizt. Mir fielen bei ihnen keine sonderlich neuen Waffen auf. An größere Kampfhandlungen konnte ich mich bei uns nicht erinnern.*

*Mir fielen damals gleich die großsprecherischen Reden beim Abschluß des Staatsvertrages ein. – Dieser bedeutete ja für uns erst das Leben. Ich sagte mir damals: Was machen die Russen wieder da, was haben sie hier verloren? Wir haben doch den Staatsvertrag! Wo bleiben die Amerikaner? Niemand schert sich, niemand kümmert sich darum.«*[304]

Um den österreichischen Staatsvertrag, der die Neutralität Österreichs zur Bedingung für den Abzug der Roten Armee stellte, für nichtig zu erklären und seitens der Russen zum alten Besatzungsstatut zurückzukehren, genügt als Vorwand mitunter bereits ein kleiner Neutralitätsbruch Österreichs, etwa durch die Gewährung von Überflugrechten für die NATO. Eine so begründete Wiederbesetzung läge unter Umständen sogar im Rahmen des Völkerrechts und wäre eventuell eine Erklärung dafür, warum das Ausland nicht interveniert. Auf welche Weise auch immer, ob völkerrechtlich einwandfrei oder nicht, mit der Besetzung Österreichs stehen die Russen plötzlich an der Grenze zu Deutschland und Italien.

**Erna Stieglitz**, 1975:

*»Teilweise bis in die oberbayerisch-salzburgischen Alpen herein kommen die Osttruppen über Österreich und Jugoslawien.«*[305]

Weitere Details über die Besetzung Österreichs und das Verhalten der Roten Armee gegenüber der Zivilbevölkerung berichtet uns **Stefan Parlow** aus Wien:

*»Ich sehe, wie russische Truppen von der Slowakei aus in Österreich einmarschieren. Es gibt zu diesem Zeitpunkt nahezu keinen Autoverkehr mehr auf den Straßen.«*[306]

Die Energiekrise bewirkt, daß kein Benzin mehr zur Verfügung steht.
*»In einem Traum erlebe ich die Einnahme Wiens durch die Russen. Mir wird mitgeteilt, daß Jugoslawien mit diesem Ereignis eng verbunden ist. Viele Menschen eröffnen beim Anblick der Russen ein Pfeifkonzert.«*[307]
Wie Irlmaier sagte, folgt die Besetzung Österreichs unmittelbar auf die Budapester Konferenz, deren Anlaß die Spannungen zwischen amerikanischen und russischen Truppen auf dem Balkan waren.
*»Die russische Armee befindet sich in Österreich. Österreich ist besetzt. Nur noch einige wenige Reiche fahren mit Autos, ansonsten ist kein Straßenverkehr zu sehen.*
*Es bilden sich Protestkundgebungen gegen die Besetzung. Die Rädelsführer werden innerhalb kürzester Zeit liquidiert.*[308]
*Ich schaue mit Freunden aus dem Fenster einer Wohnung in Wien, und wir sind sehr überrascht, daß Russen in Wien einmarschiert sind. Sie hindern Passanten, ein Geschäft im gegenüberliegenden Häuserblock zu betreten. Diese können keine Lebensmittel mehr kaufen.*[309]
*Ich befinde mich in der Fußgängerzone im 1. Bezirk in Wien. Es herrscht ziemliche Armut, das Leben ist eingeschränkt. Es ist sehr heiß, die Menschen sind sommerlich gekleidet. Ich schenke jemandem ein Stück Schokolade. Plötzlich kommen Russen in Uniform, und einer von ihnen beginnt wahllos mit seiner Pistole in die Menge zu schießen. Die Menschen in den Straßen sind sehr überrascht von den plötzlich auftauchenden Russen und geraten in Panik. Ich will mich davonmachen, bemerke jedoch, daß die zuführenden Straßen von russischen Soldaten abgesperrt werden und diese Ausweise kontrollieren. (…)*
*Es handelt sich um eine blitzartige Besetzung. Ich höre, daß die Okkupation Österreichs entweder drei bis vier Wochen oder drei bis vier Monate dauern wird. Ich sehe eine österreichische Landkarte, worauf eingezeichnet ist, wie weit die Russen innerhalb einer Nacht, nahezu unbemerkt von der Bevölkerung, vordringen werden. Die Russen werden Wien, Teile Niederösterreichs, Teile der Steiermark, Teile Kärntens und das Burgenland in einem Zug einnehmen. Keiner ist richtig informiert, und es trifft viele vollkommen unerwartet.*[310]
*Männer der russischen Armee gehen von Haus zu Haus, betreten jede Wohnung und plündern alle Sachen, die ihnen begehrenswert erscheinen. (…)*
*Ich möchte zu einem ca. 100 m entfernten Haus gelangen. Da die Gegend von russischen Scharfschützen unter Beschuß ist, muß man im Zickzack laufen und immer wieder geschützte Stellen suchen.*[311]

*Ich bin in einem Gefangenenlager der Russen. Ich freue mich, als ich dort einen Jugendfreund aus der Schulzeit treffe. Unser Lager ist eingezäunt und zusätzlich versehen mit Stacheldraht bis in ca. drei Meter Höhe.«*[312]

Erfolgt die Besetzung noch ohne große Gegenwehr, so bedeutet dies nicht, daß es nicht im Verlauf des Krieges zu Kampfhandlungen auf österreichischen Boden kommt, im Gegenteil, der **Bauer aus dem Waldviertel** (1979) sagt ein schlechtes Schicksal für die österreichische Hauptstadt voraus:
*»Wien endet – als erste unter den westeuropäischen Städten – als Ruinenlandschaft.«*[313]
Und wird damit vom Norweger **Anton Johansson** (1907) bestätigt:
*»Ich hörte, daß auch Österreich und besonders die Umgebung von Wien unter dem Orkan schwer leiden müssten.«*[314]
Bei dem, was Johansson als Orkan wahrnahm, handelt es sich wahrscheinlich um Atomexplosionen.

## *Die Besetzung Südeuropas*

Über die Besetzung der russischen Südflanke liegen leider keine so exakten Seherschauungen vor wie im Fall von Skandinavien und Österreich. Auch ist nicht leicht zu unterscheiden, welche Kampfhandlungen zu dem schon behandelten Nahostkrieg und dem Balkankrieg gehören und welche erst später im Zuge der russischen Flankensicherung stattfinden. Wahrscheinlich ist der Übergang hier fließender Natur, spätestens mit Einmischung Rußlands in den Krieg in Nahost und auf dem Balkan, d. h. mit der Besetzung der Türkei, sollte die Situation jedoch klar sein.
Gehen wir nach den Aussagen des Münchners **Erwin Zahn** (2000), dann *»fallen die Sowjets zuerst in Afghanistan und Persien ein. Da wird man noch höhnen, daß es den Mullahs gar nicht schadet, wenn sie davongejagt werden. Mit dem Überfall auf die Türkei und den Balkan sind aber auch Natostaaten betroffen, wodurch sich dieser Krieg über ganz Europa ausbreitet«.*[315]
Ähnlich sieht die Situation auch der Österreicher **Stefan Parlow** (1999), er gibt zudem an, daß diese Besetzung noch während Putins Amtszeit stattfinden soll:

*»Putin wird die Türkei überfallen. (...) Die Besetzung der Türkei durch die Russen wird der Beginn des großen Krieges sein.«*[316]

Vom besetzten Österreich aus rollt die rote Dampfwalze weiter, um in die Revolution in Italien einzugreifen – so sieht es jedenfalls der **Bauer aus dem Waldviertel** (1977):
*»Auf dem Höhepunkt der italienischen Wirren marschiere der Russe durch Kärnten nach Italien.«*[317]
Und er wird vom südafrikanischen Seher **Nicolaas van Rensburg** (1926) bestätigt:
*»Die Russen stürmen durch Ungarn, Jugoslawien, durch Österreich und Italien, um diese Länder zu besetzen. Dann durch Frankreich, welches sie unterstützt auf dem Weg nach Spanien, wo die Spanier einen starken Widerstand aufbauen, bevor die USA ihnen zu Hilfe kommen.«*[318]
Hier ist die Rede davon, daß Frankreich die Russen unterstützt. Sicherlich trifft das jedoch nur auf einen Teil der französischen Bevölkerung zu, nämlich die Kommunisten und ihre Sympathisanten. Wir erinnern uns, in Frankreich tobt zu diesem Zeitpunkt ein blutiger Bürgerkrieg.
**Jeanne-Louise Ramonet** (1948):
*»Es wird einen neuen, folgenschweren Krieg geben. Frankreich muß damit rechnen, von einer russischen Armee überfallen und besetzt zu werden. Die Guten werden dann von den Gottlosen verfolgt werden.«*[319]
Dasselbe Bild zeichnen auch **Anton Johansson** (1907) ...: *»Durch das nördliche Italien wie Österreich-Ungarn wird die rote Sturmflut gegen die Schweiz und Frankreich vorrollen.«*[320] ... und **Bruder Adam** (1949):
*»Im Süden wird die sowjetische Armee zur jugoslawischen stoßen. Ihre Armeen werden sich verbünden, um gemeinsam in Griechenland und in Italien einzufallen. (...)*
*Alsdann werden sie versuchen, durch Spanien und Frankreich zur Atlantikküste vorzudringen, um sich mit der im Norden kämpfenden Armee zu vereinigen und die militärische Einkreisung des europäischen Festlandes zu vollenden.«*[321]
Serbien gilt als Brudernation Rußlands, daher ist es sehr wahrscheinlich, daß die Serben, die den Krieg gegen die NATO von 1999 nicht vergessen haben, während einer erneuten Konfrontation auf der Seite der Russen stehen werden.

Ein neues Element fügt **Erwin Zahn** (2000) dem Szenario hinzu. Er spricht davon, daß zeitgleich mit dem russischen Vorstoß in Norditalien muslimische Truppen in Süditalien landen:
*»Die Sowjets werden also auch über Ungarn, Jugoslawien durch Italien kommen, wo sie vor allem zusammen mit arabischen Moslems im Vatikan viele Geistliche ermorden. Ihr Ziel sind die Küsten Frankreichs, womit sie Europa völlig erobert hätten. Dieses wird ihnen aber nicht gelingen. Ihre Panzerarmeen werden bei Ulm, Lyon und in Westfalen völlig vernichtet.«*[322]
Welcher muslimische Staat könnte mit den Kommunisten gemeinsame Sache in Italien machen? Da denkt man natürlich sofort an Libyen, wo unter Gaddafi eine merkwürdige Mischung aus Marx und Islam regiert und das schon seit Jahrzehnten ins östliche Lager gerechnet werden muß. Nicht umsonst ist das libysche Militär größtenteils mit sowjetischen Waffensystemen ausgerüstet. Einem Vertreter der rumänischen Regierung gegenüber beschwerte sich Gaddafi einst, die Russen würden ihm keine freie Hand lassen, was mit diesen Waffen geschehen soll, d. h. die Sowjetunion hatte stets großen Einfluß auf den Einsatz des libyschen Militärs.

Eine ungefähre Marschroute des russischen Vorstoßes durch Italien liefert uns der **Mönch von Jasna Gora** (17. Jahrhundert):
*»Im Nordosten werden die Völker in großen Haufen ausziehen und bis an das mittägliche Meer* (Mittelmeer) *viele Reiche überschwemmen. Sie werden aufwärts des Stromes wandern, welcher sich mit sechs Armen in den Pontus Euxinus ergießt* (die Donau)*, sowie niederwärts des Stromes von Rom, der sich in das mittägliche Meer wendet. Unweit des Ausflusses in einer weiten Ebene wird unter Anführung eines Nachkommens des großen Adlers von der Felseninsel eine gewaltige Schlacht geliefert. Die wilden Horden werden besiegt und ziehen den Weg, den sie gekommen, zurück, aber nur wenige werden die Wüsten ihrer Heimat erreichen.«*[323]

Die Ordensschwester **Elena Aiello** sah 1961 ein Detail über den Krieg in Italien, das an ein Motiv der Bibel erinnert:
*»Rußland wird alle Nationen Europas überrennen und wird seine Flagge auf dem Petersdom hissen. Welch ein Schmerz! Die Regierungen verstehen es nicht, denn sie besitzen nicht den wahren christlichen Geist, sie öffnen die Tore für den Materialismus! (...)*

*Rußland wird in Europa einfallen und wird Verderben und Vernichtung verursachen, besonders in Italien.«*[324]

Vergleichen wir dazu in der **Bibel, Matthäus**, Kapitel 24, Vers 15: *»Wenn ihr nun sehen werdet das Greuelbild der Verwüstung stehen an der heiligen Stätte, wovon gesagt ist durch den Propheten Daniel* (Daniel 9,27; 11,31) – *wer das liest, der merke auf! –, alsdann fliehe auf die Berge, wer in Judäa ist; und wer auf dem Dach ist, der steige nicht hinunter, etwas aus seinem Hause zu holen; und wer auf dem Feld ist, der kehre nicht zurück, seinen Mantel zu holen.«*

Und die Stellen bei **Daniel**, Kapitel 9, Vers 27 …: *»Und im Heiligtum wird stehen ein Greuelbild, das Verwüstung anrichtet, bis das Verderben, das beschlossen ist, sich über die Verwüstung ergießen wird.«* … und **Daniel**, Kapitel 11, Vers 31: *»Und seine Heere werden kommen und Heiligtum und Burg entweihen und das tägliche Opfer abschaffen und das Greuelbild der Verwüstung aufstellen. Und er wird mit Ränken alle zum Abfall bringen, die den Bund übertreten. Aber die vom Volk, die ihren Gott kennen, werden sich ermannen und danach handeln. Und die Verständigen im Volk werden vielen zur Einsicht verhelfen; darüber werden sie verfolgt werden mit Schwert, Feuer, Gefängnis und Raub eine Zeitlang.«*

Die Frage drängt sich auf, ob damit das gleiche Ereignis gemeint sein könnte: Die Entweihung des Zentrums des christlichen Glaubens durch kommunistische Truppen.

## 17 – Die drei Angriffskeile bis zum Rhein

Mit der Besetzung Skandinaviens und dem Vormarsch über den Balkan und durch Norditalien ist Europa von der Roten Armee eingekreist. Jetzt erst erfolgt der Hauptangriff von Osten gegen Deutschland. Entlang dreier Angriffskorridore stoßen die russischen Panzerarmeen in Windeseile bis zum Rhein vor. Widerstand finden sie dabei so gut wie gar keinen, die Bundeswehr mit ihren gerade noch 500 Kampfpanzern ist nicht in der Lage, den Vorstoß auch nur nennenswert zu verlangsamen.

Noch vor dem Angriff werden russische Luftlandetruppen, die westli-

che Uniformen tragen und mit westlichen Waffen ausgerüstet sind, an strategisch wichtigen Positionen abgesetzt, z. B. an Verkehrsknotenpunkten, Brücken, Flughäfen usw. Zusammen mit lange vorher eingeschleusten Agenten sorgen sie für Verwirrung und Chaos.
Der Schwerpunkt des Vorstoßes verläuft auf den Autobahnen, die zu beiden Seiten von sowjetischen Sperrverbänden gesichert werden, ähnlich den Sperrverbänden des 2. Weltkriegs, die für ihre Brutalität bekannt waren. Bei den Sperrverbänden dienten damals naturgemäß überwiegend Verbrecher und überzeugte Kommunisten. Die Sperrverbände gingen in einem gewissen Abstand zu den eigentlichen Kampftruppen vor. Ihre Aufgabe bestand darin, die eigene Truppe durch Schüsse in den Rücken zum Angriff zu »ermutigen«. Insbesondere hatten diese Verbände die Aufgabe, »Feiglinge«, d. h. Verwundete, die ihrer Ansicht nach simulierten, an Ort und Stelle zu erschießen. Während die eigentlichen Kampftruppen der Roten Armee vergleichweise wenig Kriegsverbrechen an Zivilisten begingen, nahmen die Sperrverbände in dieser Hinsicht einen unrühmlichen Spitzenrang ein.
Die drei Angriffskorridore verlaufen etwa in nachfolgender Richtung:

- **Im Norden:** Von Königsberg (Kaliningrad) südwestlich durch Polen über den Raum Berlin–Stettin, durch das Norddeutsche Flachland über Hamburg und Hannover in Richtung Bremen und das Ruhrgebiet bis hinein in die Niederlande zur Kanalküste. Ein Teil stößt über Schleswig-Holstein nach Dänemark vor. Hauptvormarschrouten sind hier erwartungsgemäß die A24 und die A2.
- **In der Mitte:** Vom Dreiländereck Deutschland, Polen, Tschechien über Dresden und Erfurt nach Frankfurt und ins Ruhrgebiet. Das strategisch wichtige Ruhrgebiet wird so in die Zange genommen. Zentrum des Vorstoßes bilden hier wahrscheinlich die A4, die A5 und die A44.
- **Im Süden:** Von Prag aus über den böhmisch-bayerischen Wald zum nördlichen Donauufer, diesem entlang über Ulm bis Freiburg. Ein anderer Teil stößt über Nürnberg die A6 entlang nach Stuttgart und Karlsruhe vor.

Im Gedicht **»Der Lösepreis«** wird die Ausgangssituation wie folgt beschrieben:

*(...)*
*Hier beginnt der große Krieg*
*Niemand trägt davon den Sieg*

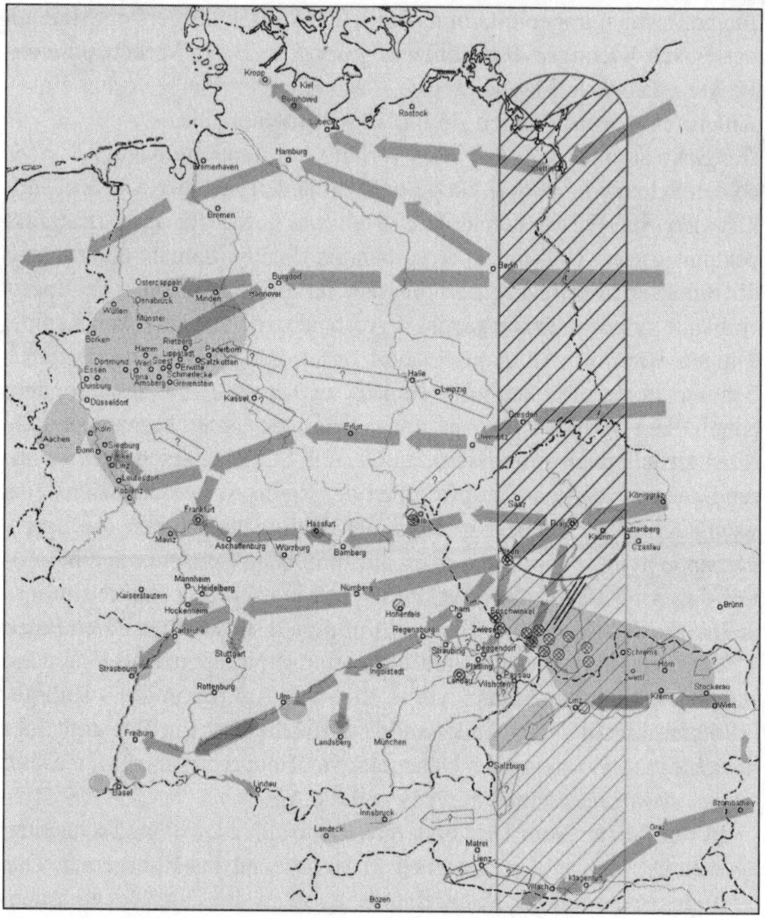


***Grobe Darstellung der ungefähren Vormarschrichtungen sowie, grau eingezeichnet, der zu erwartenden Schlachtfelder.***

*Rußland nimmt Stadt Belgrad ein*
*Frankreich, Rom zieht mit hinein.*

*Blitzschnell schlägt der Roten Heer*
*Deutsches Land, vor Schreck ohn' Wehr*
*Panik lähmt der Freunde Macht*
*Es umfängt sie Todesnacht.*[325]
*(...)*

Interessantes berichtet Stephan Berndt in seinem Buch »Prophezeiungen – Alte Nachricht in neuer Zeit« über einen **Mann aus Hannover**. Dieser sah 1951, *»wie aus dem Raum Königsberg – dem heutigen Kaliningrad – urplötzlich eine russische Armee hervorbrach und in Richtung Südwest durch Polen vorstieß. Dann sah er, wie die Russen über einen breiten Fluß setzen* (Elbe oder Oder). *Sie stießen nach Deutschland vor, umgingen aber alle großen Städte. Die deutschen Städter verbarrikadieren sich zunächst in ihren Häusern. Bald darauf kam es aber zu Unruhen und Plünderungen. Die Russen erreichen den Rhein, aber scheitern dort.«*[326]

Die russische Armee des nördlichen Angriffskorridors beginnt ihren Vormarsch nicht etwa aus Polen oder der damaligen DDR heraus, wie man 1951 noch vermuten mußte, nein, die Truppen kommen aus Königsberg, sie greifen also direkt von russisch kontrolliertem Boden aus an. Königsberg ist ein riesiger Stützpunkt der Roten Armee, und erst im Jahr 2001 wurden dort auch wieder taktische Atomwaffen stationiert. Dieses Detail gibt uns einen weiteren Hinweis darauf, daß der prophezeite Angriff erst in die Zeit nach dem sogenannten »Kalten Krieg« fällt. Und auch die Vorhersage des Mediums **Hans-Peter Paulussen** (1989) spricht eindeutig vom Kriegsausbruch lange nach der Wiedervereinigung Deutschlands:

*»Es wird ein Gesamtdeutschland geben. Man geht praktisch durch das Land, das von Russen besetzt war, durch. Man marschiert durch Erfurt durch und besetzt den Teil Deutschlands, den man jetzt als BRD bezeichnet. (…) Es gibt zwei Einmarschpunkte in Deutschland. Oben im hessischen und im Kasseler Raum. Einen weiteren Einmarschpunkt gibt es von der Tschechoslowakei. Die Punkte sind schon fixiert. (…) Die Pläne liegen schon in der Schublade.*[327]

*Dieses Heer der Russen wird folgenden Weg nehmen: Ein Heereszug kommt über Berlin und geht in nordwestlicher Richtung auf das Wasser zu und wird die Häfen mit großen Verlusten unter der Bevölkerung besetzen. Ein zweites Heer kommt über Thüringen und zieht durch das Eisen- und Kohlegebiet weiter in südliche Richtung in meine Heimat ein, weit in das französische Land. Ein dritter Zug kommt über die Tschechoslowakei und zieht über das Bayernland, über einen Teil von Österreich, der Schweiz und Italien in mein Heimatland auch ein. Dort, in allen genannten Gebieten, wird es zu großen Verwüstungen kommen. (…) Danach wird es auf der Welt zu einer weltweiten Katastrophe kommen.«*[328]

**Mühlhiasl, der Waldprophet**, 18. Jahrhundert, Bayerischer Wald:
*»Dann gehts los wie das Donnerwetter in der Luft. Übern Hennenkobel und Falkenstein kommen die Rotjackerl herunter. Wenn wir in der Früh aufstehen und schauen zum Fenster hinaus, schauen sie schon herein auf uns. Denn sie kommen wie der Dieb in der Nacht. Wenn einer im grauen Rock nicht drinnen ist, dann kommt er nicht mehr hinein.*[329]
*Dann gehts über den Donaustrom hinunter, es geht sehr schnell. Wenn's in Straubing im oberen Tor einziehen, wissen die Leut beim unteren Tor noch nichts.«*[330]
Der Hennenkobel und der Falkenstein sind zwei Berge unweit der bayerisch-tschechischen Grenze.

Eine aktuelle Quelle aus dem Bayerischen Wald, der **Bauer aus dem Zellertal** (1990), bestätigt, daß der Angriff überraschend schnell erfolgt**:**
*»Die ganze Nacht war ich aufgeregt und konnte nicht schlafen, immer wieder sah ich aus dem Fenster. Doch es tat sich nichts. Als es am frühen Morgen dämmert, rennen schon Soldaten von Oberried her kommend durch Unterrehberg nach Drachselsried, dringen in die Häuser ein, Schüsse sind zu hören. Aber nur wenige Leute sehe ich davonlaufen (vielleicht hab ich's nur nicht alles gesehen), und da werden einige erschossen. Alles geht so schnell. Auf der Umgehung unten wälzen sich einige Militärfahrzeuge in Richtung Arnbruck. Zu uns kommen sie nicht – noch nicht. Wir gehen in den Stall und machen uns an die Arbeit. Als ich aber zum Heu holen die Scheune hoch gehe, hält mir ganz oben plötzlich einer eine Kalaschnikow o. ä. ins Gesicht. Erschrocken laufe ich die Treppe so schnell runter, daß ich mir ein Knie voll verstauche. Ich sage, wir müssen weg, die Russen sind da. Dann kommen aber von Richtung Drachselsried her mehrere Soldaten dahergerannt, ich laufe wieder in das Waldstück. Anschließend rennen wir hastig den Berg rauf. Wenig später fahren auch noch ein paar Panzer oder gepanzerte Fahrzeuge auf.*
*Auch Viechtach wird's schlimm erwischen. Von Schlatzendorf her wird's überfallen. Die Leute rennen davon, was sie können. Erst nach vier Tagen trauen sich die ersten wieder zurück. Die Soldaten sind dann hauptsächlich nur noch in den Schulen oben.«*[331]

Der Freilassinger Brunnenbauer **Alois Irlmaier**, der als einer der verläßlichsten Seher des letzten Jahrhunderts gilt, sprach von drei großen

Heeressäulen, deren Panzer man weithin mahlen und donnern höre und die auf ihrem Weg zum Rhein überhaupt nicht auf Widerstand zu stoßen scheinen, eine bis zum Ende des Kalten Krieges undenkbare Situation:[332]

*»Massierte Truppenverbände marschieren in Belgrad von Osten her ein und rücken nach Italien vor. Gleich darauf stoßen drei gepanzerte Keile nördlich der Donau über Westdeutschland in Richtung Rhein vor – ohne Vorwarnung. Das wird so unvermutet passieren, daß die Bevölkerung in wilder Panik nach Westen flieht. Viele Autos werden die Straßen verstopfen – wenn sie doch zu Hause geblieben wären oder auf Landwege ausgewichen! Was auf Autobahnen und Schnellstraßen ein Hindernis ist für die rasch vorrückenden Panzerspitzen, wird niedergewalzt.*[333]

*... nach Hamburg kommt der Russ in einer halben Stunde. Bis der dritte Mord an einem Hochgestellten geschieht, mußt laufen! Nicht auf den Autobahnen, sondern rückwärts auf den Bundesstraßen, die Autobahnen sind alle verstopft. Der Russ kommt:*

*a) die Ostmarkstrasse–Regensburg–Nürnberg–Stuttgart–Karlsruhe, ca. 5. Divisionen*
*b) die Autobahn nach Frankfurt von Sachsen her, ca. 15 Divisionen*
*c) Berlin–Hannover–Autobahn Hamburg.*

*Du mußt gleich nach dem Mord schnellstens an den Rhein kommen, am linksrheinischen Ufer entlang die Straße nach Basel, nach Lindau über den Bodensee kommen. Nach Lindau kommt der Russe nicht, aber bis Freiburg, nicht weiter. – Das mußt Du in drei Tagen schaffen. Am vierten ist es schon zu spät.«*[334]

An der Ostseeküste sah Irlmaier in Übereinstimmung mit dem Mann aus Hannover einen gelbgesichtigen Heerwurm entlangziehen. Die Wehrpflichtigen der Roten Armee wurden in der Sowjetunion gerne möglichst heimatfern stationiert, damit versuchte man u. a. zu verhindern, daß sich im Falle innerer Unruhen die Soldaten mit einer rebellischen Zivilbevölkerung solidarisierten. So kommt es, daß gerade im äußersten Westen Rußlands asiatischstämmige, d. h. »gelbgesichtige« Soldaten ihren Dienst tun.

Irlmaier betonte, daß keiner der Angreifer mehr in seine Heimat zurückkomme. Er nahm eine Landkarte von Deutschland, sah nicht hin, als er sprach, und zog mit seinem Finger eine gerade Linie entlang des Rheins. *»Bis daher kommt er, aber nach Frankreich nicht mehr ...«* Im

Frankfurter Raum sah er das Hauptgeschehen sich entwickeln. In Berlin alle Wohnungen unangetastet und in den Fabriken alle Maschinen heil – aber keinen einzigen Menschen.[335]
Irlmaier berichtet wörtlich:
*»Die Rotjacken kommen über Böhmen, nach Europa. In Westdeutschland treffen drei Heereszüge aufeinander. Sie kommen in Abständen aus dem Osten. Dort steht dann Mann an Mann.*[336]
*Die Bayern sitzen beim Kartenspiel im Wirtshaus, da schauen die fremden Soldaten bei den Fenstern und Türen herein. Ganz schwarz kommt eine Heersäule herein von Osten. Es geht alles sehr schnell. Von der Goldenen Stadt* (Prag) *geht's aus. Der erste Wurm geht vom blauen Wasser* (Donau) *nordwestlich bis an die Schweizer Grenze. Bei Regensburg steht keine Brücke mehr über dem Fluß, aber südlich vom blauen Wasser kommen sie nicht. Der zweite Stoß kommt über Sachsen westwärts gegen das Ruhrgebiet zu. Genau wie der dritte Heerwurm, der vom Nordwesten westwärts geht über Berlin. Es geht alles sehr rasch. Von der Donau bis zur Küste herrscht das Grauen. Zwei Flüchtlingszügen gelingt es noch, den Fluß zu überqueren, der dritte ist verloren und wird vom Feind eingekreist.*[337]
*Drei große Heereszüge seh' ich in weiten Zangen bis zum Ruhrgebiet vorstoßen. Über dem großen Wasser da drüben* (nördlich der Donau), *da kommt der Ruß' noch hin.*[338]
*Tag und Nacht rennen die Russen, unaufhaltsam, ihr Ziel ist das Ruhrgebiet.*[339]
*Der Russe rennt in seinen drei Keilen dahin, sie halten sich nirgends auf, Tag und Nacht rennen sie bis ins Ruhrgebiet, wo die vielen Öfen und Kamine stehen.*[340]
*Oben am Rhein wird endgültig Schluß gemacht, von den drei Heerzügen wird kein Soldat mehr nach Hause kommen. Soviel Tote werden sein, wie nicht in den zwei großen Kriegen vorher zusammen gewesen sind.«*[341]
An einem Tag, so meinte er, würden die Russen bis in das Ruhrgebiet vorstoßen, und sie erreichten auch den Atlantik im Norden, eventuell in Höhe der Rheinmündung.[342]

Um die östlichen Angreifer aufzuhalten, greift man im Westen offenbar auch zum Einsatz von taktischen Atomwaffen: *»Bei Aachen ist die größte Schlacht der Weltgeschichte. Der Boden in Westdeutschland wird durch eine Kraft 10 Meter tief verbrannt.«*[343]

Die einzig bekannte »Kraft« im Arsenal der Militärs beider Seiten, die dazu imstande wäre, den Boden bis in eine Tiefe von 10 Metern und mehr zu verbrennen, ist die Atombombe. Je nach Detonationshöhe und Sprengkraft reißen Kernexplosionen auch noch erheblich größere Krater in den Boden.

***Krater einer Atomexplosion mit 100 Kilotonnen Sprengkraft: Das Loch ist 100 m tief und hat einen Durchmesser von 390 m.***[344]

Käme es zum Einsatz taktischer Kernwaffen gegen die vorrückenden russischen Verbände, dann wäre das Gebiet, in dem dieser Einsatz stattfindet, schwersten Zerstörungen ausgesetzt. Je nach Anzahl der eingesetzten Sprengkörper und der Detonationshöhe würde sich einem späteren Betrachter mitunter eine Landschaft zeigen, die an die Oberfläche des Mondes erinnert.

Einer Frau aus Hockenheim, die sich bei ihm nach Einzelheiten über den 3. Weltkrieg erkundigte, riet Irlmaier: *»Du mußt auf gepackten Koffern sitzen, wenn du es hörst* (im Radio), *hast du noch 20 Minuten Zeit, um über die Brücke* (Rheinbrücke bei Speyer) *zu kommen, danach ist es zu spät.«*[345]

Für den Raum Speyer sagte er offenbar, daß es in einer Nacht von Freitag auf Samstag zwischen 0:00 und 2:00 Uhr losgehen soll. Wahrscheinlich handelt es sich bei den ersten Kämpfen um den Einsatz von Luftlandetruppen, die zeitgleich mit dem Beginn der Invasion die wichtigsten Verkehrsknotenpunkte besetzen und halten sollen, wie z. B. die vorerwähnte Rheinbrücke.

Der Süden Bayerns, besonders das Alpenvorland, ist laut Irlmaier im kommenden Krieg eines der sichersten Gebiete Deutschlands:
*»Es wird gar struppig kommen. Vom Untersberg bis zum Wendlstoa passiert garnix. Da wo die Muttergottes von Altötting ihren Mantel ausbreitet, wird keinem ein Haar gekrümmt.*[346]
*Von den drei Heereszügen wird keiner mehr die Heimat seh'n. Wir aber haben nichts zu befürchten, denn das Land zwischen Untersberg und Wendelstein wird beschützt bleiben vom heiligen Gnadenbild in Altötting.*[347]
*Es wird viel zerstört, und nur der Marienwinkel zwischen Birkenstein-Altötting und Maria Plain soll verschont bleiben.*[348]
*»Wenn was kommt«,* meinte Irlmaier, *»bleibt nicht viel übrig. Aber der Rupertiwinkel* (die Gegend um Freilassing) *bleibt verschont. Und man kann tagelang laufen, bis ein Mensch zum anderen kommt. (...) Rechts vom Rhein ist alles kaputt. Es wird eine furchtbare Sache werden.«*[349]
Auf die besorgte Frage eines Journalisten aus Weilheim entgegnete er:
*»Na, da brauchts Euch da drüben im Allgäu und am Lech keine Sorgen machen. Euch tut's auch nicht viel, bloß große Mengen Flüchtlinge werden kommen und die eigenen Leut' werden stehlen und plündern, daß es eine Schand' sein wird.*[350]
*Zwei große Rudel Menschen kommen noch rüber über die Donau und retten sich bei uns, aber das dritte Rudel Menschen kommt nicht mehr rüber, ein Ring legt sich um sie. Von denen bleibt keiner am Leben. Bei uns südlich der Donau leben dann so viele Menschen, daß es für keinen mehr reicht. Der Hunger treibt die Stadtleute raus aufs Land, die holen sich dort, was sie brauchen ... gestohlen und geplündert wird grad genug.*[351]
*Die Bevölkerung zwischen Watzmann und Wendelstein bleibt verschont. Auch den Münchnern wird nicht viel geschehen, nur ein wenig unruhig wird's sein.*[352] *Wer südlich und westlich der Donau lebt, braucht keine Angst zu haben.«*[353]

Ganz ähnlich wie Irlmaier sah **Erwin Zahn** (2000) aus München in seinen Visionen den russischen Vorstoß durch Deutschland:
*»Um so schnell wie möglich zu den französischen Küsten zu kommen, was gleichbedeutend mit der kommunistischen Unterwerfung Europas wäre, werden die Sowjets mit riesigen Panzerarmeen über Westeuropa herfallen. Im Norden kommen sie bei Berlin, bei Wolfsburg, bei Furth im Bayerischen Wald, in Österreich südlich von Prag und in der Nähe von Wien, wollen aber auch über Ungarn, Jugoslawien und Italien nach Frankreich durchstoßen.*[354]
*Alle Menschen, die ihnen bei diesem Überfall begegnen, werden teilweise auf grauenvolle Weise ermordet, schon um Angst und Entsetzen zu verbreiten. Auch die ihnen entgegenjubelnden Volksverräter, denen die kommunistische Weltanschauung wichtiger ist als das eigene Volk, werden dabei umkommen. Die überfallenen Völker zu versklaven und auszuplündern, ist erst als zweiter Schritt geplant.*[355]
*Die unvorstellbaren Mengen sowjetischer Panzer werden dann in Richtung Frankreich rollen und alles, was ihnen im Weg steht, niederwalzen. (…) Zwar wollen sie so schnell wie möglich vorstoßen, ›Spezialeinheiten‹ sichern aber auch einen breiten Korridor ab, was nichts anderes heißt, als daß sie die dortige Bevölkerung auf grausamste Weise mißhandeln und vernichten werden.«*
Das ist wohl die Arbeit der erwähnten Sperrverbände.
*»Wer nur ein einfaches Versteck hat, kann nicht sicher sein, denn es werden Neutronenwaffen auf diese Panzerverbände abgeschossen, die alles Leben in ihrem Bereich vernichten. Nur in Schutzräumen oder Höhlen, die mindestens drei Meter unter der Erdoberfläche sein müssen, findet man Schutz vor diesen Strahlen. Erst nach drei Tagen verliert sich ihre Wirkung.«*[356]
Hinweise darauf, daß die angreifenden Armeen des südlichen Keils wahrscheinlich bereits im Bereich Böhmen–Bayerischer Wald mit einem Atombombenteppich belegt werden, finden sich in mehreren prophetischen Quellen. Mehr dazu in einem späteren Kapitel.
*»Trotz dieser schweren Verluste setzen Unmengen von Panzern ihren Weg in Richtung Westen fort. In Bayern werden die Sowjets bevorzugt auf den Autobahnen von Regensburg aus nach Frankreich vorstoßen, wobei sie alle Fahrzeuge, die ihnen im Weg stehen, einfach niederwalzen. Bei Ulm treffen sie dann endlich auf deutsche Panzerverbände, und es soll dort die größte Panzerschlacht stattfinden, die es je gegeben haben wird.*

*Die nächste große Panzerschlacht findet dann in Lyon statt, wo die Sowjets ebenfalls vernichtet werden. Dies nicht zuletzt dank der Unterstützung durch die Schweiz, deren Verbände zuerst den Deutschen und dann mit diesen zusammen den Franzosen zu Hilfe kommen.*[357] *Hauptsächlich die Panzerschlachten an der Donau zwischen Ulm und Passau, in Westfalen und bei Lyon werden kriegsentscheidend sein.«*[358] Die russischen Truppen, die bei Lyon zum Kampf gestellt werden, stammen vermutlich nicht aus den Angriffskeilen, die in Deutschland einfallen, sondern haben Frankreich auf dem Weg über Norditalien erreicht.

***Russische Panzer, hier ein moderner T-90, stoßen bis zum Rhein vor.***[359]

Die Ordenschwester **Erna Stieglitz** (1975) erweitert das Bild dieses Vorstoßes um entscheidende Details, z. B. gibt sie den Monat an, in dem der Angriff erfolgen soll, auch finden sich hier die Schlachten bei Ulm und Lyon wieder ...: *»Gegen Ende Juli stoßen die östlichen Angriffskeile blitzartig gegen Westeuropa vor. Anfang August werden die eingedrungenen Panzerarmeen in Mittelfrankreich, vermutlich um Lyon, und wenig später bei Ulm vernichtet.«*[360]... sowie die bekannten drei Angriffskorridore: *»Der Mittelangriff gegen Westeuropa erfolgt in drei gewaltigen Stoßkeilen. Der erste wird aus dem Raum Stettin–*

*Berlin nach Lübeck, Hamburg und in die Niederlande vorstoßen. Der zweite aus dem Raum Sachsen und Dresden ins Ruhrgebiet. Der dritte Stoßkeil wird aus Böhmen und Bayern hereinbrechen und zum Oberrhein streben. Eine unvorstellbare Masse von Panzern rollt an den Bergketten der Schweiz vorbei bis hinunter nach Lyon.«*[361]

Um vom Oberrhein nach Lyon zu gelangen, müßte der Rhein überschritten werden, das gelingt dem Angreifer aber laut der Mehrzahl der Seheraussagen nicht.

*»Die Truppen der Nato sind auf wenige Verteidigungsräume zusammengedrängt. Die meisten Gebiete sind von der Roten Armee längst überflutet und besetzt. Die Verteidigungsräume heißen: Ruhrgebiet und Niederlande, sodann Bayern, die Alpen und die Schweiz sowie das südfranzösische Rhonegebiet. Außerdem wird es Verteidigungsräume geben in Oberitalien, am Balkan, in der Türkei.*

*Der Angriff der Ostarmee in Europa wird gebrochen – mehr noch, die russische Armee wird vernichtend geschlagen.«*[362]

Damit der Balkan Verteidigungsraum der NATO werden kann, müssen dort natürlich erst Truppen stationiert sein, was erst seit Mitte der 1990er Jahre der Realität entspricht. In der Zeit davor, als Jugoslawien noch bestanden hat, wäre der Balkan als Verteidigungsraum der NATO nicht in Frage gekommen, im Gegenteil, das kommunistische Jugoslawien hätte im Falle einer Konfrontation zwischen Ost und West vermutlich zum Warschauer Pakt gehalten.

*»Die katholischen Länder haben in diesem letzten Kampf eine entscheidende Aufgabe. Bayerische und österreichische, schweizerische und französische Truppen werden nach den Vernichtungsschlachten bei Lyon und Ulm nach Norden vorstoßen, um sich an der Schlacht gegen die dort eingekreisten russischen und preußischen Verbände zu beteiligen. (...)*

*Während die Schlacht bei Lyon das Schicksal Frankreichs wendet, erfüllt sich in der Schlacht bei Ulm das Schicksal Bayerns und Österreichs. Die dritte und größte Schlacht, diejenige in Westfalen, bestimmt das Schicksal ganz Europas.«*[363]

Über die Schlacht in Westfalen, auch die Schlacht am Birkenbaum genannt, gibt es sehr viele Vorhersagen, die wir noch gesondert betrachten wollen.

*»Südlich der Donau gibt es vereinzelte atomare Explosionen, hinter der Grenze am unteren Inn fürchterliche Zerstörungen, ebenso am Oberlauf der Donau. Teilweise bis in die oberbayerisch-salzburgischen*

*Alpen herein kommen die Osttruppen über Österreich und Jugoslawien. Bei Ulm gibt es eine gigantische Kesselschlacht gegen die Ostarmee, die ihren Südkeil der Donaulinie entlang zur Schweiz und nach Mittelfrankreich vorgetrieben hatte.«*[364]

Über die Schlacht bei Ulm liegen leider keine detailierten Seheraussagen vor, und das, obwohl diese Schlacht eine so bedeutende Rolle im Kriegsgeschehen spielen soll.

*»Die Hauptgefahr für das Gebiet, das ungefähr von den Städten Mindelheim und Altötting, Pfaffenhofen und Weilheim begrenzt wird, also für den mittelbayerischen Raum, besteht in den Zerstörungen, die Terrorismus, Plünderung, Brandstiftung, Mord und Totschlag anrichten. Das Faustrecht kehrt wieder, Gesetzlosigkeit, Chaos! Hungernde Großstädter werden zu Räubern an den Bauern! Bewaffnete Banden ziehen durchs Land, Fanatiker, Mörder, Psychopathen, Mob. Es ist ein nie vorher, außer vielleicht im Dreißigjährigen Krieg, dagewesener Schrecken!«*[365]

Diese Vorhersage stimmt mit den zuvor zitierten Aussagen Irlmaiers überein, der für den mittelbayerischen Raum vor allem Plünderungen durch Flüchtlinge beschreibt.

Die Bilder der verschiedenen Seher wiederholen sich immer wieder, so auch bei **Josef Albrecht** (1976). Er bestätigt nicht nur den groben Verlauf der Angriffskeile, sondern erwähnt auch – wie Irlmaier –, daß die Erdoberfläche im Bereich des russischen Vorstoßes aufgerissen und verbrannt werde, vermutlich durch die taktischen Nuklearwaffen, die auch Erwin Zahn schon erwähnte:

*»Er sah eine Landkarte von Mitteleuropa, so groß wie eine Hauswand. Dann sah er, daß Deutschland von Osten her angegriffen wurde. Der Hauptstoß ging genau in der Mitte durch, etwa von Hof in Richtung Frankfurt, noch über den Rhein, vielleicht noch ein kleines Stück nach Belgien und Frankreich hinein. Hier war er sich nicht mehr ganz sicher, das Bild verwischte sich etwas. Dann war die Angriffskraft der Feinde gebrochen. Vor allem nördlich der Donau, bis an die Waterkant, werde alles zerstört, die Erde aufgerissen und verbrannt. Nur im südlichen Bayern schien die Sonne. Er sah dies, nachdem das Bild der Landkarte verschwand. Wann das eintreten würde, konnte er nicht sagen, nur daß es nicht im Winter sein werde, das habe er am Bild der Natur gesehen.«*[366]

Der Münchner **Joseph Stockert** hatte um 1948 eine Reihe von Visionen, deren Inhalt stark an das von Irlmaier Gesehene erinnert:
*»Es werden Tausende von Panzern unser Heimatland überrollen und viele Menschen in Knechtschaft geraten. In den Häusern und auf den Straßen häufen sich die Leichen, und niemand findet sich, der sie beerdigt. Seuchen und Krankheiten brechen aus, und Hunger wütet in den Eingeweiden der Menschen, die auf Leben und Tod kämpfen. Unsagbares Elend starrt aus den Fenstern der Häuser. Überall klebt Blut. (...)*
*Diese Panzer werden von Osten kommen und mit großer Schnelligkeit nach Westen fahren. Wo sich ihnen Hindernisse in den Weg stellen, machen sie mit großer Übermacht alles dem Erdboden gleich. In drei Zügen ziehen sie nach Westen, an der Nordsee, nach Mitteldeutschland und im Süden entlang der Alpen, soweit ich mich noch erinnern kann. Vor Angst fliehen die Menschen nach Westen. In Frankreich werden die Straßen von Flüchtenden und Autos vollgestopft sein, und es wird kein Vor und kein Zurück geben. Männer und Frauen werden gewaltsam ins feindliche Heer einbezogen; wer sich weigert, wird erschossen. O, wieviel Leid kommt nach Deutschland. Viel Blut wird in den Straßen fließen. Lebensmittel und alles, was das feindliche Heer braucht, wird der Bevölkerung enteignet.*
*Die Panzerzüge der Russen werden bis zum Rhein kommen. Das ganze Land wird wimmeln von fremden Soldaten, und jeder wird morden und die Frauen vergewaltigten, wie er will. Das Volk wird weder Eigentum noch sonst etwas besitzen, viele werden keine Wohnungen mehr haben und in Verstecken hausen.«*[367]

**Feldpostbriefe,** 1914, Elsas:
*»Beim dritten Geschehen soll Rußland in Deutschland einfallen, und zwar im Süden bis Chiemgau, und die Berge sollen da Feuer speien, und der Russe soll alles zurücklassen an Kriegsgerät. Bis zu Donau und Inn wird alles dem Erdboden gleich gemacht und vernichtet. (...)*
*Am Schluß kommt noch Rußland und fällt über Deutschland her, wird aber zurückgeschlagen, weil die Natur eingreift, und da wird in Süddeutschland ein Platz sein, wo das Ereignis sein sollte, wo die Leute von der ganzen Welt hinreisen, zu schauen.«*[368]
Die Beschreibung feuerspeiender Berge bezieht sich vermutlich auf ein Ereignis, das mit dem späteren Impakt zu tun hat. Dieses Ereignis soll vielen anderen Vorhersagen zufolge jedoch nicht in Süddeutschland,

sondern in Böhmen stattfinden. Der Widerspruch ergibt sich vielleicht daraus, daß man aus der Sicht von 1914 im allgemeinen Sprachgebrauch Böhmen noch zu Süddeutschland zählte.

Als Zeitpunkt des russischen Überfalls verweist der Schwarzwälder Seher **Adolf Schwär** 1952 auf die Getreideernte:
*»Ich sah, daß die Gerstenernte gut war. Roggen sah ich fast keinen, Hafer war gut. Nach der Ernte kamen wie toll Flüchtlinge vom Osten mit Wagen dahergefahren.*[369]
*Ich sah, wie sich im Osten, und zwar in der Nähe, eine Schlacht austobte. Die Gegend war taghell, und schwere Geschützfeuer waren zu hören ... Dann ging der Rückzug los. Einige kamen mit Motorrädern, auch waren einige französische Soldaten dabei, aber ohne Waffen und ohne Kleider. Dieser Anblick gefiel mir nicht. – Ich mußte zum Wählen gehen. Man gab mir einen roten Schein in die Hand.*[370]
*Die Russen waren hier. Zuerst standen sie auf der Einfahrt in Reih und Glied. Dann mußte ich die Wagen zum Schuppen schnell hinauslassen. Die Soldaten halfen mir. Ich ging zum Kommandanten und meldete es. Dieser sagte: ›Darüber werden wir künftig verfügen.‹«*[371]
Schwär stammte aus St. Märgen bei Freiburg, unweit davon verläuft den anderen Quellen zufolge der südlichste russische Vorstoß entlang der Donau. Seine Heimat gehört demnach zu den mit größter Wahrscheinlichkeit besetzten Gebieten Deutschlands. Gleichzeitig deuten die nun stattfindenden Gefechte darauf, daß der russische Vormarsch am nicht weit entfernten Rhein zum Erliegen gekommen ist. Und nicht zuletzt erwähnt auch Erna Stieglitz schwere Zerstörungen am Oberlauf der Donau. **Adolf Schwär**: *»Die Franzosen schossen sehr stark mit Geschützen von Westen her und rückten etwas vor. Dann hörte es wieder auf. (...) Ich lag auf einer Wiese tief am Boden, denn große Schwärme von Flugzeugen flogen von Westen her auf uns zu und ließen Bomben fallen. Splitter flogen um mich herum.«*[372]

Der Rhein gilt allgemein als Westgrenze des russischen Vorstoßes, auch wenn es ein paar Vorhersagen gibt, die in diesem Detail abweichen und angeben, der russische Vorstoss würde zumindest in der Mitte Deutschlands den Rhein überschreiten und bis nach Frankreich und Belgien vordringen. Einige Zitate hierzu:

**Pater A. Mattay**, geb. 1810:
*»Fremde Mächte machen mobil, ... um Frankreich in Besitz zu nehmen. Der Kaiser von Rußland, an der Spitze einer riesigen Armee, wird bis zum Rhein vordringen, den er aber nicht überschreitet, weil eine unsichtbare Hand ihn aufhält.*
*Er wird die Hand Gottes sehen. Und zu gegebenem Augenblick wird ganz Europa in Feuer gehüllt sein. Das ganze Land wird mit Truppen bedeckt sein; das Feuer reicht von Süd bis Nord, und man wird sechs Wochen kämpfen, die letzten beiden Wochen Tag und Nacht. Das Feuer wird die Bretagne nicht erreichen ...«*[373]
Mattays Zeitangaben sind ähnlich denen von **Alois Irlmaier**: *»Lang wird der Krieg nicht dauern, aber es wird trotzdem reichen. In eineinhalb Mondlängen werden die Leut' den ersten Schrecken hinter sich haben.«*[374]

**Josef Kugelbeer**, 1922, Bregenz:
*»Die Rheinlande werden zerstört. Die Flugzeuge schwärmen wie die Schwalben und lassen Bomben gleich Regentropfen fallen.«*[375]

**Böhmische Flüchtlingsfrau:**
*»Sie (die Russen) werden jenseits der Ruhr bis zum Rhein vorgehen.«*[376]

**Bruder Adam**, 1949, Würzburg:
*»Gleichzeitig werden Teile des russischen Heeres durch Westpreußen, Sachsen und Thüringen zum Niederrhein vorstoßen, um schließlich von Calais aus die Kanalküste zu beherrschen.«*[377]

**Hepidanus von St. Gallen**, 1080:
*»Zwischen dem Rhein und der Elbe und dem morgenwärts fließenden Strome Donau wird ein weites Leichenfeld sich ausdehnen, eine Landschaft der Raben und Geier.«*[378]

Ein neues Element bringt der **Bauer aus dem Waldviertel** 1977 ins Szenario mit ein. Er sieht zum einen, daß der Mittelangriff auf Deutschland erst deutlich nach der Besetzung Österreichs erfolgt, wenn an anderen Orten längst schwere Kämpfe toben, zum anderen sieht er die Chinesen auf dem europäischen Kriegsschauplatz eingreifen:
*»Erst als letzte Phase breche ein sowjetischer Angriff aber über den*

*Westen herein, der berühmte Endkampf, der für den Osten ungut ausgehe ...*[379]
*Erst wenn China eingreife, erzählte der Bauer sodann ferner, weite sich der Krieg auf die Bundesrepublik aus, insbesondere auf Bayern. China komme mit Panzern in den Westen. Der Chinese helfe zum Westen. Doch sei man darüber hierzulande nicht eben erfreut. (...)*
*Dieser letzte Abschnitt des fürchterlichen Kriegs dauere nur wenige Tage.*[380]
*Die letzten Eindringlinge werden alle umgebracht. ›Alle umgebracht!‹ wiederholte er mehrere Male. Die Bevölkerung sei bis zur Mordlust erregt.«*[381]
Das erinnert an Irlmaiers Vorhersage, von den drei Heereszügen käme keiner mehr zurück in die Heimat. Von einer chinesischen Teilnahme am Krieg in Europa spricht sonst nur noch der **Fernfahrer aus Frankfurt**, ca. 1995:
*»Die Chinesen vor Ulm kamen vom Süden und Südwesten (Frankreich?) her. Ich sah sie eigentlich einfach nur großräumig vor mir aufziehen (einfallen). Von Ulm bis Augsburg. Von Freiburg bis München?«*[382]

**Erna Brandt**, 1961:
*»Ich sah russische Panzer in Rottenburg (Neckar) einmarschieren. Es war an einem trüben Tag, die Straßen waren feucht, Nebel lag über der Landschaft, aber es gab weder Regen noch Schnee. ... auch hörte ich das Donnern herannahender Flugzeuge.«*[383]
Es herrscht also schlechtes Wetter zum Zeitpunkt des Angriffs, auch Irlmaier behauptete, es werde in einer regnerischen Nacht beginnen.

**Anton Johansson**, 1907, Norwegen:
*»Deutschland wird vom Osten her und wahrscheinlich auch vom Westen her, nachdem der Bolschewismus in Frankreich Herr geworden ist, angegriffen werden.«*[384]
Zwar herrscht in Frankreich Bürgerkrieg, aber dennoch dürften die Angriffe von Westen her eher gegen die vorrückenden russischen Truppen gerichtet sein als gegen Deutschland.

Zuerst scheint der kommunistische Sieg sicher, der Angriff erfolgte in Windeseile, der spärliche Widerstand, der sich den Angreifern entgegenstellte, wurde schnell gebrochen, und der Rhein wurde erreicht.

Doch dann wendet sich plötzlich das Blatt, wie uns **Nicolaas van Rensburg** (1926) aus Südafrika verrät:

*»Englische und USA-Truppen in Deutschland werden ausgelöscht werden. Dieser Krieg wird eine der schrecklichsten Schlachten sein, und van Rensburg sagt: Ein großer Brunnen wird gefüllt werden mit Blut. Dies deutet daraufhin, daß so viel Blut fließen wird wie nie vorher. Es läßt den Russen keine Zeit zu denken, und an diesem Punkt kommt Gott den Deutschen zu Hilfe. Sie – mit Hilfe der USA – attackieren die russischen Verbindungslinien und drücken sie nieder, von allen Seiten, bis die Russen komplett besiegt sind. Und die Leute werden sagen, Gott hat den Deutschen geholfen – wie denn andererseits könnte Deutschland das gemacht haben.«*[385]

## 18 – Atomkrieg in Böhmen

In Böhmen kommt es während des russischen Vorstoßes laut den Vorhersagen zum Einsatz taktischer Nuklearwaffen. Keine Region Europas hat so viele verschiedene Prophezeiungen aus unterschiedlichen Epochen, die eindeutig Atomexplosionen beschreiben, wie der Raum Böhmen–Bayerischer Wald–Niederösterreich. Fraglich dabei ist lediglich, von welcher Seite diese Waffen eingesetzt werden und wer die sich bekämpfenden Parteien sind. Weiterhin ist unklar, ob es sich dabei um eine Panzerschlacht handelt, bei der taktische Kernwaffen eingesetzt werden, wie es der Bauer aus dem Waldviertel anzudeuten scheint, oder ob es sich um eine flächendeckende Bombardierung des deutschtschechischen Grenzgebiets handelt, etwa, um einen radioaktiven Sperrgürtel zu legen, der den weiteren russischen Vormarsch verzögern soll. Eine dritte Möglichkeit wäre, daß der Einsatz gezielt gegen die vorrükkenden Panzerverbände erfolgt. Unabhängig vom unmittelbaren Zweck, der mit dem Einsatz verfolgt wird, geht aus den Beschreibungen hervor, daß es sich vermutlich um Kernwaffen mit geringer Sprengkraft handelt, etwa im unteren Kilotonnenbereich, d. h. es kommen hier klassische Gefechtsfeldwaffen zum Einsatz. Für den Einsatz gegen einen Verband von etwa zehn Panzern wäre z. B. der Einsatz einer 1-Kt-Neutronenbombe üblich.

Beginnen wir mit den Visionen des **Bauer aus dem Waldviertel** (1976), er beschreibt das Geschehen in seiner Heimat Niederösterreich: *»Bereits vor der Endschlacht wird es bei uns wegen der stets wechselnden Front kaum ein Haus geben. Diese findet am Beginn hauptsächlich zwischen den kommunistischen Verbänden und China, vorwiegend mit sehr beweglichen Panzern, in und um die CSSR statt. Es sah so aus:*
*Ich war mit einigen Leuten in einem mit Holz erbauten Erdbunker. (...) Es tobte eine riesige Panzerschlacht vom Raum Wien–Krems in Richtung Schrems–Gmünd. Ich hörte mich sagen: ›Jetzt geht das schon zum drittenmal so, was soll da noch übrigbleiben.‹ Nachher gab es fürchterliche Kämpfe in der CSSR. Ich erkannte auch die mageren, haßerfüllten Gesichter der Angreifer.*
*Einige Zeit (...) später: Es dürfte Abend sein. Wir vernahmen im Bunker heftige Erdstöße und Explosionen aus W-NW. Ich schaute vom Eingang in diese Richtung. Da war die Hölle los. Ich sah am Horizont in der Ferne im Rauch und Feuerschein der ununterbrochen erfolgenden Explosionen weißgelbe Lichtblitze. Ich sagte mir: Mein Gott, da möchte ich nicht sein. (Es dürfte sich da um den Einsatz taktischer A-Waffen handeln.)«*[386]
In Übereinstimmung mit dem Bauern aus dem Waldviertel kündigt auch der Holländer **Jan Cornelius van der Heide** eine große Schlacht im Nordwesten Österreichs an, allerdings ohne die Chinesen zu erwähnen. Die Geschichte von Chinesen, die sich mit russischen Truppen in Niederösterreich und Tschechien Kämpfe liefern, wirkt auf den ersten Blick sicherlich befremdlich. Jedoch erwähnt der Seher ausdrücklich, daß von chinesischer Seite kleine, sehr bewegliche Panzer eingesetzt würden. Diese Beschreibung erinnert an Luftlandepanzer, über die die chinesische Armee nachweislich verfügt. Mit einer großen Luftlandeaktion, zu der auch China in der Lage sein dürfte, lassen sich innerhalb kürzester Zeit genügend Truppen verlegen, einschließlich gepanzerter Fahrzeuge, um die beschriebene Situation zu einer realistischen Möglichkeit werden zu lassen. Doch welche Interessen hat die chinesische Führung in Europa? Der Grund könnte sein, daß China in einer fortgeschrittenen Phase des Krieges befürchtet, der kommunistische Bruder Rußland könnte zu mächtig werden, wenn er alleine über das wirtschaftlich starke Europa verfügen kann. Vielleicht kommt es in China auch überraschend zu einem Putsch, und aus dem kommunistischen Verbündeten Rußlands wird so plötzlich ein erbitterter Gegner. Der **Bauer aus dem Waldviertel** berichtet weiter:

*»Bei dem im vorigen Schreiben erwähnten Kampf in der CSSR werden erstmals in sichtbarer Weite von unserem Ort in nordnordöstlicher Richtung massiert stärkste Nuklearwaffen eingesetzt. Es dürfte in der nördlichen CSSR sein. Es ist zur späteren Abendzeit. Bis zum dunkelroten Feuerpilz gibt es viel Rauch. Erstmals bekommen viele Menschen wirklich Angst, der Erdball könnte das einfach nicht aushalten. ›Sie sollen doch endlich aufhören, es gibt ja ohnehin nichts mehr auf der Welt.‹*
*Der radioaktive Niederschlag dürfte in unserer Gegend nicht so stark sein wie beim letzten Einsatz. Dieser Kampf wird hauptsächlich zwischen China und Rußland ausgetragen.*[387]
*Die Chinesen versuchen, die zurückweichenden Russen mit ihren Helfern in der CSSR in die Zange zu nehmen, die Russen wollen das verhindern. Der Westen ist zu der Zeit so desolat, daß er nicht einmal den schon fliehenden Russen Widerstand entgegensetzen kann. Das muß er mit dem Krieg in eigenen Landen teuer bezahlen. Es werden dann gehäuft A-Waffen eingesetzt, ganze Berge weggesprengt, um die anderen zu erschlagen.«*[388]
Wolfgang Johannes Bekh, der die Visionen des Bauern erstmals veröffentlichte und mit diesem auch persönlich sprach, faßt zusammen, daß sich dem Einfluten sowjetischer Panzerverbände nach Österreich chinesische Panzer entgegenstellten.[389] Im Heimatort des Sehers kämen alle Einwohner ums Leben, die sich nicht in einen Bunker oder behelfsmäßigen Schutzraum flüchten würden, und schuld daran sei, so schreibt er, die schwefelgelbe Glut, die über dem südwestlichen Böhmen aufsteige. Der Seher deute diese Erscheinung als Explosion von Neutronenbomben.[390]
Auch **Alois Irlmaier** prophezeit für Niederösterreich und Böhmen kein gutes Schicksal:
*»Eine weitere bisher unveröffentlichte Prophezeiung Irlmaiers besagt, daß im Verlauf des kommenden Krieges das ganze Gebiet östlich von Linz (nördlich der Donau) eine einzige Wüste werden wird. Erst dann kommt – immer laut Irlmaier – die Bekehrung Rußlands, Friede und eine fromme Zeit.*[391]
*Prag wird viel mitzumachen haben, wie die Ungarn. Prag wird aber ganz verschwinden, in Rauch und Flammen aufgehen.«*[392]
Kommt es in der Gegend tatsächlich zu einem derartig verheerenden Atomwaffeneinsatz, wie er vom Waldviertler Bauern so plastisch beschrieben wird, dann würde in seinem Wirkungsbereich sicherlich eine

Landschaft zurückbleiben, die lebensfeindlich ist und an eine Steppe oder gar Wüste erinnert.

Ein Bauernknecht aus dem in Böhmen gelegenen Ort Frischwinkel mit Namen **Sepp Wudy** sah 1912 die Wirkung ihm unbekannter Waffen:
*»Es steht gegen Norden ein Schein, wie ihn noch niemand gesehen hat, und dann wird ringsum das Feuer aufgehen. (...) Der Böhmerwald wird einmal versengt werden wie ein Strohschübel. Rennt nicht davon, wenn die grauen Vögel fliegen, woanders wird es noch schlechter sein. (...) Du hast das Essen vor dir und darfst es nicht essen, weil es dein Tod ist, und du hast das Wasser im Grandl und darfst es nicht trinken, weil es auch dein Tod ist. Aus dem Osser* (Berg an der böhmisch-tschechischen Grenze) *kommt noch eine Quelle, da kannst du trinken. (...) Wenn dir die Haare ausfallen, hat es dich erwischt. (...) Bauer, sag es deinen Kindern, sie sollen dem Berg zurennen, wenn es kracht.«*[393]
Sepp Wudy starb im 1. Weltkrieg, lange vor Erfindung der Atombombe. Heute haben wir keine Schwierigkeiten mehr, zu erkennen, daß es sich bei seiner Beschreibung ganz eindeutig um die Folgen von Atomexplosionen handelt und die von ihnen verursachte Verseuchung von Lebensmitteln und Wasser, sowie die Symptome der Strahlenkrankheit. Wudys Heimat Frischwinkel ist eine kleine Eisenbahnstation im Uhlava-Tal, zwar schon auf tschechischem Boden, aber nur wenige Kilometer von Bayerisch Eisenstein entfernt. Nur etwa 15 km weiter südlich, in Zwiesel und damit auf deutschem Boden, lebte bis 1965 der Waldhirte **Josef Schmid** (Waldhirte Prokop), der etwa 1925 über folgende Vision berichtete:
*»Einmal sehe ich, wie der Wind das Feuer daherbringt, und alle Bäume brennen wie Streichhölzer, ein andermal sehe ich, daß drunten alles verkommen ist, kein Mensch ist mehr da, und kein Haus. Gerade noch Mauertrümmer. Und immer wieder kommen Wolken, feuerrot, und es blitzt, aber es donnert nicht. Und einmal ist alles finster, und unten auf der Waldhausstraße* (Zwiesler Waldhaus) *geht einer mit einem brennenden Ast und schreit: ›Bin ich wirklich noch der Letzte? Bin ich wirklich noch der Einzige?‹ Und nachher ist der Himmel wieder gelb wie eine Zitrone und so tief unten. Kein Vogel singt, ich finde keinen Stier mehr und kein Wasser. Auf dem Berg ist keins mehr und unten im Regen* (Fluß im Bayerischen Wald) *auch kein Tropfen mehr.«*[394]
Wir wollen festhalten: Josef Schmid und Sepp Wudy müßten ungefähr derselben Generation angehört haben, ihre Wohnorte liegen räumlich

nur ungefähr 15 km voneinander entfernt, beide beschreiben lange vor Erfindung der Atombombe nukleare Explosionen bzw. deren Auswirkungen in der unmittelbaren Umgebung ihrer Heimat. Der Bauer aus dem etwa 160 km südöstlich gelegenen Waldviertel sah von seinem Heimatort in westlicher bis nordwestlicher Richtung am Horizont zahllose Explosionsblitze. Somit haben wir schon drei verschiedene Vorhersagen für dasselbe Geschehen.
Eine weitere, ganz aktuelle Quelle, der **Bauer aus dem Zellertal** (1988), lebt wiederum nur etwa 15 km westlich der Heimat von Schmid und Wudy, und auch er beschreibt in erschreckend detaillierten Bildern, wovon die zuvor genannten Quellen schon berichteten:
*»Es war ein Sommertag und es war hell, ob es tagsüber oder Abend war, weiß ich aber nicht. Zuhause fragt mich jemand ›Fahrt ihr jetzt nach Neukirchen hinter?‹ Ich sagte ja. Dann sind wir gefahren. Wir waren mindestens zu dritt im Auto. Wer das jetzt außer mir ist, weiß ich nicht. (...) Die Fahrt verläuft zunächst ganz normal, die über's Eck und Arrach über Haibühl/Engelshütt zur Absetz hinauf führt. Dort läuft das Autoradio und eine Durchsage kommt, daß in Deutschland bereits mehrere Atomsprengsätze gezündet wurden. Wir sind grad auf der abschüssigen Strecke runter nach Mais, ein Auto fährt dicht hinter uns, als es plötzlich leicht rechts vor uns eine blitzartige Erleuchtung gibt, dann sehen wir einen riesigen Feuerball (wenige hundert Meter von Mais entfernt), ducken uns aber dann, nachdem wir das Auto schlagartig angehalten haben. Dann wird's dunkel. Entweder hatte ich dann einen Blackout, oder es wurde tatsächlich dunkel. (...) Als es dann wieder hell wurde, konnte man recht gut runter nach Unterkaltenhof sehen. Die Häuser und Höfe waren z. T. vollständig abgebrannt, daneben lagen einige total verkohlte große Tiere. Zehn sind's bestimmt. Ich wollte Neukirchen sehen, wurde in die Luft gehoben und fand mich dann wieder vor Neukirchen, und zwar zwischen Wallfahrtsmuseum und der Straße, die von Rittsteig her nach Neukirchen führt. Das Dach vom Wallfahrtsmuseum lag nach Norden zu direkt neben den Häusern und ist in kürzster Zeit verbrannt. Währenddessen irrt eine Frau zwischen den Trümmern umher, das Gesicht ganz schwarz, Hautfetzen hängen ihr weg – dann bricht sie zusammen. Ich sah noch ein paar Personen umherrennen, brechen aber dann auch zusammen. Von der ganzen Häuserzeile hier stehen nur noch z. T. die Mauern. Kirchturm hab ich auch keinen mehr gesehen, entweder ist er nicht mehr da, oder ich hab ihn nur nicht gesehen, weil es noch so rauchig ist (bräun-*

*licher Rauch). Aus dem Auto sind wir dann ausgestiegen, wie oder ob wir heimgekommen sind, weiß ich nicht. (...)*
*Die Bombe wird am Boden einschlagen, weil der Feuerball direkt am Boden entsteht. Der Einschlagort ist, wie ich anhand Satelliten- und Luftbildern erkennen konnte, genau 1 km östlich von der Talstation des Liftes am Hohen Bogen in etwa auf Mais zu, ganz in der Nähe von Vordermais.*
*Ich glaub, 2001 war ein Fest in Atzlern (zwischen Neukirchen und Rittsteig) und der Parkplatz für das Festzelt war ganz in der Nähe, so wie ich Neukirchen gesehen habe. Die Häuser sind mir da schon sehr bekannt vorgekommen, sonst sehe ich sie ja nie so, weil ich dort praktisch nicht vorbei komme. (...)*
*Es könnte noch sein, daß in der Nacht Atombomben gezündet wurden und ständig Erschütterungen zu spüren waren. U. a. in Richtung Viechtach/Straubing und Kötzting/Regensburg. Wo die Detonationen genau stattgefunden haben, weiß ich aber nicht. Warum es gerade Neukirchen trifft, weiß ich nicht. Auch von einem flächendeckenden Bombardement ist mir nichts bekannt. Ich möchte hier nur mit Sicherheit sagen, daß es in Richtung ca. Nordwesten (Kötzting), sehr oft ›gerummst‹ hat. Weiß aber nicht, wie weit das weg war. Das kann ja auch bei Schwandorf oder Weiden sein oder vielleicht noch weiter weg, weiß nicht. Nur die Richtung kann ich sagen. In andere Richtungen war es weniger. Es könnte ja auch zu mehreren Wellen von atomaren Angriffen kommen, so daß andere Gebiete auch noch betroffen werden, das weiß ich aber dann nicht, weil ich es nicht gesehen habe.«*
Später fügt er hinzu: *»Überall wo es ›gerummst‹ hat, sind Truppenübungsplätze, wie z. B. Roding, Schwandorf, besonders Grafenwöhr oder Bogen (bei Straubing). (...)*
*Ich nehme ja fast an, daß bei Neukirchen eine ›verirrte‹ Bombe hochgeht, weil südlich von Neukirchen nur ein paar Häuser und viel Wald sind. In der Nähe von Eschlkam oder Furth im Wald würde sie viel mehr Schaden anrichten.«* [395]
Auffallend ist, daß Neukirchen bei Heilig Blut nur wenige Kilometer von Furth im Wald entfernt ist, und Furth im Wald wird vom Münchner Seher Erwin Zahn als südlicher Haupteinmarschpunkt der Roten Armee genannt. Es wäre demnach in der Gegend also mit einer erheblichen Truppenkonzentration zu rechnen, die ein lohnendes Ziel für einen Nuklearwaffeneinsatz darstellen würde.
Wie der Seher aus dem Zellertal selbst vermutet, könnte die Neu-

kirchener Bombe ein Irrläufer sein, der zu weit südlich einschlägt. Merkwürdig ist auch die Detonation am Boden, denn gegen Truppenkonzentrationen würde man einen Detonationspunkt in etwa 200 m Höhe wählen, es sei denn, man will das Gelände dauerhaft radioaktiv verseuchen und unpassierbar machen.
Der Bauer erwähnt außerdem häufige Explosionen in Richtung Viechtach/Straubing und Kötzing/Regensburg, d. h. vom Zellertal aus betrachtet in westnordwest- bis südwestlicher Richtung. Er sieht die Explosionen somit exakt dort, wo anderen Quellen zufolge der weitere russische Vorstoß erfolgen soll. Genau dort verläuft auch die B20 Cham–Straubing, von der der **Waldprophet Mühlhiasl** behauptet hatte, auf ihr würden dereinst die Roten entlangkommen:
*»Von Straubing über den Pilgramsberg, auf der Straße, kommen sie einmal heraus, die Rotjankerl. Und die Leut werden aus dem Wald rennen.«*[396]
Mühlhials weitere Vorhersagen geben einen Einblick in die Zeit nach dem Bombardement:
*»Wer zur Nacht auf einem hohen Berg steht, wird im ganzen Waldland kein Licht mehr erblicken, als ob der Wald ausgestorben wär. Wer eine Kranawittstaud'n sehen wird, so geht er drauf zu, ob es nicht ein Mensch ist. Wenn man herüber der Donau noch eine Kuh findet, der soll man ein silbernes Glöckl anhängen, und wenn man ein Roß findet, dem soll man ein goldenes Hufeisen hinaufschlagen. Im Wald drin krähen noch Gickerln.«*[397]
Das Zellertal selbst liegt quer zur russischen Vormarschrichtung und scheint daher weitgehend verschont zu bleiben:
*»Wo sie einen einäugigen Pfarrer haben, bleiben die Leut verschont.«*
Damit war wohl der Bodenmaiser Pfarrer Valentin Geier (1935–1951) gemeint.
*»Aber in der Neuerner Trat im Böhm drin werden die Toten umeinanderliegen wie die Scherhaufen.«*[398]
Der Ort Neuern liegt etwa 12 km ostnordöstlich von Neukirchen, auf tschechischem Boden.
*»Das Zellertal bleibt hell, ohne Sterb und ohne Krieg.*[399] *Der beste Schutz ist das Atterbacherl bei Höbing im Zellertal. Da fehlt einem nichts.«*[400]
Weiter im Nordosten, bei Pilsen und damit genau auf der Linie des russischen Vormarsches, lebte bis 1763 der Bauer und Fuhrmann **Josef Naar**:

*»Den großen Krieg werden nur wenige Menschen überleben. Die Umgebung von Pilsen wird eine große Rolle spielen. Wer nicht wenigstens zwei Meilen von diesem Ort entfernt ist, soll auf Händen und Füßen wegkriechen, weil alles weit und breit in Grund und Boden vernichtet wird. (...)*
*Die Stadt Prag wird zerstört werden. Das ganze Böhmerland wird menschenleer sein. Da werden von weit und breit Leute kommen, um das zu sehen.«*[401]
Vielleicht bezieht sich der letzte Satz weniger auf die Atomexplosionen in der Heimat des Sehers, sondern auf den später noch zu beschreibenden Impakt südlich von Prag, der nach den Katastrophen zur Touristenattraktion wird.
Ganz ähnliches prophezeite auch **»Der blinde Jüngling«** angeblich schon im 14. Jahrhundert:
*»Ein neuer Krieg wird ausbrechen, dieser wird der kürzeste sein. Das Volk in Böhmen wird durch den Krieg vernichtet, und alles im Lande wird verschüttet werden. Zweimal wird das Böhmerland gesiebt werden: das zweite Mal werden nur soviel Tschechen übrig bleiben, wie auf einer Hand Platz haben. Aber es wird nicht eher Friede in Europa sein, ehe nicht Prag ein Trümmerhaufen ist. Abermals zur Kirschblüte wird Prag vernichtet werden. Eine Sonne wird stürzen und die Erde beben.«*[402]

Zusammenfassend läßt sich sagen, daß es im deutsch-tschechischen Grenzgebiet, mit Schwerpunkt auf tschechischer Seite, vermutlich zu einem umfangreichen Einsatz von taktischen Atomwaffen kommt. Diese scheinen gegen die vorrückenden russischen Verbände gerichtet zu sein, und von gleichzeitig stattfindenden Abwehrschlachten am Boden wird kaum berichtet. Lassen wir die vom Bauern aus dem Waldviertel erwähnten Chinesen außer Betracht, dann könnte es sich um eine Verzweiflungstat der NATO handeln, die den roten Vorstoß mit ihren abgerüsteten und eingesparten Mitteln nicht anders aufhalten kann. Bis in die 1980er Jahre hinein war man seitens des Westens darauf vorbereitet, einen sowjetischen Angriff mit konventionellen Mitteln zu parieren, das unwegsame Gelände mit seinen wenigen passierbaren Tälern wäre zur Verteidigung ja geeignet, es waren Panzersperren vorgesehen, die Straßen waren mit Sprengkammern versehen, und es standen genügend Soldaten der Bundeswehr und der US-Army bereit, um einen Angriff abzuwehren. Heute hingegen hat ein Angreifer nahezu freie

Bahn. Es wird sich offenbar dereinst zeigen, daß sich falsch verstandener Pazifismus langfristig nicht auszahlt.

## 19 – Der gelbe Strich

Wenige Tage nach dem Angriff auf Deutschland, als die russischen Truppen schon am Rhein stehen, beginnen amerikanische Flugzeuge mit der chemischen Abriegelung Westeuropas. Diese bewirkt die Wende des Krieges in Europa.
Unzählige amerikanische Flugzeuge starten von Flugplätzen wahrscheinlich auf der iberischen Halbinsel und in Nahost, und werfen entlang einer geraden Linie, die etwa über Prag nach Stettin verläuft, einen gelb-grünen chemischen Kampfstoff ab, der das betroffene Gebiet dauerhaft verseucht, für Mensch, Tier und Pflanze absolut tödlich ist und den Weg nach Westeuropa unpassierbar macht. Die eingedrungenen Panzerarmeen sind von ihrem Nachschub abgeschnitten und werden eingekesselt.

**Alois Irlmaier** beschrieb diese Ereignisse seit 1950 wie folgt:
*»Ich sehe zwei große Rudel von Fliegern, eines von Westen, das andere von Südwesten. Von Osten her wimmelt es von lauter Raupen* (Panzer), *es sind so viele, daß die eine fast die andere erdrückt. Die Leute in den Raupen drin sind alle tot, und doch fahren alle noch weiter, ganz von allein, bis sie dann auf einmal halt stehenbleiben. Die Flieger werfen Dinger runter, die sind zwar gar nicht groß, doch alles ist hin, wohin die fallen. Kein Gewürm am Boden wird mehr leben, kein Gras wird mehr sein. Ich sehe die Menschen liegen, wie ihnen das Fleisch von den Knochen fällt. Ein Jahr lang kann niemand mehr dort hin, die würden alle sterben. Von der Donau bis zur Nord- und Ostsee ist ein Grausen. Viele Menschen sterben noch, nein, nicht an der Cholera, nein, nein, wir nennen es halt den schwarzen Tod.*[403]
*Und ich sehe weiter viele große Vögel, die einen kommen von Osten her und die anderen vom Süden. Sie fliegen über uns weg. Und da, wo sie was fallen lassen, da wird es schlimm. Es sind bloß so kleine Kastl.«*
Irlmaier beschrieb mit den Händen die Größe der »Kastl« – *»aber sie sind recht gefährlich. Es scheint mir, daß da nicht mehr viel lebt, wo so ein Kastl niederfällt.«*[404]

Bei anderer Gelegenheit erzählte er:
*»Ich sehe die Erde wie eine Kugel vor mir, auf der nun die weißen Tauben heranfliegen, eine sehr große Zahl vom Sand herauf. Und dann regnet es einen gelben Staub in einer Linie. Die Goldene Stadt wird vernichtet, da fangt es an. Wie ein gelber Strich geht es hinauf bis zu der Stadt in der Bucht. Eine klare Nacht wird es sein, wenn sie zu werfen anfangen. Die Panzer fahren noch, aber die darin sitzen, sind schon tot. Dort, wo es hinfällt, lebt nichts mehr, kein Baum, kein Strauch, kein Vieh, kein Gras, das wird welk und schwarz. Die Häuser stehen noch. Was das ist, weiß ich nicht und kann es nicht sagen. Es ist ein langer Strich. Wer darüber geht, stirbt. Die herüben sind, können nicht hinüber und die drenteren können nicht herüber, dann bricht bei den Heersäulen herüben alles zusammen. Sie müssen alle nach Norden. Was sie bei sich haben, schmeißen sie alles weg. Zurück kommt keiner mehr.*[405]
*Von der Tschechei hinauf nach Norden wird's menschenleer werden, dort wird's grün und gelb niedergeh'n, sogar das Gras seh' ich dort absterben. Kein Wurm, kein Strauch, kein Baum wird bleiben, alles werden sie vernichten, die großen weißen Tauben. Von den drei Heereszügen wird keiner mehr die Heimat seh'n.«*[406]
Die Kästen, sagte Irlmaier, *»explodieren, kurz bevor sie den Boden berühren, und verbreiten einen gelben und grünen Rauch oder Staub«*. Lauter Feuer sei dann am Boden, aber ob das auch wirkliche Flammen sind, wußte der Seher nicht eindeutig zu sagen. Er sah nur Feuer, aber er meinte, daß das doch etwas anderes sei: ein verheerendes Mittel, das kein menschliches und tierisches, ja selbst kein pflanzliches Wesen mehr dort leben läßt, wo dieses »Feuer« hingefallen und aufgegangen ist.[407]
Alexander Gann berichtet die Aussage eines Zeugen, der sich fast wörtlich an folgende Äusserung Irlmaiers erinnert: *»Kennst die Goldene Stadt?«* – Ja, freilich, Prag. – *»Siegst as, der kennt's! Und von dort zieht ein breiter Streifen hinauf bis ans Meer, da is alles hin, da kommt keiner rüber und hinüber.«*[408]
Der Verlauf des gelben Strichs nördlich von Prag ist aus den überlieferten Aussagen mehrerer Seher gesichert, südlich von Prag ist die Angelegenheit jedoch nicht eindeutig. Ist Prag der Anfangspunkt, oder etwa Triest, wie eine Quelle behauptet, die sich auf Irlmaier beruft? Eine andere Quelle, die auch auf Irlmaier zurückgehen dürfte, nennt sogar das Schwarze Meer als Ausgangspunkt:

*»Die Flugzeuge werfen zwischen dem Schwarzen Meer und der Nordsee ein gelbes Pulver ab. Dadurch wird ein Todesstreifen geschaffen, pfeilgerade vom Schwarzen Meer bis zur Nordsee, so breit wie halb Bayern. In dieser Zone kann kein Grashalm mehr wachsen, geschweige denn ein Mensch leben. Der russische Nachschub ist unterbrochen.«*[409]
Das Schwarze Meer taucht in diesem Zusammenhang nur noch im prophetischen Gedicht **»Der Lösepreis«** auf:
*(...)*
*Todesstreifen legt der West'*
*Von dem Schwarzmeer bis zur Küst'*
*Halb so breit wie Bayernland*
*Alles Leben dort entschwand.*

*Sofia, Prag und Hansestadt*
*Gottes Hand geschlagen hat*
*Gelber Staub nach Osten weht*
*Tod der Seuchen mit ihm geht.*
*(...)*[410]

Bei der **Böhmischen Flüchtlingsfrau** (1947) ist wieder Prag der Ausgangsort:
*»Dann wird eine Linie gelegt werden, zwischen einer steinernen Stadt (Prag) und der Ostsee, wo keiner mehr herüber und hinüber kann. Es wird ein Getöse und Gedröhne in den Lüften sein, gelbe Schwaden werden die Welt einhüllen.«*[411]

Gemäß **Erna Stieglitz** (1975) ist der gelbe Strich kein chemischer, sondern ein radiologischer Kampfstoff:
*»Die nach Europa eingedrungenen östlichen Verbände werden durch eine westliche Blitzaktion von ihren Nachschubbasen abgeschnitten. Im Rücken der vorgedrungenen Armeen des Ostens wird ein ›gelber‹ Vorhang heruntergelassen. (...)*
*In Europa kommt es zum Abwurf einer radioaktiv strahlenden ›gelben Wand‹.«*[412]

In Stephan Berndts Buch »Prophezeiungen – Alte Nachricht in Neuer Zeit« findet sich die Vision einer **Frau aus dem Fichtelgebirge**, 1999:
*»Noch vor der dreitägigen Finsternis, nachdem die Russen schon im Lande sind, fällt ein zitron-gelblich-grüner Staub. Das ganze Fichtel-*

*gebirge ist gelbgrün. Die Vision bezog sich auf das Gebiet Kirchenlamitz-Marktleuten. Wenn man den Staub drei Mal einatme, sei man tot. Der Staub wird von Fliegern abgeworfen. Hinterher sind alle Häuser leer.«*[413]

**Sepp Wudy**, 1912, Böhmen:
*»Die Luft frißt sich in die Haut wie ein Gift. Leg alles an, was du an Gewand hast, und laß nicht das Nasenspitzl herausschauen. Setz dich in ein Loch und wart, bis alles vorbei ist, lang dauert's nicht, oder such dir eine Höhle am Berg.«*[414]

Eine **unbekannte amerikanische Quelle** aus dem Jahr 2001 beschreibt ähnliche Auswirkungen dieses Kampfstoffes wie Irlmaier:
*»Ich selbst hatte Visionen von der Zeit, wenn das gelbe Gas kommt. Ich sehe normalerweise nicht die Umgebung, aber ich sehe, was mit den Leuten passiert, die mit dem gelben Gas in Kontakt kommen. Es ist, als seien sie schon tot, und dann schrumpfen sie zusammen wie ägyptische Mumien. Ihre Pupillen erweitern sich, und dann, nach einer Weile, ich bin nicht sicher wie lang, sterben sie einfach.«*[415]

Immer wieder wird die schwarze Verfärbung der betroffenen Hautstellen beschrieben, so auch von **Josef Kugelbeer** (1922):
*»Es herrscht die Pest, große schwarze Flecken am Arm sieht man. Schwefeldämpfe erfüllen alles, als wenn die ganze Hölle los wäre.«*[416]

Abgesehen davon, daß es sich beim Kampfstoff des »gelben Strichs« um eine bis jetzt noch geheimgehaltene Entwicklung handeln könnte, weist die Beschreibung von Aussehen und Wirkung, wie z. B. die Veränderung der Pupillen und die schwarze Verfärbung von Leichen, bedeutende Ähnlichkeiten mit einer bereits bekannten Kampfstoffgruppe auf, die erstmals in den 1970er und 1980er Jahren unter dem Begriff »Gelber Regen« für Schlagzeilen sorgte.
In Laos und Afghanistan wurde, vermutlich zu »Testzwecken«, eine Reihe neuer chemisch-biologischer Waffen aus sowjetischer Produktion eingesetzt. Augenzeugen beschrieben die Wirkung folgendermaßen:
*»Die **gelben und grünen Pulver** verursachten Schwindelgefühle, verwirrte Handlungen, beeinträchtigtes Sehvermögen, Bewegungsschwierigkeiten, die Menschen fielen hin, **die Kiefer wurden steif (zusammengekrampft)**, konnten nicht sprechen und hatten fast sofortige Brech-Anfälle und Durchfall. (…) die Haut löste sich in Streifen ab,*

*sehr große Hautbeutel mit Flüssigkeit darin und sehr ekelerregend.* ***Innerhalb von drei Stunden nach dem Tod färbte sich die Haut schwarz.*** *Klingt nach toxischer, epidermischer Nekrolyse.«*[417]

Diese Kampfstoffe gehören zur Gruppe der T-Toxine, weiter heißt es: *»Einige T-Toxine sind* ***sehr stabil, besonders in Festform, und können über Jahre bei Raumtemperatur und sogar noch bei 40 °C gelagert werden, ohne an Wirkung einzubüßen.*** *Die Toxine (…) werden leicht durch die Haut und innere Membranen absorbiert. Schon die winzige Dosis von 0,1 mg pro kg ist tödlich, damit ist es wirkungsvoller als Kobragift. Man kann es im Labor leicht so modifizieren, daß seine Fähigkeit, die Haut zu durchdringen, beziehungsweise durch die Schleimhäute in Nase und Hals absorbiert zu werden, noch erhöht wird. Das würde die Wirkungsgeschwindigkeit von Stunden auf Minuten beschleunigen. Biochemische Arbeitsmethoden, die im Verlauf der letzten Jahrzehnte entwickelt wurden, machen es sogar möglich, die Stärke des Giftes noch drastisch heraufzusetzen, indem man den Molekularaufbau ändert und dann die modifizierte Form mittels Biosynthese in Massenproduktion herstellt. Das könnte die T-Toxine ohne weiteres in die Kategorie der Supertoxine befördern. (…) Der mörderische Wirkstoff kann bei Versprühen großer Dosen über einem Gebiet schon in fünf bis zehn Minuten tödlich sein, was Berichte aus Laos und Afghanistan bestätigen.* ***T-Toxine sind für den Abwurf als Aerosol geeignet, weil sie sowohl in gelöster Form stabil bleiben als auch in Festform als Pulver.*** *«*[418]

Gleichzeitig wurden damals auch Brandlöcher in Blättern bis hin zur Entlaubung ganzer Bäume beobachtet. Die Ähnlichkeiten zu dem gelbgrünen Staub aus den Prophezeiungen sind verblüffend. Auch Irlmaiers Beschreibung der noch in der Luft explodierenden »Kastl« ist realistisch, die *Federation of American Scientists* gibt für die Verteilung chemischer Kampfstoffe eine ideale Höhe von etwa 80 Metern über dem Boden an.

# 20 – Kesselschlachten in Deutschland

Während die zweite strategische Staffel der angreifenden russischen Panzertruppen im Bereich des Gelben Strichs umkommt, werden die nach Deutschland eingedrungenen Verbände der ersten Staffel durch den Einsatz von Neutronenbomben dezimiert, in die Verteidigung gedrängt und schließlich bei Ulm und in Westfalen eingekesselt.

## *Die Schlacht in Westfalen*

Besonders über die Schlacht in und um Westfalen, die apokalyptische Endzeitschlacht am Birkenbaum, gibt es sehr viele Prophezeiungen und Vorhersagen. Die ganze Gegend von Koblenz bis ins Ruhrgebiet, zwischen dem Teutoburger Wald und dem Haarstrang bis hinein in die Niederlande soll nach unzähligen Vorhersagen, deren einzelne Verfasser gar nicht mehr alle identifizierbar sind, der Schauplatz eines letzten blutigen Kampfes werden, von dem keine Stadt in der Region verschont bleibe. Das Zentrum der Kämpfe liegt in der Hellweg-Ebene im Dreieck zwischen Unna, Hamm und Werl. Dr. P. Bahlmann berichtet im 19. Jahrhundert:
*»Die Heere werden zusammentreffen in der Mitte von Westfalen. Auf der Strönheide bei Ahaus wird eine furchtbare Schlacht sein; eine dort liegende Mühle wird von den Feinden geplündert, aber diese, noch ehe sie die Tat vollbracht, von den nachrückenden Weißröcken vertrieben werden. Bei Riesenbeck wird ein heißer Kampf stattfinden. Bei Lüdinghausen sah man ganze Scharen weißgekleideter Soldaten. Auf der Marler Heide wird ein heißer Kampf entbrennen und die Weißen werden die Blauen in die Lippe treiben, worin viele ertrinken. Ottmarsbocholt wird viel zu leiden haben. Auch auf der Lipper Heide, sowie in Rietberg und der ganzen Umgegend wird blutig gekämpft, das Haupttreffen aber am Birkenbaume geliefert werden.«*[419]

Die älteste bekannte Schrift der **Birkenbaumsage** geht auf das Jahr 1701 zurück. Sie erschien mit Druckerlaubnis des Werler geistlichen Gerichtes 1701 in Köln, und zwar in lateinischer Sprache. Der Verfasser gibt an, daß er die Prophezeiungen einem älteren Buch entnommen habe, von dem weder Titel noch Autor bekannt sind. Die 1701 erschienene Ausgabe trug den Titel: »Prophezeiung über den schrecklichen Kampf des Südens und des Nordens und die grausige Schlacht bei Budberg im Gebiete des Herzogtums Westfalen.« Die Übersetzung lautet folgendermaßen:

*»Nach diesen Tagen wird die traurige, unglückliche Zeit hereinbrechen, wie sie der Erlöser vorhersagt. Die Menschen, sich fürchtend auf Erden, werden vergehen in Erwartung der Dinge, die da kommen. Der Vater wird sein gegen den Sohn, der Bruder gegen den Bruder. Treue und Glauben werden nicht mehr zu finden sein. Nachdem die Völker sich lange gegenseitig bekriegt haben, Throne zusammengesunken sind, Reiche umgestürzt wurden, wird der unverletzte Süden gegen den Norden die Waffen ergreifen. Dann wird sich's nicht um Vaterland, Sprache und Glauben handeln: vereinigen werden sie sich, um zu töten und zu kämpfen wegen der Oberherrschaft über den Erdkreis.*

*Mitten in Deutschland werden sie aufeinandertreffen, Städte und Dörfer zerstören, nachdem die Einwohner gezwungen sind, sich in die Berge und Wälder zu flüchten. In den Gegenden Niederdeutschlands wird dieser schreckliche Kampf entschieden werden. Daselbst werden die Heere Lager schlagen, wie sie der Erdkreis noch nicht gesehen hat. Am Birkenwäldchen nahe bei Budberg wird dieses schreckliche Treffen beginnen. Wehe! Wehe! Wehe! Armes Vaterland! Drei ganze Tage werden sie kämpfen; bedeckt mit Wunden, werden sie sich noch gegenseitig zerfleischen und bis an die Knöchel im Blute waten. (...) Dort aber wird jene Macht vernichtet, ihre Kraft gebrochen, so daß kaum einige übrig bleiben, um diese unerhörte Niederlage zu verkünden. Die Bewohner der verbündeten Orte werden klagen, aber der Herr wird sie trösten, und sie werden sagen: ›Das hat der Herr getan!‹«*[420]

In einer andere Version lautet die Birkenbaumsage wie folgt:

*»Der Roggen wird vor der Schlacht am Birkenbaum erst eingefahren, der Hafer aber nicht. Die Soldatenpferde fressen von den Hafergarben im Felde. Wenn die Büdericher auf Krautweih* (Mariä Himmelfahrt, 15. August) *aus dem Hochamte kommen, steht rings um die Kirche alles voll von Soldaten. Woher kommen sie? Vom Rheine her, durchs Sauerland. Die einen sind weiß, die anderen rot, wieder andere tragen Hüte wie die Soldaten, die Christum den Herrn gekreuzigt haben. An einem Orte wird der Pfarrer am Altar erschossen, an einem anderen ein Geistlicher auf der Flucht ergriffen und an einem Baum gehängt. (...) Auf dem Ostfelde bei Grevenstein schlachten die Soldaten eine rote*

*Kuh; sie haben aber nicht soviel Zeit, um davon zu essen. Die Bürger des Städtchens fliehen; ein Mägdlein mit rotem Rocke, das zuletzt über den Bach läuft, wird erschossen. Wenn die Völker kommen, soll man im Sauerlande auf die Berge flüchten, denn: Besser unter den Reisern, als unter den Eisern!* (D. h. besser unter den Bäumen im Wald, als in der Gewalt der Eisengewaffneten, womit die Soldaten gemeint sind.)
*Die Bewohner des Hellwegs müssen die Haar hinauf flüchten: Sobald der Kanonendonner aus der Gegend von Münster herüberrollt, dann ist es Zeit. Wer nur einen Fuß in der Ruhr hat, wird gerettet. Der letzte Mann, der über die Ruhrbrücke bei Wickede geht, ist ein Schäfer mit einem weißen Hunde. Sobald er hinüber ist, wird die Brücke zusammengeschossen. Flüchtet, ihr Leute, flüchtet! Man braucht nur soviel Brot mitzunehmen, als für drei Tage ausreicht. Wenn man das aufgezehrt hat, ist alle Gefahr vorüber. Der Sieg am Birkenbaum aber gehört dem großen Fürsten, der von Mittag kommt.«*[421]
In der Gegend von Düren wurde eine Überlieferung bis in die Mitte des 19. Jahrhunderts nachgewiesen, derzufolge die große Schlacht beim Birkenbaum in einer Zeit stattfinde, in der die Menschen durch die Luft kommen und die Frauen Hosen tragen.

Weitere Prophezeiungen, die dem Umfeld der Schlacht am Birkenbaum zuzurechnen sind, berichten von großen Schlachten bei Köln und Soest:
*»Nach Vollendung der großen Heerstraße würde viel Kriegsvolk von Osten nach Westen den sogenannten Hellweg entlang ziehen. Bei Köln und Soest würden große Schlachten geliefert werden. In der Schlacht bei Soest werde der König von Preußen siegen, aber soviel Leute verlieren, daß er unter dem Birkenbäumchen bei Soest den Rest seiner Soldaten mit einem Blicke würde überzählen können. Alsdann aber solle er an derselben Stelle zum deutschen Kaiser gekrönt werden.«*[422]
Der alte Hellweg verläuft nahezu identisch mit der heutigen Autobahn A44, einer der Hauptrouten des russischen Vorstoßes ins Ruhrgebiet.

Der bayerische Seher **Alois Irlmaier** bestätigt in den 1950er Jahren, daß *»bei Aachen die größte Schlacht der Weltgeschichte«*[423] sei, und *»um Köln entbrennt die letzte Schlacht«*[424], was die alte Sage und viele lokale Seher längst vorwegnahmen:

**Bernhard Rembort, genannt »Spielbähn«**, 1783, Siegburg:
*»Die heilige Stadt Köln wird sodann eine fürchterliche Schlacht sehen ... Viel fremdes Volk wird hier gemordet und Männer und Frauen kämpfen für ihren Glauben ... Und es wird von Köln, das bis dahin noch eine Jungfrau, eine fürchterliche Verheerung nicht abzuwenden sein ...«*[425]

**Vorhersage über Köln:**
*»Wehe Köln! Von der Südseite werden die Feinde bis zum goldenen Apfel dringen und ein großes Blutbad anrichten. Viele Gute werden sterben, und die Bösen durch die Bösen umkommen. Eine furchtbare Krankheit wird aufräumen helfen. Auf der Retirade wird Köln viel leiden.«*[426]
Der Volksglaube vermutet ein Zentrum dieser Schlacht auf der Wahner Heide, einem uralten Grabfeld im Rheinland, südöstlich von Köln, wo heute der Flughafen Köln-Bonn steht, ein Ort von erheblicher strategischer Bedeutung also.

**Prophetische Sage über Koblenz:**
*»Wehe! Wo Rhein und Mosel zusammenfließen, wird gegen Türken und Baschkiren (Russen) eine Schlacht geschlagen werden, so blutig, daß der Rhein bis auf fünf und zwanzig Stunden Wegs rot gefärbt sein wird. Überhaupt wird den Uferbewohnern des Rheines von Konstanz bis an die Mündung Schreckliches verkündet.«*[427]

**Johann Peter Knopp**, 1794, Rheinland:
*»Kriegsvolk wird den Rhein besetzen, und alles Mannsvolk muß mit, was nur eine Mistgabel tragen kann. Und es wird ein Krieg sein wie vordem nicht erlebt worden, aber er wird nicht lange dauern. Die zuletzt noch aufgefordert werden, kommen, wenn alles vorüber. Es wird hart hergehen, besonders bei Koblenz. Von Leutesdorf bis Unkel wird es noch leidlich sein, wiewo es auch hier hart hergeht. Die Linzer werden viel leiden und viele alles verlassen und im Gebüsch wohnen, müssen aber dabei noch Gott danken. Aber bei Unkel und vom Siebengebirge an wird das Blut in Strömen fließen.«*[428]
Das Ganze finde in einer Zeit statt, sagte der Seher, in der Schiffe ohne Pferde den Rhein heraufkämen und Wagen ohne Pferde (Autos) mit grillenden Tönen fahren. Dann werde es Krieg geben, wenn keiner es glaubt.

**Einsiedler Antonius**, 1820, Aachen:
*»In einer abermaligen Schlacht bei Frankfurt wurden die Preußen wieder geschlagen. Sie zogen sich bis Siegburg zurück, wo sie zum russischen Heere stießen. Die Russen machten gemeinsame Sache mit den Preußen. Mir schien es, daß Österreicher den Franzosen halfen. Die Schlacht bei Siegburg war etwas noch nie Dagewesenes an Schrecklichkeit. Ähnliches wird nie mehr gesehen werden. Nach einigen Tagen zogen sich die Preußen und Russen zurück und gingen eineinhalb Meilen unterhalb Bonn auf das linke Rheinufer. Stetig vom Feind bedrängt, zogen sie sich nach Köln zurück. Die Stadt wurde beschossen, nur ein Viertel der Stadt bleibt unversehrt. Stets auf dem Rückzug retteten sich die Reste der preußischen Armee nach Westfalen. Dort war die letzte Schlacht, ebenfalls zu ihren Ungunsten.«*[429]

**Pfarrer von Baden**, 1923:
*»Der Norden Deutschlands wird bolschewistisch werden. Auch Westfalen wird in die Hände der Bolschewiki fallen. Es werden dann schwere Kämpfe mit den Franzosen am Niederrhein stattfinden, wobei auch Köln schwer heimgesucht wird.*
*Aus dem Süden wird ein aus Bayern und Österreichern gebildetes Ordnungsheer anrücken, das, anfangs klein, immer mehr Zulauf bekommen wird. Im Verein mit den rheinischen und französischen Truppen wird es die Bolschewiken, Russen und Preußen vollständig niederwerfen. Die letzte Schlacht wird zwischen Essen und Münster stattfinden.«*[430]
Nach den Niederlagen im Rheinland ziehen sich die russischen Truppen nach Westfalen zurück, wo sie eingekesselt werden und wo es endlich zur Schlacht am Birkenbaum kommt.

**Bernhard Rembort, genannt »Spielbähn«**, 1783, Siegburg:
*»Des Feindes Rest entflieht bis zum Birkenbäumchen. Hier wird die letzte Schlacht gekämpft für die gute Sache. Die Fremden haben den schwarzen Tod mit ins Land gebracht. Was das Schwert verschont, wird die Pest fressen. Das bergische Land wird menschenleer sein und die Äcker herrenlos. Also daß man ungestört von der Sieg bis zu den Bergen wird pflügen können.«*[431]

**Wessel Dietrich Eilert**, 1833, Dortmund:
*»Die Schlacht wird am Birkenbaume zwischen Unna, Hamm und Werl*

*stattfinden. Die Völker der halben Welt werden dort sich gegenüberstehen. Gott wird mit schrecklichem Sturme die Feinde schrecken. Von den Russen werden da nur wenige nach Hause kommen, um ihre Niederlage zu verkünden.«*[432]

**Peter Schlinkert**, der Seher aus dem Möhnetal, 1763:
*»Am Birkenbaume wird die Armee des Westens gegen die Armee des Ostens eine furchtbare Schlacht kämpfen und nach vielen blutigen Opfern den Sieg erringen. Die Krieger des Ostens nehmen in wilder Flucht ihre Retirade über die Haar, und wenn die Bewohner unserer Dorfschaften dann den Ort Rune an der Werler Haar brennen sehen, mögen sie nur schleunigst in den Arnsberger Wald flüchten. Solches wird sich ereignen, wenn die neue Straße bis an Maischäpers Haus zu Stockum fertig geworden. (...) Die Arbeiter an der Straße müssen Spaten und Hacken im Stiche lassen, so schnell wird der Andrang des Kriegsvolks sein. Und ein anderes Gefecht findet an der Ruhrbrücke bei Obereimer statt, jedoch wird man hier nur mit Artillerie kämpfen und bei dieser Gelegenheit die drei zunächst Obereimer stehenden Häuser Arnsbergs in Brand schießen. Einige Tage später geschieht zwischen den Kriegern aus Osten und Westen die zweite und letzte große Schlacht auf deutschem Boden, und zwar bei dem Dorfe Schmerlecke am sogenannten Lusebrinke. Die Heere des Ostens werden bis zur totalen Vernichtung geschlagen, und nur sehr spärlichen Überbleibseln wird es vergönnt sein, die Kunde der ungeheuern Niederlage in ihre Heimat zu bringen. Ein gräßliches Wehe, Wehe, dir Hellweg! In Soest wird eine ganze Straße bis zur alten Kirche abbrennen, und das Blut der Gefallenen wird sich stromweise ins Jakobi-Tor ergießen. Nach diesen Tagen des Unglücks und Jammers kehret aber Freude und Frieden in Deutschland ein, obgleich im ersten Jahre nach dem Kriege die Weiber hinter dem Pfluge gehen müssen.«*[433]

**Der elsische Junge**, 1800, Paderborn:
*»Aufs höchste ist es* (am nächsten an der schlimmen Zeit), *wenn am Bocke Gerste steht* (Sommer!). *Dann wird der Feind im Land sein und alles umbringen und verwüsten. Sieben Stund Wegs wird man gehen müssen, einen Bekannten zu finden. Die Stadt wird acht sauere Tage haben, wo der Feind drin liegen wird. Am letzten Tag wird er die Stadt plündern wollen, aber fürchtet nicht! Tragt nur euer Bestes von unten nach oben, denn der Feind wird nicht Zeit haben, seine Schuhriemen*

*zuzubinden – so nahe sind eure Helfer! Auch wird man von Libori-Berg* (Promenade vor der Stadt) *aus die Stadt wollen in Brand schießen; doch nur eine Kugel wird treffen und ein Haus in Brand setzen auf dem Kampe* (Straße der Stadt); *das Feuer wird aber bald gelöscht werden. Die Franzosen werden kommen, nicht als Feinde, sondern als Freunde und Helfer.*[434]
*Der Feind wird fliehen nach Salzkotten* (Lusebrink) *zu und nach der Heide* (zwischen Paderborn und Rietberg, im Norden der Lippe). *An beiden Stellen wird eine große Schlacht geschlagen, daß man bis an die Knöchel im Blute waten wird. Die den Feind aus der Stadt verfolgen, mögen sich hüten über die Ulmebrücke zu gehen, denn keiner, der hinübergeht, wird lebend zurückkommen.«*[435]

Auch die Ordensschwester **Erna Stieglitz** erwähnt 1975 die Endschlacht in Westfalen, und gibt uns einen Hinweis darauf, daß diese Schlacht in etwa zeitgleich mit der nuklearen Zerstörung Böhmens stattfindet.
*»Prag wird zerstört. Ungefähr um dieselbe Zeit werden die Panzereinheiten des Nordkeils in Westfalen eingekesselt und fast völlig aufgerieben. Die Russen sind in Westeuropa in die Verteidigung gedrängt.«*[436]

**Bruder Adam**, 1949, Würzburg:
*»Die dritte russische Armee ... wird nicht mehr zum Einsatz kommen ..., während der von Gott bestimmte große Monarch die im Norden am Niederrhein stehende Armee angreifen und mit modernsten Waffen, wie sie kein anderer Staat besitzt, niederkämpfen wird. In Sachsen, wo die zurückflutende Armee sich noch einmal zur Schlacht stellt, wird sie vernichtend geschlagen werden. Damit ist der Krieg in Deutschland beendet. Die Reste der geschlagenen Armee werden bis tief in das Innere Rußlands hinein verfolgt und aufgerieben werden.«*[437]

Auch der südafrikanische Seher **Nicolaas van Rensburg** kündigte schon 1926 an, daß von westlicher, speziell von deutscher Seite, Waffen eingesetzt würden, mit denen der Angreifer nicht gerechnet hatte:
*»Die Deutschen schickten viele Geheimwaffen über die spanische Grenze, als sie nach dem 2. Weltkrieg gezwungen wurden aufzugeben. Sie konnten sie nicht oder wollten sie nicht gebrauchen, da die Zeit dafür noch nicht reif war. Die Rote Armee wird zerstört an der spanischen Grenze und die Russen werden Waffen entdecken, welche sie nie in den Pyrenäen erwarteten, alle von Deutschen gemacht. Die Rote Armee ist komplett geschlagen.«*[438]

Doch zurück zur Schlacht am Birkenbaum, die auch der **Waldprophet Mühlhiasl** vorhersagt:
*»Wo das Wasser ins Meer rinnt, ist die letzte Schlacht.«*[439]
Das Wasser, das ins Meer rinnt, ist natürlich der Rhein, und genau im Mündungsdelta des Rheins liegt Rotterdam. Darüber berichtete der Amerikaner **Raymond Aguilera** im Jahr 1999 folgendes:
*»Während wir uns Rotterdam näherten, zeigte mir der Herr im Gebet eine Atomexplosion. Ich sah drei Atombomben in Rotterdam explodieren. Als ich Rotterdam verließ, hatte ich die Vision eines Pferdes, das eine (Gas-)Maske trug.«*[440]
Gasmasken für Pferde waren schon im 1. Weltkrieg gebräuchlich.

Glauben wir dem **Bauer aus dem Waldviertel** (1977), dann nehmen an der Schlacht in Westfalen auch die Chinesen teil:
*»Das Ruhrgebiet, in dem noch mehr Menschen am Leben seien als in seiner eigenen Heimat, gleiche einer Ruinenlandschaft. Wörtlich sagt der Seher: ›Es ist kein Verlaß auf die Amerikaner, nur noch auf die Chinesen.‹«*[441]

Eine Prophezeiung, die den Titel **»Testament eines fliehenden Papstes«** (1701) trägt, scheint dies zu bestätigen:
*»Das Volk des Siebengestirns wird in das Ringen eingreifen und dem bärtigen Volke in den Rücken fallen und sich von der Mitte abwenden. Der ganze Niederrhein wird erzittern und erbeben; er wird aber nicht untergehen.«*[442]

Ähnliche Bilder verwendet die **Böhmische Flüchtlingsfrau**:
*»Die bärtigen Männer des Ostens werden niedergemacht bis auf den letzten Mann, und ihr Blut wird die Flüsse rot färben.«*[443]
Mit dem »Volk des Siebengestirns« aus dem »Reich der Mitte« scheinen die Chinesen gemeint zu sein, das bärtige Volk sind demnach die Russen.

Wollen wir das Geschehen am Niederrhein kurz zusammenfassen: Die Panzertruppen des nördlichen und des mittleren Angriffskeils dringen über die A2, A4/A5 und die A44 ins Rheinland vor und versuchen so, das strategisch wichtige Ruhrgebiet in die Zange zu nehmen. Im Norden erreichen Teile des nördlichen Angriffskorridors bei Amsterdam die Kanalküste. Jetzt erst stoßen die Angreifer auf ernsten Widerstand.

Sie werden in aufeinanderfolgenden Kämpfen von Frankfurt bis Köln zum Rückzug gezwungen, bis sie in Westfalen schließlich eingekesselt und aufgerieben werden.

## *Die Schlacht bei Ulm*

Über die Kesselschlacht bei Ulm, die das Schicksal des südlichen Angriffskeils besiegelt, der seinen Weg entlang der Donau genommen hatte, liegen leider nur wenige Vorhersagen vor, so daß sich hier kein genaues Bild der Situation zeichnen läßt. Das Schlachtfeld scheint sich etwa zwischen Ulm und Augsburg zu erstrecken. Über die Nationalität der Verteidiger gibt es widersprüchliche Aussagen.

Eine **Frau aus dem Füssener Raum** sah um 1970, während einer Bahnfahrt, folgende Bilder:
*»Umgestürzte, brennende Panzerfahrzeuge mit abgerissenen Türmen auf dem Lechfeld, südlich von Augsburg. Flüchtlingskolonnen, die zu Fuß und mit Fahrrädern schwer bepackt von Augsburg aus nach Süden in Richtung Alpen flüchten. Kein Auto. Auf den Verschiebegleisen des Augsburger Bahngeländes stehen Transportzüge, die Panzer geladen haben. ›Merkwürdig‹, sagte sie, ›die Soldaten tragen alle Taucheranzüge‹* (ABC-Schutzanzüge!).*«*[444]

Den Zeitpunkt dieser Schlacht nennt uns **Erna Stieglitz** (1979) aus Augsburg:
*»Südlich der Donau gibt es vereinzelt atomare Explosionen, hinter der Grenze am unteren Inn fürchterliche Zerstörungen, ebenso am Oberlauf der Donau. (...) Bei Ulm gibt es eine gigantische Kesselschlacht gegen die Ostarmee.«*[445]
*»Anfang August werden die eingedrungenen Panzerarmeen in Mittelfrankreich, vermutlich um Lyon, und wenig später bei Ulm vernichtet.«*[446]

Die Stadt Lyon taucht im Zusammenhang mit Ulm auch bei Nostradamus auf, dort heißt es, wie üblich kryptisch:
**Nostradamus,** Centurie VIII,34:
*»Nach dem Sieg des Löwen im Löwen,*
*über dem Juragebirge Hekatombe,*

*Fluten und Einlassungen sieben Millionen,*
*Lyon, Ulm ins Grabmahl, Tod und Fall.«*[447]
Ein weiteres übereinstimmendes Detail zu Stieglitz findet sich in der ersten Zeile: Das Tierkreiszeichen Löwe kann als Zeitangabe gedeutet werden, was bedeutet, der Sieg des Löwen läge zwischen dem 23. Juli und dem 23. August.

Ein **Fernfahrer aus Frankfurt** sah 1995 eine Beteiligung der Chinesen:
*»Die Chinesen vor Ulm kamen vom Süden und Südwesten (Frankreich?) her. Ich sah sie eigentlich einfach nur großräumig vor mir aufziehen (einfallen). Von Ulm bis Augsburg. Von Freiburg bis München?«*[448]
Andere Quellen sprechen von deutschen Truppen, die bei Ulm Unterstützung von der schweizer Armee bekämen.

# 21 – Der Krieg in Nordamerika und Russland

Mitte August, kurz bevor sich das Blatt in Europa wendet und der russische Vorstoß gestoppt wird, fallen russische und chinesische Truppen in Nordamerika ein. Der offensichtliche Widerspruch, warum sich Russen und Chinesen in Europa und wahrscheinlich auch in Sibirien bekämpfen, in Nordamerika aber gemeinsam einfallen, läßt sich aus den vorliegenden Prophezeiungen nicht endgültig klären. Die einzig denkbare Erklärung ist die bereits zuvor erwähnte, nämlich, daß beide Seiten anfangs gemeinsame Sache machen und dann in einem fortgeschrittenen Stadium der Kämpfe die Waffen auch gegeneinander erheben. Das würde nahelegen, daß die Invasion in Europa auch gemeinsam erfolgt, man weiß es nicht sicher, jedoch deuten drei Prophezeiungsfragmente darauf hin, daß zunächst eine Allianz, bestehend aus Rußland, China und einigen islamischen Ländern, den Krieg gegen den Westen eröffnet und diese Allianz dann im Laufe der Kämpfe zerbricht, woraufhin zumindest Rußland und China gegeneinander in den Kampf ziehen.

**Josip Terelja** z. B. sah einen Krieg, in dem Rußland, China und einige arabischen Staaten gegen den Westen losschlagen, und einen zweiten, in dem sich Rußland und China bekämpfen. Vermutlich werden diese beiden Kriege nahtlos ineinander übergehen und insgesamt nicht länger als wenige Monate dauern.
*»Es wird einen großen Kampf zwischen Ost und West geben. Rußland, China und einige arabische Länder werden erst zusammen und dann gegeneinander kämpfen. Putin hat jetzt einen Freund in Kuba und dort einen Stützpunkt für russische U-Boote. Die USA ließen es zu, daß Rußland seine Kräfte konsolidiert.«*[449]

Daß der Überfall auf Amerika und Westeuropa im Zusammenspiel mit Staaten der dritten Welt erfolgt, sah auch **Stefan Parlow** (1999) voraus:
*»Ich sehe afrikanische Militäreinheiten in Südspanien einmarschieren.«*[450]

Gleichlautendes kommt von **Erwin Zahn** (2000) aus München:
*»Von See her greifen sowjetische U-Boote die französischen Hafenstädte an und besetzen diese, gleichzeitig sind aber auch die arabischen und maghrebinischen Moslems dabei, Europa über Italien, Frankreich und Spanien zu überrennen.«*[451]
*»Die Sowjets werden dann eine Front von Afghanistan bis nach Skandinavien, zeitweise sogar bis Kanada und in die Nordstaaten der USA eröffnet haben. Die kommunistische Weltrevolution ist das erklärte Ziel.«*[452]

Zunächst noch scheinen die Kommunisten damit Erfolg zu haben, wie uns **Nicolaas van Rensburg** 1926 ankündigt:
*»Der Krieg wird dann so fortgeschritten sein, so beträchtlich, daß es den Anschein macht, als würden die Russen gewinnen. Eine Atmosphäre von Unterdrückung wird nicht nur in Europa herrschen, auch in unserem eigenen Land* (Südafrika).*«*[453]
Von den Erfolgen ermutigt versuchen sie die Invasion in Nordamerika.

**Alois Irlmaier** sah einen Einbruch von gelben Menschen über Alaska nach Kanada und die USA. Doch werden die Massen zurückgeschlagen. Dagegen behauptete Irlmaier, eine große Stadt werde durch Raketen-Geschosse vernichtet werden. Ob damit New York gemeint sei, diese Frage wollte er nicht beantworten und blieb sehr zurückhaltend.[454]

*»Die Russen versuchen über Alaska nach Nordamerika einzudringen, und auch Westeuropa ist über Norwegen extrem gefährdet. Keine Atombombe fällt auf Irlmaiers nähere Heimat, aber mindestens zwei amerikanische Städte, darunter Quebec und Detroit, werden durch große Atomexplosionen vernichtet, mittels Raketen, die von Unterseebooten kommen.«*[455]

Irlmaier sprach hier Mitte der 1950er Jahre ausdrücklich von einem Nuklearangriff mittels U-Booten. Das erste U-Boot, das Atomraketen abfeuern konnte, wurde jedoch erst 1960 in Dienst gestellt.

Auch eine etwas fragwürdige Quelle aus Tirol namens **Onit** (1948) erwähnt die vermutlich nukleare Zerstörung von Detroit:
*»Das amerikanische Industriedreieck Detroit, Chicago, New York und deren Symbole, die Wolkenkratzer, brechen elendiglich zusammen. Kanada werde wieder einsam und verlassen wie dermaleinst.«*[456]

**Erna Stieglitz**, 1975, Augsburg:
*»Mitte August greifen russische Eliteeinheiten Alaska an.*[457]
*Die Russen sind in Westfalen in die Verteidigung gedrängt. Als Rache erfolgt der atomare Gegenschlag gegen alle Städte der USA. Gleichzeitig schlagen die USA atomar zurück. Weite Teile Rußlands und die letzten Raketensilos werden zerstört. Als Folge dieser Ereignisse kommt es in Rußland zu einer Gegenrevolution, die das bisherige System stürzt. Im September gibt es den letzten verzweifelten Versuch russischer Unterseebooteinheiten, Europa atomar zu verwüsten. Bei diesem Angriff werden viele französische und deutsche Städte in ein Flammenmeer verwandelt.*[458]
*Erst gegen Ende dieses verhältnismäßig kurzen Krieges kommt es zum Duell mit Atomwaffen. Und schließlich zum totalen atomaren Krieg. Seine verheerenden Auswirkungen entziehen sich jeder Beschreibung.«*[459]

**Barbara Becher**, Saarland:
*»Dann wird über ganz Rußland plötzlich ein furchtbares Gericht kommen: Gott wird über das ganze Land Feuer regnen lassen und es in ein Flammenmeer verwandeln! Maria wird nur die Schar der Guten und jene, die beim Anblick der Katastrophe zu Gott zurückkehren, bewahren. Diese Überlebenden werden ein neues, gläubiges und Christus treues Rußland bilden.*

*Auch Amerika wird von einem ähnlichen Gericht heimgesucht, jedoch geringer; diese Plage hat den Zweck, zu reinigen und das amerikanische Volk für eine neue, Gott verbundenere Zukunft zu läutern.«*[460]

Auch **Adolf Schwär** aus dem Schwarzwald beschrieb 1959 den Einsatz von Interkontinentalraketen:
*»Ich sah, wie schwere, lange Geschosse von Osten nach Westen geschossen wurden, danach sah ich im Westen große, mächtige Rauchwolken tiefschwarz aufsteigen, und zwar himmelhoch.«*[461]
Und schon 1948 hatte er eine Vision, derzufolge auch seine Gegend von Massenvernichtungswaffen betroffen sei: *»Ich stand im Felde, vor mir Schafe und Rinder. Dann rufte es laut: ›Die Tiere müssen geschlachtet werden, sie sind vergast.‹«*[462]

**Leonie van den Dyck**, 1933, Belgien:
*»Alle Großstädte – besonders die Weltstädte – enden in Riesen-Schutthaufen. Diese Schutthaufen werden bestehen bleiben als Zeichen von Gottes Gerechtigkeit.«*[463]

Über den Marienerscheinungsort **Heroldsbach** (1949/52) heißt es, die dortigen Erscheinungen der Muttergottes sollten, nachdem der 2. Weltkrieg schon nicht verhindert worden war, den dritten abwenden. In diesem würden *»durch Bomben der gefährlichsten Art, die es je gegeben hat (...) Millionen von Seelen auf einmal zugrunde gehen«*.[464]

Über den Krieg in Nordamerika liegt naturgemäß auch eine Anzahl amerikanischer Seherberichte vor. Während die europäischen Prophezeiungen zumeinst von einfachen, bodenständige Leuten stammen, die mit ihren oft sehr detaillierten Gesichten selbst nicht viel anzufangen wissen, scheint das Phänomen in den USA vor allem unter den Mitgliedern organisierter christlicher Gemeinden aufzutreten, bzw. es wird häufig aus diesen Kreisen darüber berichtet. Die Mentalität dieser Menschen und ihre Umgangsweise mit dem Phänomen ist daher eine ganz andere, worunter leider die Qualität der Berichte leidet. Das Szenario, das die europäischen Quellen zeichnen, ist weitgehend homogen, die amerikanischen Prophezeiungen aber sind untereinander zum Teil widersprüchlich, zum Teil völlig ohne verwertbare Details, und manche sind statt dessen durchsetzt von religiösem Dogmatismus. Bei dieser Art von Eingebungen scheint die Gruppendynamik, von der diese Gemeinden geprägt sind, eine Rolle zu spielen, was die Qualität der Gesichte leider erheblich beeinträchtigt. Trotzdem gibt es aus Nordamerika eine Reihe interessanter Vorhersagen. Einige davon wollen wir nun betrachten.

**Thomas Gibson**, 2001:
*»Der Terrorismus in Kanada und den Vereinigten Staaten wird bis zur russisch-chinesischen Invasion nicht mehr aufhören. Und wenn das passiert, werden weit größere Probleme auf diesem Kontinent herrschen. So sprach der Herr, unter keinen Umständen werde ich zulassen, daß Entspannung in Kanada und den USA einkehre und sie wieder sichere Nationen sein werden, bis sie komplett und vollständig von ihrem sündhaften Treiben und ihrer Rebellion gegen Gott abgelassen haben.«*[465]

**Unbekannter amerikanischer Verfasser:**
*»... es wird einen Krieg zwischen den Vereinigten Staaten einerseits und Rußland und China und ihren Freunden andererseits geben. Rußland macht sich bereit. China macht sich bereit. Sie treffen Vorbereitungen, während die Vereinigten Staaten jeden Tag fauler und fauler werden. Die Vereinigten Staaten werden nicht fähig sein, sich gegen diesen Feind zu verteidigen. Der Feind wird seine Alliierten am selben Tag angreifen lassen. Sie werden wie eins werden, wenn sie die Vereinigten Staaten und Kanada angreifen. Der Feind wird euch überraschen, wenn ihr nicht hinschaut ...«*[466]

**Dumitru Duduman**, 1996:
*»Ich sah den Präsidenten von Rußland; einen kurzen, rundlichen Mann, der sagte, er sei der Präsident von China, und zwei andere. Die beiden letzten sagten auch, woher sie kamen, aber ich verstand es nicht. Jedenfalls begriff ich, daß sie Teil des russischen Einflußbereiches waren. (...) Der russische Präsident fing an, mit dem Chinesen zu sprechen. ›Ich werde dir das Land mit seinem ganzen Volk geben, aber du mußt Taiwan von den Amerikanern befreien. Hab keine Angst, wir werden sie von hinten angreifen.‹*
*Eine Stimme sagte mir, ›Schau, wo die Russen in Amerika eindringen.‹ Dann sah ich, wie diese Worte geschrieben wurden: Alaska, Minnesota, Florida. Dann sprach der Mann wieder, ›Wenn Amerika gegen China in den Krieg zieht, werden die Russen ohne Vorwarnung zuschlagen.‹*

*Die beiden anderen Präsidenten sprachen, ›Wir auch, wir werden für euch kämpfen‹. Jeder von ihnen hatte einen Ort, der bereits als Angriffspunkt vorgeplant war. Dann unterzeichneten alle einen Vertrag. Einer von ihnen sagte, ›Wir sind sicher, daß Korea und Kuba auch auf unserer Seite sein werden. Zusammen können wir Amerika zweifellos besiegen‹.*
*Der russische Präsident sprach nachdrücklich, ›Warum sollten wir uns von den Amerikanern führen lassen? Warum sollten wir nicht selbst herrschen? Sie müssen auch aus Europa rausgeworfen werden! Dann kann ich mit Europa machen, was ich will!‹*
*Der Mann, der neben mir stand sagte, ›Das ist, was du gesehen hast: sie handeln wie Freunde, und sie sagen, sie respektieren die Verträge, die sie mit euch abgeschlossen haben. Aber alles, was ich dir gezeigt habe, ist, wie es wirklich geschehen wird. Du mußt den Leuten sagen, was gegen Amerika geplant wird. Dann, wenn es sich ereignet, werden die Leute sich der Worte erinnern, die der Herr sprach.‹*
*›Wer bist du?‹ fragte ich. ›Ich bin der Beschützer Amerikas. Amerikas Sünden haben Gott erreicht. Er wird die Zerstörung zulassen, denn er erträgt diese Bösartigkeit nicht mehr. Jedoch hat Gott immer noch Leute, die ihn mit reinem Herzen preisen und seine Arbeit tun. Er hat eine himmlische Armee vorbereitet, um diese Leute zu retten.‹ Und ich sah eine große Armee, gut bewaffnet und weiß gekleidet vor mir erscheinen.«*[467]
Bei anderer Gelegenheit, wohl während eines Nahtoderlebnisses, hatte Duduman folgende Vision:
*»Als ich in meinem Krankenhauszimmer lag und die Gesichter meiner Familie sah, erschienen drei Männer neben mir. Einer hatte einen Globus in seiner Hand und er begann ihn zu drehen und zeigte auf bestimmte Länder und sagte: ›Das ist, woher die Zerstörung kommen wird.‹ Ich erinnere mich nicht mehr an alle Orte, auf die er zeigte, aber ich erinnere mich, ich sah Mexiko, Kuba und die Grenze von Alaska. Dann sprach einer der Männer zu mir; ›Wir haben für Dich gegen den Tod gekämpft. Es war ein harter Kampf. Hab keine Angst, du wirst nicht gehen. Du hast immer noch Arbeit zu erledigen.‹«*[468]

**Unbekannter englischer Autor:**
*»China kommt aus dem Norden, wie eine schwarze Wolke bedecken sie das Land; sie werden für Krieg und Eroberung in euer Land kommen. Sie sprechen eine Sprache, die ihr nicht kennt; sie kommen zur Erobe-*

*rung, denn der Wohlstand der Welt liegt in eurer Nation. Sie kommen nach Amerika vom äußersten Norden, hinunter durch Kanada, entlang des Lake of the Woods, nach Minnesota, nach North Dakota. Eure Städte werden von einem Bombenregen zerstört werden. Sie kommen vom Norden durch Kanada und sprechen eine Sprache, die ihr nicht versteht.«*[469]

**»The Scribe Staff«:**
*»Im anstehenden Krieg mit China erhält fast jeder Bundesstaat in den Vereinigten Staaten mehr als eine Atomexplosion im ersten Angriff, und ein paar weitere Explosionen im Verlauf des Krieges von versteckten chinesischen Basen in Kalifornien aus und von Unterseebooten und von Kuba …*
*Und diese Bomben in Kuba sind bereits unterwegs. Unsere himmlischen Eltern wollen auch, daß ihr begreift, daß die Chinesen hauptsächlich ganz Washington* (den Bundesstaat) *zeitweise besetzen, ganz Oregon, ganz Kalifornien, ganz Nevada, fast ganz Utah, einen Teil von Colorado, einen Teil von Arizona und Teile von Idaho. Die Chinesen haben außerdem eine Streitmacht, die die Staaten am Golf* (Golf von Mexiko) *angreift und fast ganz Florida und die anderen Golfstaaten besetzt, und sie gehen entlang der Flüsse Mississippi und Missouri vor und nehmen dabei ungefähr die Hälfte der angrenzenden Staaten ein, bis hinauf nach Nebraska. New York City und Washington D. C. werden beide während des ersten Angriffs durch Atombomben ausgelöscht.«*[470]

**A. A. Allen**, 1954:
*»Plötzlich wurde die Stille vom Kreischen der Sirenen zerrissen. Die Sirenen schienen zu schreien, ›Rennt um euer Leben!‹ Nie zuvor hatte ich so schrille, gellende Sirenen gehört. Sie schienen überall zu sein – im Norden, Süden, im Osten und im Westen. Es schienen Unmengen von Sirenen zu sein. Und ich sah überall Leute herumrennen. (…) Dann plötzlich sah ich aus dem Atlantik und aus dem Pazifik und aus dem Golf* (von Mexiko) *raketenartige Objekte aufsteigen, welche wie Fische aussahen, die aus dem Wasser springen. Hoch in die Lüfte stiegen sie, jede in eine andere Richtung, aber alle in Richtung der USA. Auf dem Boden schrien die Sirenen lauter. Und vom Boden sah ich ähnliche Raketen aufsteigen. Für mich schienen das Abfangraketen zu sein, obwohl sie von verschiedenen Orten überall in den USA aufstiegen. Jedoch schien keine davon erfolgreich im Abfangen der Raketen zu*

*sein, die vom Ozean auf jeder Seite aufgestiegen waren. Die Abfangraketen erreichten schließlich ihre maximale Höhe, wechselten langsam ihre Richtung und fielen geschlagen zurück zur Erde. Dann plötzlich explodierten all die Raketen, die aus dem Ozean aufgestiegen waren, mit einem Mal. Die Explosion war ohrenbetäubend. Das nächste, was ich sah, war ein großer Feuerball. Das einzige, das ich jemals gesehen habe, was dem Anblick meiner Vision entsprach, war das Bild einer Wasserstoffbombenexplosion im Südpazifik. In meiner Vision war sie so real, daß ich eine sengende Hitze verspürte.«*[471]

**J. Reg King**, Ende der 1940er Jahre:
*»Die russischen Streitkräfte kamen aus der Gegend von Bathurst Inlet* (kanadische Arktis, am nördlichen Polarkreis). *Ich erinnere mich, wie überrascht ich war, weil sie unerkannt dort waren. Sie hatten eine große mobile Angriffsstreitmacht mit schweren Waffen. Dann wechselte die Szene, und ich sah russische und amerikanische Kampfflugzeuge im Luftkampf über Alaska und Alberta, nahe der Grenze zu Saskatchewan. Die Invasionsroute war hauptsächlich im Grenzgebiet von Alberta und Saskatchewan entlang dem 110. Längengrad. Ich war erstaunt, daß feindliche Flugzeuge zu dieser Zeit so nah an die Grenze der USA kommen konnten und weder erkannt noch abgefangen wurden. Wieder wechselte die Szene, und ich realisierte, daß die feindlichen Bodentruppen gerade oberhalb des 60. Breitengrades waren, auch immer noch unentdeckt und ohne Widerstand von kanadischen oder amerikanischen Streitkräften. Die Vision wurde mir Ende der 40er Jahre offenbart und ich erinnere mich an meine absolute Überraschung, daß ein Feind so weit in unser geliebtes Kanada vorstoßen konnte und unentdeckt blieb. (…) Und der Feind setzte bakteriologische Kriegführung ein.«*[472]

**Zelma Kirkpatrick**, 1954:
*»… Ich sah eine große Reliefkarte der USA – keine Staaten waren darauf markiert, und nur Farben von grün und braun. Dann sah ich einen schwarzen Streifen an der Westküste entlangkommen, so schwarz wie schwarze Farbe. Er erschien schnell, so als ob man einen Farbpinsel nimmt und einen schnellen Strich von der Westgrenze von Seattle hinunter bis Niederkalifornien zieht. Dann begann sich die Farbe langsam wie Tinte in einem Löschblatt zu verbreiten, und ich rief, ›Was ist das, Herr?‹*

*Denn ich verstand es nicht und dachte nicht an Krieg. Dann hörte ich plötzlich das Wort Invasion, ich glaube in einer hörbaren Stimme. Ich sagte, ›Herr, werden sie ganz Amerika einnehmen?‹ Und er antwortete nein, es wird die westlichen Staaten treffen. Tatsächlich waren die exakten Worte, ›Sie werden nicht aufgehalten werden, bis sie den Mittleren Westen erreichen.‹«*[473]
Die Seherin identifiziert die Angreifer als chinesische und russische Truppen, bewaffnet mit Gewehren, an denen Bajonette angebracht waren.

**Earlene Wallace**, 1992:
*»Während des Gebets im Keller meines Hauses sah ich den Himmel über Amerika erfüllt mit vielen schwarzen Tarnkappenbombern. Es waren keine Abzeichen auf diesen Flugzeugen. Dann wechselte die Szene, und ich sah atomare Explosionen rund um mich herum! Dann wechselte die Szene wieder, und ich sah die schrecklichen Folgen des atomaren Holocaust. Nicht alles, aber viel von dem Amerika, das wir heute kennen, war zerstört. Und wieder, zum vierten Mal, wechselte die Szene, und ich sah Horden orientalischer Soldaten durch alle Gebiete der USA marschieren, die nicht bombardiert worden waren. Sie hatte Bajonette an ihren Gewehren angebracht und zerstörten alles und jeden in ihrem Weg. Dann endete die Vision.«*[474]
Genau wie die Vereinigten Staaten verfügt auch Rußland über Flugzeuge mit Tarnkappentechnologie, und auch China entwickelt ähnliche Systeme.

**Pastor Robert G. Millar**, 1947:
*»Ich sah Bomben fallen auf Cape Canaveral, Florida, und wunderte mich, warum ein Feind entscheiden würde, etwas zu bombardieren, was damals nur ein Sandstrand war. Ich sah Dinge, die aussahen wie Bomben, die aus dem Wasser in der Mitte des Golfs von Mexiko aufstiegen (und das, bevor man an Polaris-Unterseeboote auch nur dachte) und in der Gegend von Houston landeten, und ich wunderte mich, wer ein so kleines Nest würde bombarieren wollen, denn dort war noch kein petrochemischer Komplex des NASA-Hauptquartiers zur damaligen Zeit. Ich sah den Schrecken in Detroit, Buffalo, an der Westküste, der Osten von Toronto in Flammen und viele Einzelheiten und Orte. (…)*
*Ich hatte Horden von Soldaten in Uniform vom Norden Kanadas*

*hereinströmen sehen, entlang einem Korridor westlich des Lake of the Woods, Manitoba, zur Grenze der USA. (...)*
*Seit dieser Zeit fühlte ich immer, daß China die Soldaten schickte und Rußland damit beginnen würde, die Ausrüstung zu liefern. (...)*
*Diese Visionen verschwanden 1951, sie sind aber hell und klar in meinem Gedächtnis verblieben. Ich habe gesehen, daß die Ereignisse in der Welt das meiste der Visionen seit dieser Zeit bestätigten, und erwarte, daß der Rest bald folgt.«*[475]

**Linda Newkirk**, 1997:
*»Kind, wenn du die Drohungen Nordkoreas gegen Amerika siehst, glaube nicht, daß Nordkorea droht, die USA alleine in die Luft zu sprengen. Es hat die Rückendeckung von China, Rußland und anderen Ländern, und sie planen diese Falle schon seit langer Zeit. Lauft in diese Falle und es ist vorbei mit Amerika.«*[476]
Die Folgen des Krieges und der Katastrophen beschreibt die Seherin so:
*»Während ich die Landschaft der USA betrachte, sehe ich, daß sie stark verändert aussieht. Houston ist fast ganz verschwunden und der Golf ist hereingebrochen. New Orleans und Mobile wurden ausgelöscht. Florida sieht wie eine Gruppe großer Inseln aus. Atlanta (Georgia) sieht aus wie ein großes Loch. Macon (Georgia) ist schwer beschädigt, und der Ozean brach ein und bedeckt den Großteil von Savannah (Georgia). Chapel Hill (North Carolina) – ein großes Loch. Virginia – eine große Linie der Zerstörung bis nach Washington, D. C. New York sieht katastrophal aus, und der Ozean bricht ein und bedeckt 80% der Stadt. Die Großen Seen sind größer geworden und verbunden mit dem Mississippi, so daß das Land in zwei Teile geteilt ist. In Michigan sehe ich vier große Krater. Minnesota – ein einziges großes zerstörtes Gebiet mit drei kleineren Löchern. Kentucky ist nicht schwer beschädigt im Vergleich zu anderen Orten. Vor der Küste von South Carolina warten russische Unterseeboote. In West Virginia verstecken sich die Leute in den Bergen. Dallas ist im Süden von Bomben getroffen. Oklahoma City, ein großer Krater. Von Little Rock (Arkansas) bis Pine Bluff herrscht große Zerstörung. Memphis (Tennessee) ist verschwunden, und zwei weitere Orte in Tennessee zeigen leichte bis mittlere Zerstörungen. Minnesota ist ein einziges großes Konzentrationslager. Iowa ist ein großes Gefängnis, überfüllt mit Zivilisten. In Nebraska sehe ich keinerlei Anzeichen von Atombombenabwürfen. In Utah ist die Mormonenkirche nichts als Schutt.*

*In Nevada ist die Wüstenbasis nichts als Trümmer. In Kalifornien brach der Ozean ein und verschlang viel. San Francisco gibt es nicht mehr. Los Angeles ist größtenteils verschwunden. Drei weitere große Ballungsräume in Kalifornien zeigen erhebliche Beschädigungen. Im Staat Washington ist ein Vulkan ausgebrochen. Bomben trafen Seattle, und der Ozean brach ein. In Kalifornien explodierte ein Vulkan. Die New Madrid Falte explodierte mit Rissen bis nach Ohio, Atlanta (Georgia), über Memphis und hinunter nach Mississippi, im Westen bis Missouri, und sogar bis nach Iowa, über Arkansas nach Little Rock und westlich bis zur Grenze von Oklahoma. Sie reichen im Osten bis Virginia und North Carolina. Bomben trafen auf Hawaii und Alaska. Ein Vulkan bricht aus in Alaska. In Hawaii hat die vulkanische Aktivität viel Land gekostet, und es gibt nur noch wenig Leben auf Hawaii. Bomben trafen Cincinnati, Ohio und ein weiteres großes Gebiet. In Indiana ist Indianapolis schwer von Bomben getroffen. Chicago ist mehrfach getroffen, besonders im Süden. In Oregon sehe ich nicht viele Hinweise auf Bomben, aber chemische und biologische Kriegführung. Ich sehe Reihen von Konzentrationslagern, besonders im Süden, wo die Leute im Freien eingesperrt werden. Die Guillotinen haben viele Millionen hingerichtet. Die Religion wird als Gefahr für die neue Regierung erachtet und wird verboten. Die neue Regierung der USA hat eine Flagge mit zehn goldenen Sternen. Kirchen werden niedergebrannt. Das Land wird in verschiedene Gebiete aufgeteilt, mit einem ernannten Gouverneur für jedes Gebiet. Dieser Gouverneur untersteht dem Staatsoberhaupt, das von den Führern der Weltregierung eingesetzt wurde. Es gibt sehr viel Krankheit und Seuchen. Viele verstecken sich buchstäblich in Höhlen in der Erde.«*[477]

Wir sehen auch in den besetzten Gebieten der USA deutliche Hinweise auf die Verfolgung der Religionen, wie sie typisch für kommunistische Diktaturen ist.

Der Seher **Gayle Smith** (1969) sah die Besetzung der USA durch fremde Truppen:
*»Gayle sah eine Atombombe in der Nähe von Salt Lake City explodieren.«*[478]

**David Wilkerson**, 1985:
*»Amerika wird durch Feuer zerstört werden! Die Zerstörung kommt plötzlich, und wenige werden ihr entgehen. Unerwartet und in einer*

*Stunde wird ein Holocaust aus Wasserstoffbomben Amerika erfassen – und diese Nation wird nicht mehr sein.«*[479]

**Vince Aquilino:**
*»Schließlich rief ich voller Qual zum Herrn, ›Herr, was ist geschehen?‹ Der Herr antwortete mir: Die Russen haben einen Erstschlag gegen die Raketensilos im mittleren Westen ausgeführt (es war offensichtlich ein begrenzter Austausch). Sie haben die Raketensilos ausgeschaltet. Aber unsere U-Boote schlugen zurück. Mir wurde sogar die Anzahl der Getöteten gesagt: 6,8 Millionen Amerikaner und 4,6 Millionen Russen kamen um.«*[480]

**Stephen L. Bening**, 1992:
*»Und ich sah die Pilzwolke einer Wasserstoffbombe im Süden aufsteigen. Ich geriet in Panik. Ich dachte an das Licht, das ich gesehen hatte, und die Wolke, und schätzte ihre Entfernung auf etwa 40 Meilen. Das bedeutete für mich, daß die Homestead-Luftwaffenbasis gerade getroffen worden war …«*[481]

**Nora Grant**, 1999:
*»Ich hatte vollen Überblick über die Gegend im südwestlichen Denver, die man das Bear Valley nennt. Plötzlich sah ich eine Rakete über die Berge kommen, ins Tal abfallen und weiter in östliche Richtung fliegen. Sie war etwa 60 bis 100 Fuß lang, hatte eine spitze Vorderseite, kleine Flossen auf dem Rücken und war silberfarben. Ein Freund erklärte mir später, sie sei möglicherweise auf dem Weg zur Radarstation in Aurora, von wo aus alle amerikanischen Hightech-Waffen koordiniert werden.«*[482]

**Bobby Whitaker**, 1998:
*»Letzten Herbst hatte ich einen Traum, von dem ich glaube, daß er vom Herrn kam. In diesem Traum stand ich irgendwo in Kalifornien am Strand, und neben mir stand ein Engel, der sehr groß war. Er sagte zu mir schau und paß auf, Ich sah etwas aus dem Westen kommen, das aussah wie ein fallender Stern. Als es näher kam, wurde es langsamer und wurde größer und größer, bis es etwa 10 mal größer war als der Vollmond. Als ich es betrachtete, nahm es die Form der Erde an, aber es war anders. Dann war es verschwunden, und ich stand wieder neben demselben Engel. Er sagte, ›Hast du gesehen, aus welcher Richtung*

*der fallende Stern kam?‹ Ich sagte, von Westen und der Engel sagte, ›So wie du den fallenden Stern gesehen hast, wird die neue Welt kommen, sobald China angreift.‹ Und gleich danach sah ich riesige Explosionen überall in Amerika, und ohne zu sprechen, kam die Einsicht in mein Bewußtsein, daß nicht nur China, sondern gleich darauf auch Rußland angreifen würde.«*[483]

Aus den hier zitierten amerikanischen Quellen geht – in Übereinstimmung mit den deutschen Quellen – hervor, daß es zu einer russisch-chinesischen Invasion in Nordamerika kommt. Flankiert bzw. vorbereitet wird diese Invasion offenbar von der atomaren Zerstörung der größten amerikanischen Wirtschafts- und Bevölkerungszentren, und zwar durch russische Raketen-U-boote, die vor allem im Golf von Mexiko Position bezogen haben. Einige nicht näher bestimmte Staaten der 3. Welt scheinen diesen Angriff mitzutragen, ähnlich wie auch in Europa, wo es heißt, nordafrikanische bzw. arabische Truppen fielen in Italien und Spanien ein.
Während die russischen Truppen offenbar im Norden Kanadas landen, um nach Süden in Richtung Montana, Missouri und Minnesota vorzustoßen, landen chinesische Truppen an der Westküste, in Washington, Oregon und Kalifornien. Außerdem scheinen chinesische Truppen (vielleicht aus Panama) auf dem Landweg über Mexiko in die USA vorzudringen. Gleichzeitig versucht Kuba mit russisch-chinesischer Unterstützung die Invasion in Florida.[484] Glauben wir Alois Irlmaier, dann wird der Angriff jedoch zurückgeschlagen, die Angreifer unterliegen, jedoch sind die Verluste auf beiden Seiten enorm.

## 22 – Atombomben in den Atlantik und das Mittelmeer

Als Racheaktion für ihre Niederlagen in Westeuropa und Nordamerika setzen die Sowjets in der Nordsee eine sogenannte Tsunami-Bombe ein. Tsunami bedeutet »lange Welle im Hafen«. Sie entsteht normalerweise als Folge von Seebeben, Erdrutschen im Meer, durch den Sturz eines hängenden Gletschers in ein großes Gewässer, durch Vulkanausbrüche am Meeresboden oder eben durch künstliche Explosionen, z. B.

durch die Detonation von Atombomben unter Wasser. Während die Energie einer starken Atombombe in der Atmosphäre zum größten Teil nutzlos nach oben verpufft, findet unter Wasser ein ungeheurer Energieumsatz statt, der im Ozean über weite Strecken weitergegeben wird. Im tiefen Meer sind solche seismischen Wogen allerdings kaum zu bemerken, ihre Höhe beträgt meist nur einen halben Meter, der Abstand der einzelnen Wellen voneinander oft über 100 km. Ihre Geschwindigkeit hängt von der Meerestiefe ab. Auf dem offenen Meer, das im Mittel rund 4000 Meter tief ist, rasen Tsunamis mit 200 Meter pro Sekunde (= 720 km/h ) dahin. In flacheren Küstengewässern verlangsamen sie sich erheblich, z. B. auf 30 Meter pro Sekunde bei 100 Meter Wassertiefe. Hier werden die Tsunamis aber gleichzeitig steiler und wachsen zu gewaltiger Höhe an, was sie besonders unheimlich und gefährlich macht. Natürlich entstandene Tsunamis sind relativ selten. Die Hauptursache für historisch dokumentierte Tsunamis waren meistens Erdbeben oder Vulkanausbrüche. Prallen derartige Wellen an die Küste, verursachen sie erhebliche Zerstörungen, besonders an Hafenanlagen, Deichen usw., und genau darauf, so scheint es, spekulieren die Sowjets.

Der Norweger **Anton Johansson** sah 1907 dieses Ereignis und interpretierte es als einen Vulkanausbruch am Meeresboden. Wie wir aus anderen Quellen wissen, handelt es sich dabei jedoch um die Folgen einer enorm starken Kernexplosion auf dem Grund des Atlantiks:
*»Über allen Nordseestaaten lag Dämmerung. Kein Stern war zu sehen, und vom Meer her wehte ein starker Wind. In den norwegischen Gebirgen war noch kein Schnee gefallen. Im Geiste wurde ich in die Nähe von Drontheim geführt. Ich stand am Strand und schaute über das Meer. Plötzlich begann der Boden zu erbeben. Die Häuser der Stadt zitterten wie Espenlaub, und einige hohe Holzbauten an der Küste stürzten zusammen. Gleich darauf erscholl vom Meer her ein furchtbares Getöse, und eine gewaltige Sturzwelle näherte sich mit rasender Geschwindigkeit der Küste und zerschellte an den Felswänden. In den flachen Gebieten rollte die Flut weit ins Land hinein, überschwemmte große Teile von Drontheim und richtete erheblichen Schaden an. Große Speicher und Lagerhäuser barsten auseinander und wurden ins Meer gespült. Die Überschwemmung erstreckte sich über die ganze norwegische Küste, von Südnorwegen bis hinauf in die Gegend von Bodö. Ich vernahm die Namen mehrerer dort liegender Städte.*
*Weiter wurde ich im Geiste zu den großen Städten an der englischen*

*Ostküste geführt, wo die Naturgewalten den allergrößten Schaden anrichteten. Die ganze englische Ostküste stand bis weit ins Land hinein unter Wasser. Besonders gelitten hatte die Stadt Hull und ihre nähere Umgebung. Schottland mußte einem besonders heftigen Anprall ausgesetzt gewesen sein, denn es schien, als seien große Teile des Landes ins Meer abgesunken. Dann gewahrte ich London. Hier schien die Katastrophe ihren Höhepunkt erreicht zu haben. Hafen und Kaianlagen waren völlig zerstört, unzählige Häuser eingestürzt, das Wasser von schwimmenden Wrackteilen bedeckt. Im Hafen waren viele Schiffe gesunken, andere waren sogar weit aufs Land zwischen die Häuser geschleudert worden. Auf dem Meer sanken die Schiffe, und zahllose Matrosen ertranken. Riesige Mengen toter Fische, vor allem Heringe, trieben auf der Wasseroberfläche. Danach zwängten sich die Sturzwellen durch den Kanal und zerstörten dort auf beiden Seiten Häfen und Städte. Besonders schwer betroffen wurde Rouen, aber auch andere Städte der französischen Nordküste litten stark. Der Namen dieser Städte entsinne ich mich nicht mehr. Auch große Teile Hollands, Belgiens und der deutschen Nordseeküste wurden schrecklich heimgesucht. Zu den Städten, die besonders großen Schaden aufwiesen, gehörten Antwerpen und Hamburg. Letztere bekam ich zu sehen, und mir schien, sie habe nach London am schwersten gelitten. Es wurde mir auch gesagt, daß dort riesige Warenvorräte verlorengingen. Auch die dänische West- und Nordküste und die dort liegenden Städte und die ganze schwedische Westküste – insbesondere Göteborg, Hälsingborg und Malmö – bekamen ebenfalls die Folgen der Katastrophe zu spüren.«*[485]

Der Münchner Seher **Joseph Stockert** (1948) sah die Ursache der von Johansson beschriebenen Katastrophe:
*»Von Osten her flog über der Nordsee ein Flugzeug gegen Westen. Als es sich England näherte, sah ich, wie aus dem Flugzeug etwas abgeworfen wurde. Das Flugzeug flog mit großer Geschwindigkeit weiter. Gleich darauf erfolgte eine furchtbare Detonation. Das Wasser des Meeres wurde hoch in die Lüfte geschleudert und ich sah unter mir nur noch Gischt und schäumendes, dampfendes Wasser. Weit wurde es ins Land hineingetragen und begrub alles unter sich. Von Land sah ich keine Spur; ich glaubte es sei untergegangen ...*[486]
*Schaue ich nach Nordwest, sehe ich die Wasser der Nordsee über ihre Ufer treten und weit die Länder überfluten.«*[487]

**Alois Irlmaier: »Dann kommt ein einzelnes Flugzeug von Osten und wirft einen Gegenstand ins große Wasser ...«**
***Russischer Tu-95-Bear-Bomber. Im Oktober 1961 testete die UdSSR mithilfe eines solchen Flugzeugs über dem Atomtestgelände auf der Insel Nowaja Semlja die stärkste je gezündete Wasserstoffbombe, die »Tsar Bomba«. Die Bombe war so groß, daß das Fahrwerk des Flugzeugs extra modifiziert werden mußte.***[488]

***Ein Bild der »Tsar Bomba« mit einer Sprengkraft von 50 Mt TNT. Das Design der Bombe war auf eine Sprengkraft von bis zu 100 Mt ausgelegt. Die Schockwellen der Explosion waren weltweit meßbar. Die Pilzwolke der Explosion stieg bis in eine Höhe von 64 km.***[489]

Auch **Alois Irlmaier** aus Freilassing sah das Ereignis in detaillierten Bildern, die er wie folgt wiedergibt:
*»Das eine weiß ich ziemlich gewiß,«* sagte er, *»wenn der Krieg kommt, dann beißt es oben im Norden am meisten aus. Ich sehe ein großes Wasser, das kommt vom Meer her, das ist höher wie ein Haus, das überschwemmt die Ufer, und wen es erwischt, der kommt nicht mehr lebend davon.*[490]
*Dann kommt ein einzelnes Flugzeug von Osten und wirft einen Gegenstand ins große Wasser – bei England. Da hebt sich das Wasser wie ein einziges Stück turmhoch und fällt wieder herunter. Es gibt ein Erdbeben, und alles wird überschwemmt, fast ganz England und die europäischen Küsten bis nach Berlin.*[491]
*Da sehe ich aber einen daherfliegen von Osten, der schmeißt was in das große Wasser, dann geschieht etwas Merkwürdiges. Da hebt sich das Wasser wie ein einziges Stück turmhoch und fällt wieder runter, dann wird alles überschwemmt. Es gibt ein Erdbeben, und die große Insel* (England) *wird zur Hälfte untergehen.*[492]
*Ein Teil der stolzen Insel versinkt, wenn das Ding ins Meer fällt, das der Flieger hineinschmeißt. Dann hebt sich das Wasser wie ein festes Stück und fällt wieder zurück. Was das ist, weiß ich nicht. Wann es kommt, weiß ich nicht.*[493]
*In der Nordsee kommt es zu einer riesigen Flutwelle. Die Niederlande, Hamburg, Südengland samt London gehen unter. Schottland bleibt als Insel zurück.*[494]
*Nach den Atombomben der Westmächte wird plötzlich aus dem Osten ein Flieger kommen und über dem großen Ozean bei England etwas fallen lassen. Ein entsetzlicher Wasserstrahl, eine riesige Sturzwelle, wird fast ganz England und die europäischen Küstenländer bis nach Berlin mit einer Sturzflut überschwemmen.«*[495]
Bis nach Berlin klingt zunächst übertrieben, ist aber denkbar, wenn sich die Flutwelle in der Elbe fortsetzt. Aber nicht nur im Atlantik bzw. in der Nordsee sah Irlmaier den Einsatz dieser Bombe, ein ähnliches Ereignis prophezeit er auch für das Mittelmeer:
*»Die Inseln vor der Küste gehen unter, weil das Wasser ganz wild ist. Ich sehe große Löcher im Meer, die fallen dann wieder zu, wenn die riesigen großen Wellen zurückkommen. Die schöne Stadt am blauen Wasser* (Marseille) *versinkt fast ganz im Meer und im Schmutz und Sand, den das Meer hinauswirft. Drei Städte seh' ich versinken gegen Süden, gegen Nordwesten und gegen Westen.«*[496]

Hierbei handelt es sich offenbar um einen anderen Bombentyp. Im Atlantik wird die Bombe sehr tief gezündet, denn Irlmaier sagte, das Wasser hebe sich *»wie ein einziges Stück turmhoch und fällt wieder runter«*, im Mittelmeer aber sieht er *»große Löcher im Meer, die fallen dann wieder zu«*. Die Bombe im Mittelmeer scheint in wesentlich geringerer Tiefe gezündet zu werden, vielleicht sogar noch über der Wasseroberfläche, wie der **Bauer aus dem Waldviertel** (1977) anzudeuten scheint:

*»Im letzten Kriegsabschnitt falle eine Atombombe in die Adria und eine in die Nordsee. Diese sei gegen London gerichtet. Das Meer, das bis zu 80 Meter hoch austrete, verursache riesige Überschwemmungen.*[497]
*Die Überschwemmungen im Mittelmeergebiet werden durch A-Waffenzündungen in großer Höhe über der Adria, von Norden beginnend, hervorgerufen. Die Erschütterungen sind bei uns deutlich spürbar.«*[498]

Die Folgen davon werden in der Marienerscheinung von **La Salette** (1846) beschrieben:

*»... Marseille (wird) verschlungen werden.«*[499]

Dasselbe sagte **Josef Kugelbeer** (1922):

*»Marseille wird von der Meeresflut in einen tiefen Graben geschwemmt.«*[500]

Der Prophezeiungsforscher Heinrich Bauer versuchte nun anhand einer groben Rechnung zu ermitteln, ob eine solche Überschwemmung, ausgelöst durch eine Atombombe, realistisch ist. Hierzu kalkulierte er zunächst eine Explosion mit einer Sprengkraft von 1000 Mt mitten im Atlantik:

*»Vereinfachungen: Den Atlantik ersetze ich durch einen kreisförmigen ›Teich‹ von 6000 km Durchmesser (Küstenlänge 19000 km). Die Bombenenergie betrage: 1000 Mt TNT = 10 hoch 12 kg TNT = 10 hoch 12 kWh = 3,6 mal 10 hoch 18 Joule (Newtonmeter).*
*Diese Energie verteile ich:*
*10% um die Erdkruste zu zerstören,*
*10% um die Meeresoberfläche ›kirchturmhoch‹ zu heben,*
*40% für die Stoßwelle im Meer (Geschwindigkeit über 1500 km/s),*
*40% für die Flutwelle (Tsunami).*
*Ich denke mir einen Querschnitt durch eine Flutwelle, gerade wenn sie die Küste berührt, als einen Quader, 100 Meter hoch, 50 Meter dick,*

*aus massivem Meerwasser, der mit 30 Meter pro Sekunde auftrifft. Von diesem Quader berechne ich nun eine 1 Meter dicke Scheibe – also ein 19 Millionstel der gesamten, die ›Küste‹ treffenden Flutwelle. Dann besteht die in diesem Quader gespeicherte Energie aus zwei Teilen, der kinetischen Energie (m mal v im Quadrat durch 2) und der potentiellen Energie (m mal g [Erdbeschleunigung] mal halbe Höhe der Flutwelle).*
*Die Masse m der Quaderscheibe beträgt 5000 Tonnen oder 5 Millionen Kilogramm.*
*Dann erhalte ich:*
*Kinetische Energie: 2,25 Milliarden Joule*
*Potentielle Energie: 2,50 Milliarden Joule*
*Zusammen also: 4,75 Milliarden Joule*
*Und für die gesammte Flutwelle an ›unserer Küste‹:*
*weniger als 9,1 mal 10 hoch 16 Joule.*
*Sie merken, unsere Flutwelle ist noch zu klein, sie enthält nicht mal 1/15 der zur Verfügung stehenden Energie! Und weil es so einfach ist, wollen wir berechnen, welche Masse Meerwasser die Explosion ›kirchturmhoch‹ heben kann:*
*Die Energie dazu beträgt: 3,6 mal 10 hoch 17 Joule.*
*Die Hubhöhe sei 50 Meter.*
*Aus der Potentiellen Energie:*
*Masse mal 10 mal halbe Hubhöhe = Energie berechnet sich die:*
*Masse zu 1,44 mal 10 hoch 15 kg. Das sind 1,44 mal 10 hoch 12 Tonnen oder 1440 Kubikkilometer Wasser oder ein Wasserzylinder von 50 Metern Höhe und einem Durchmesser von 190 Kilometern. Das hat Alois Irlmaier einfach sehen müssen!«*[501]

Das amerikanische und britische Militär arbeitete bereits im 2. Weltkrieg unter der Bezeichnung »Projekt Seal« an derartigen Waffen, wie unlängst veröffentlichte Unterlagen aus Neuseeland beweisen. Die Arbeiten galten als so bedeutend, daß sie eine ähnliche Rolle im weiteren Kriegsverlauf gespielt hätten wie die Atombombe, wenn das Projekt rechtzeitig abgeschlossen worden wäre. Jedoch kam es nicht mehr zum Einsatz. In den Nachkriegsjahren wurden die Arbeiten fortgesetzt, und auch die Verwendung von Kernexplosionen zur Erzeugung großer Flutwellen wurde dabei in Betracht gezogen. Es ist nur wahrscheinlich, daß im Ostblock an einem ähnlichen Projekt gearbeitet wurde und daß inzwischen einsatzfähige Tsunami-Bomben im Arsenal der Großmächte lagern.

## 23 – Die grosse Katastrophe

Als nach wochenlangen Kämpfen in allen Erdteilen bereits Chaos und Zerstörung herrschen, kommt es etwa im Monat Oktober zum zweiten kosmischen Ereignis nach dem bereits vorangegangenen Funkenregen. Ein Himmelskörper, vermutlich derselbe, der auch schon den Funkenregen ausgelöst hatte, passiert die Erde. Große Bruchstücke gehen an mehreren Stellen nieder und lösen die letzte Phase der Apokalypse aus. Für Panama und Tschechien ist der Einschlag von Trümmerstücken prophezeit. Die Energie des Einschlags allein reicht schon aus, um das Land in weitem Umkreis dem Erdboden gleichzumachen. Zudem kommt es aber in der Folge zu erheblichem Vulkanismus, der Unmengen giftiger Gase freisetzt, die wiederum zum Phänomen der dreitägigen Finsternis führen. Die Atmosphäre verfinstert sich, die Luft ist beladen mit rostroten Staub- und Ascheschwaden, die alles ungeschützte Leben im Freien ersticken. Gleichzeitig kommt es durch den Impakt zu einem weltweiten Erdbeben, ganze Küstenstriche versinken im Meer, an anderer Stelle taucht neues Land aus dem Meer auf, die Kontinente verändern sich, Flüsse, u. a. der Rhein, ändern ihren Lauf. Doch schon nach wenigen Tagen, so sagen die Prophezeiungen übereinstimmend, sind die Staubschwaden z. B. durch Regenfälle so weit aus der Atmosphäre ausgewaschen, daß die Luft wieder atembar ist. Den Boden bedeckt eine mehrere Zentimeter dicke Ascheschicht, die nach und nach vom Erdboden aufgenommen wird und eine ungekannte Fruchtbarkeit erzeugt.

***Kein Atompilz, sondern die Aschewolke eines Vulkanausbruchs.***[502]

## *Der einschlagende Himmelskörper*

Der Norweger **Anton Johansson** sah 1907 die Folgen des Impakts, erkannte aber ähnlich wie zuvor schon im Fall der Atombombenexplosion im Atlantik nicht die Ursache der Katastrophe. Als Jahreszeit für das Ereignis schätzte er Frühjahr oder Herbst. Die Druckwelle des Impakts nahm ihm zufolge in der Gegend des Panamakanals ihren Anfang und zog über die Südstaaten der USA hinweg, wo Gebäude in Mengen regelrecht weggeweht wurden und sich riesige Flutwellen über das Land ergossen.

Der Franzose **Pierre Frobert** äußerte sich 1980 über den Himmelskörper, den er »Stern aus Eisen und Nickel« nennt, wie folgt:
*»Hier ist der Tag des Zorns. Der behaarte Stern wird 7 Tage lang sichtbar sein. Die Welt wird unruhig, keine menschliche Waffe wird ihn erreichen können.*
*Der Feind, der aus der Luft kommt, wird alle die zerstören, die sich dem Bösen geweiht haben, und wird die Söhne Gottes verschonen. Sie werden eine neue Pflanzung anlegen, wo neue bessere Menschen hervorgehen.*
*Der behaarte Stern verletzt das tote Gestirn und zieht Fluten von großen Steinen nach sich.*
*Der Stern ist aus Eisen und Nickel. Er ähnelt einer anderen Sonne durch seine Größe.*
*Sein Gürtel ist mächtig, rote Lichter sind um ihn herum, und hier prallt er auf die Schichten der Mutter Erde, und diese kippt um.«*[503]
Das tote Gestirn könnte entweder der Mond sein (auch andere Schauungen legen diesen Verdacht nahe), oder aber es kommt zur Kollision mit Merkur, denn auch in diese Richtung deuten einige Prophezeiungen.
*»Heftige Winde nehmen alles mit, erstickende Gase fegen seine Oberfläche leer. Die Menschen erschrecken vor dem Krach des Meeres und der Fluten. Es wird Sturmfluten geben, das Wasser wird steigen und Flüsse und Ebenen überfluten. Der Himmel wird schwarz, Steine fallen vom Himmel, Südfrankreich bricht mit einem Donner zusammen, die Berge tanzen, die Mitte wacht mit all ihren Vulkanen auf; aber sie wird es aushalten. Eine enorme Welle wird Nordfrankreich hinwegfegen, England, Norddeutschland, Holland, Nordrussland. Das Wasser wird den Rhein und die Rhone hinaufsteigen, überall bebt die Erde, Rom*

*wird zerstört und andere Städte, die Räuberinsel wird im Wasser versinken.«*[504]

Hier wird bereits die dreitägige Finsternis mit den zeitgleich stattfindenden Kontinentalveränderungen beschrieben. Die sogenannte »Räuberinsel«, das ist anderen Vorhersagen zufolge England, versinkt im Meer.

*»Und alles, was Schlachtfeld war, schläft unter Wasser. Sturmflut in Griechenland, Mittlerer Osten, Nordafrika. Es wird große Veränderungen in Nordamerika geben. Die Wasser der großen kanadischen Seen ergießen sich in den Pazifik.«*[505]

Die kanadischen Seen ergießen sich wohl eher in den Atlantik als in den Pazifik.

*»Mehrere Gegenden der USA werden von Erdbeben und Wasser heimgesucht, vor allem die Küsten.*

*Eine neue Erde taucht auf, das alte Atlantis, eine neue Meerenge an der Spitze von Südamerika.*

*Die pazifischen Inseln, Japan wird von der Karte verschwinden, ein großes Strafgericht in Asien.*

*Nichts wird ohne Notwendigkeit zerstört oder verbrannt. Was das Feuer verschont, wird von Erdbeben unserer Mutter Erde zerstört.*

*Gott wird der Vater sein. Es wird nur eine Herde geben, einen einzigen Stall, einen Schäfer.*

*Es beginnt die von den Propheten angekündigte Herrschaft.«*[506]

Eine wenig bekannte Aussage von **Alois Irlmaier** belegt, daß auch er Gesichte von einschlagenden Himmelskörpern hatte. Er sagte, gegen Kriegsende komme der *»Erde Riss«*. Der Zeitzeuge, von dem diese Aussage überliefert ist, glaubt heute, das sei der gigantische Einschlag von Kometenteilen nordöstlich von Prag, es könne aber auch beim ehemaligen Dreiländerdreieck DDR/BRD/Tschechoslowakei sein.[507]

Mehr Details über den Einschlag in Tschechien liefert der **Bauer aus dem Waldviertel** (1976), er beobachtet das Geschehen von seiner Heimat in Niederösterreich aus:

*»Da erfolgte eine gewaltige, kurze weißgelbe Explosion, deren Feuerpilz von W- über WNW reichte. Gleich darauf schoß eine alles überragende, eruptionsähnliche, qualmende, schwarzrote Feuersäule empor. Hoch oben, sicherlich über der Atmosphäre, gab es noch gewaltige Feuerwirbel. Sie reichte von WNW- fast N. Die Erde bebte. Ich wurde in*

*den Eingang geschleudert und konnte wegen der Erschütterungen kaum Halt finden. Vielleicht wurde ich bewußtlos. (...)*
*Später ging ich mühevoll in Richtung S-SW. Die Orientierung fiel mir schwer; es gab kein Haus, keinen Baum, weder einen Strauch oder Halm. Alles war mit Trümmern und Felsbrocken übersät. Nicht einmal Ruinen fand ich, wo früher Häuser waren.«*[508]
Diese Zerstörungen werden sicher nicht durch die Kriegseinwirkungen in seiner Heimat hervorgerufen, sondern sind direkte Folge des Impakts. Ähnliche Zerstörungen sah ein **Bauer aus Selb** (1971) an der deutsch-tschechischen Grenze als Folgen des Einschlags:
*»Im Fichtelgebirge – etwa 4 km entfernt von Selb – sieht es aus wie in der ›Sahara‹, keinerlei Vegetation, kein Zeichen von Leben, feiner Sand, Dünen. Die Sonne geht im Westen auf! Es ist wärmer geworden, ca. 35 bis 40 Grad! Am Bergfuß ragen aus dem Sand 3 bis 4 Meter hohe verkohlte schwarze Baumstümpfe. Man sieht keinerlei Ruinen. 2 bis 3 Jahre nach der Katastophe wird das Land wieder bewirtschaftet.«*[509]

Zurück zu den Impaktfolgen, wie sie der **Bauer aus dem Waldviertel** (1976) vorhersah:
*»Als ›Gottesgericht‹ wird das Platzen der Erdrinde in der westlichen CSSR bezeichnet.*[510]
*Da kommt es in der westlichen CSSR zum Platzen der Erdrinde. Der erste Auswurf wird bis zu hundert Kilometer oder weiter geschleudert. (...) Die dabei ausgestoßenen Gase bewirken die Finsternis und die Atemkrämpfe der ungeschützten Lebewesen.«*[511]
Daß der Bauer den Vergleich zu einem Birkenbaum wählt, ist interessant. Erinnert dieses Bild doch an die vielfach prophezeite »Schlacht am Birkenbaum« in Westfalen. Tatsächlich gibt es Vermutungen, daß es auch in der Nähe der Rheinmündung zu einem Impakt kommen könnte, der eine ähnliche Gestalt annimmt wie der Impakt in Böhmen.
*»Der Auswurf nimmt später das Bild eines alleinstehenden großen Birkenbaumes an. Das Verharren vor dem Wiederherunterfallen gleicht den Laubbüscheln. Auch ich sehe dieses Schauspiel, neben mir stehende Personen höre ich sagen: ›Wie ein Birkenbaum.‹ Beim Platzen der Erdrinde kommt es zu einem Weltbeben, bei dem fast alles zerfällt, was zerfallen kann. Alle nachher noch lebenden Menschen stehen vor dem Nichts. Da kommen sie zur Besinnung. Wer es bis dahin nicht gelernt hat, sich in einer solchen Lage mit eigenen Händen zu helfen, ist verloren.«*[512]

Die Zerstörungen werden durch die Nähe seiner Heimat zum Ort des Impakts natürlich größer und schwerwiegender sein, als in anderen Teilen Europas.
*»Die Erschütterung sei so stark, daß die Erde unvorstellbar bebe. ›Einen Tag lang zittert und bebt die Erde. Man bilde sich nicht ein, daß irgend etwas stehen bleibt. Das Beben setzt spät am Abend ein und dauert bis zum nächsten Tag.‹ Das diffuse Licht, das sich dann verbreite, und die Vergiftung der Atmosphäre, hielten bedeutend länger als nur drei Tage lang an. Wer nach fünf oder sechs Tagen sein Versteck verlasse, trage noch immer bleibende Schäden davon. Vielleicht aber rühre die besonders lange Dauer der Vergiftung seiner engeren Heimat daher, daß die tödlichen Wolken nach Osten abgetrieben werden.«*[513]
Der Bauer betont hier extra, die Verdunkelung der Atmosphäre halte länger als drei Tage an, die Mehrzahl der Vorhersagen aber gibt übereinstimmend an, daß es nur drei Tage lang dunkel bleibe. Trotz der Übereinstimmung zahlreicher anderer Quellen, erscheint die Aussage des Bauern mit einer mehrere Tage anhaltenden Vergiftung der Atmosphäre realistischer.

In den **Feldpostbriefen** (1914) des Andreas Rill heißt es über den Impakt, er finde in Süddeutschland statt:
*»Am Schluß kommt noch Rußland und fällt über Deutschland her, wird aber zurückgeschlagen, weil die Natur eingreift, und da wird in Süddeutschland ein Platz sein, wo das Ereignis sein sollte, wo die Leute von der ganzen Welt hinreisen, zu schauen. (...) Beim dritten Geschehen soll Rußland in Deutschland einfallen, und zwar im Süden bis Chiemgau, und die Berge sollen da Feuer speien, und der Russe soll alles zurücklassen an Kriegsgerät.«*[514]

Stephan Berndt zitiert eine **Frau aus Dresden** (1996) mit den Worten:
*»... die Erde würde in der Gegend von Prag 70 bis 100 km lang aufplatzen, und die entsprechenden starken Eruptionen würden die Sonne verfinstern und giftige (Schwefel etc.) Gase enthalten.«*[515]

Die Prophezeiung des **Mönchs von Jasna Gora** aus dem 17. Jahrhundert gibt einen Hinweis auf den Himmelskörper, der das Ereignis auslösen soll:
*»Später wird im Norden ein großer Komet aufsteigen, eben der, welcher sich schon im Jahre 1680 gezeigt hat, und dieser Komet wird großes Unglück mit sich bringen.«*[516]

Prophezeiungsexperten vermuten, daß es sich hierbei nicht, wie zuerst vermutet, um den Halleyschen Kometen handelt, der im Jahr 1682 erschienen war, sondern um den 1680 von Gottfried Kirch entdeckten Kirch-Kometen, der damals eine unglaubliche Schweiflänge von über 100 Grad = 300 Millionen Kilometer hatte. Hale-Bopp hatte im Vergleich dazu gerade mal 20 Grad.

## *Die dreitägige Finsternis*

Während die Informationen über den einschlagenden Himmelskörper in der Prophezeiungsliteratur noch einigermaßen verhalten sind, gibt es zahllose Berichte über die von ihm ausgelöste dreitägige Finsternis.

Bernhard Bouvier berichtet in einem ausführlichen Artikel in der Zeitschrift »Magazin2000plus« u. a. über den **Bauern aus Selb**:
*»Es ist morgens um neun Uhr, etwa zweite Oktoberwoche (das erkennt er am Sonnenstand über dem Waldrand, und über welchem Waldstück die Sonne steht): Von Westen her wälzt sich rasend schnell eine braunviolette Wolkenwand, die von der Erde bis weit hoch in den Himmel reicht, wie ein Brecher über das Land. Es wird finster. Als es wieder hell wird, ist von Horizont zu Horizont die Gegend ein bis zwei Meter hoch verschüttet mit Geröll. Mein Dorf ist weg, als ob da nie eines gestanden hätte. Die Horizontlinie der Berge der Tschechei hat sich jedoch nicht verändert.«*[517]
Darüber hinaus schreibt Bouvier über weitere Seherschauungen zur Finsternis, eine davon von einer **Frau aus dem Rheinland**, die sagt, *»›die Finsternis beginnt am späten Vormittag, vielleicht so gegen zehn Uhr‹, sie selbst sei Frühaufsteherin. Diese Zeitangabe deckt sich, was die Tageszeit betrifft, durchaus mit der Angabe des Bauern aus Selb und bestätigt sie.*
*Eine* **Bekannte aus Eggenfelden**, *in Ostbayern, die ›sieht‹, berichtete mir 1991, sie habe sich auf der Flucht nach der dreitägigen Finsternis gesehen. Von Horizont zu Horizont lag drei Finger hoch schwefelfarbige Asche. Die Bäume waren entlaubt, das Gras verätzt und abgestorben. In der Asche lagen, nur noch an den Umrissen zu erkennen, die Kadaver von Rindern. Sie selbst hatte rasenden Durst, aber es gab kein Wasser mehr.*
*Ein* **Junger Mann** *berichtete mir, damals wohnhaft in* **Lüneburg**, *er habe sich als Dreizehnjährigen gesehen, wie er in drei Finger hoher,*

*heißer Asche stand. Er spürte die Wärme durch die Turnschuhe. Die Asche war schwefelfarben. In Lüneburg (und wohl nicht nur da in Norddeutschland) würde niemand überleben – das jedoch m. E. als Folge der Überflutungen.*
*Ein dreißigjähriger* **Beamter aus dem Südschwarzwald** *berichtete mir vor zwei Jahren, er habe sich drei Jahre vorher gesehen – und er meinte, er sähe etwa zehn Jahre älter aus als damals –, wie er vor einem stark beschädigten Haus gestanden habe. Da war ein ausgebrannter PKW. Von Horizont zu Horizont war alles mit gelber Asche bedeckt, drei Finger hoch. Er war zutiefst erschüttert, wußte aber nicht wieso, denn er konnte sich keinen Reim auf seine Schau machen.«*[518]

**Johannes Friede** (1949), der den 1994 stattgefundenen Einschlag von Shoemaker-Levy-9 auf dem Jupiter korrekt ankündigte, prophezeit über die dreitägige Finsternis:
*»Ehe die Kräfte des Universums … die Wende im Sonnenzirkel anzeigen, werden Kräfte aus dem himmlischen Lichte drei Jahre hindurch das Menschenreich vorbereiten auf die unbekannte Stunde, in der eine alte Welt versinkt und eine neue entsteht …. Das erste Zeichen werden die Feuergarben des Jupiter sein, die … den Geist des Menschen aufrütteln … Der Menschengeist wird unruhig werden, wenn am Abendhimmel ein Licht erscheint, das den Mond verschwinden läßt und die Sterne wie Schnuppen in das All zurücktreten. In den Tagen der hereinbrechenden Dämmerung werden im Äther Blitze aufleuchten, die den Dunkelnebel … sehen lassen … Wenn am vierten Tage, zur Zeit des Sonnenaufgangs, euer Tagesgestirn wieder im vollsten Glanze erstrahlen wird, dann wird auf Erden eine Aschendecke liegen wie bei Neuschnee im Winter, nur mit dem Unterschiede, daß diese Asche schwefelfarben ist. Vom Erdboden werden Nebel aufsteigen … Im Menschenreiche werden mehr Tote zu finden sein, als die letzten beiden Kriege Opfer forderten … Am siebenten Tage nach dem Wiedererscheinen des Lichtes wird die Asche vom Erdboden aufgenommen sein und eine Fruchtbarkeit erzeugen, wie sie die Menschen noch nicht zu sehen bekamen.«*[519]

Der 1999 selig gesprochene Kapuzinerpater **Pater Pio** (1950) gibt, stellvertretend für viele andere katholische Quellen, die nachfolgenden Ratschläge, wie die große Katastrophe zu überstehen ist:
*»Haltet eure Fenster geschlossen. Seht nicht hinaus. Brennt eine geseg-*

*nete Kerze an, sie wird für viele Tage reichen. Betet den Rosenkranz. Lest geistige Bücher. Macht geistige Kommunion und Taten der Liebe, welche uns erfreuen. Betet mit ausgestreckten Armen oder werft euch zu Boden, damit vielleicht viele Seelen gerettet werden. Geht nicht aus dem Haus. Versorgt euch mit ausreichend Essen. Die Kräfte der Natur werden im Gange sein und ein Feuerregen wird die Leute zittern lassen vor Angst. Habt Mut! Ich bin mitten unter euch. (...)*
*Gebt acht auf die Tiere in diesen Tagen. Ich bin der Schöpfer und Beschützer der Tiere als auch der Menschen. Ich werde euch vorher einige Zeichen geben, zu welcher Zeit ihr mehr Futter für sie unterbringen sollt. Ich werde das Eigentum der Auserwählten beschützen, inklusive die Tiere. Laß niemanden auf den Hof, wer rausgeht und die Tiere füttert, wird sterben! Bedeckt eure Fenster sorgfältig. Meine Auserwählten sollen meinen Zorn nicht sehen. Habt Vertrauen zu mir, und ich werde euer Schutz sein.*
*Hurrikane des Feuers werden ausströmen aus den Wolken und sich über die ganze Erde verbreiten! Stürme, Unwetter, Blitze und Erdbeben werden die Erde bedecken für zwei Tage. Ein ununterbrochener Feuerregen wird niedergehen! Es wird beginnen während einer sehr kalten Nacht. All das ist der Beweis, daß Gott der Herr der Schöpfung ist. Die, die auf mich hoffen und meinen Worten glauben, haben nichts zu befürchten, weil ich sie nicht im Stich lassen werde, auch die nicht, die meine Botschaft verbreiten.*
*Damit ihr vorbereitet seid auf diese Heimsuchungen, werde ich euch die folgenden Zeichen und Anweisungen geben: Die Nacht wird sehr kalt sein. Der Wind wird heulen. Nach einiger Zeit wird man Blitze hören. Schließt alle Türen und Fenster. Sprecht mit niemandem außerhalb des Hauses. Kniet nieder vor einem Kreuz, bereut eure Sünden und bittet meine Mutter um Schutz. Seht nicht heraus während des Erdbebens, weil der Ärger Gottes heilig ist!*
*Diejenigen, die diesen Rat nicht beachten, werden augenblicklich getötet. Der Wind wird die Giftgase über die ganze Erde verteilen. Die, die leiden und unschuldig sterben, werden Märtyrer sein, und sie werden mit mir in mein Himmelreich einziehen. Satan wird triumphieren! Aber in drei Nächten wird das Erdbeben und das Feuer aufhören. Am folgenden Tag wird die Sonne wieder scheinen, Engel werden vom Himmel herabsteigen und den Geist des Friedens über die Erde verbreiten. Ein Gefühl von unermeßlicher Dankbarkeit wird die ergreifen, die diese schreckliche Prüfung überlebten.*

*Ich habe auch Seelen aus anderen Ländern gewählt, die diese Offenbarung erhalten haben, wie Belgien, Schweiz, Spanien, so daß diese Länder auch vorbereitet sind. Betet den Rosenkranz, aber betet ihn gut, so daß eure Gebete den Himmel erreichen. Bald wird eine schreckliche Katastrophe über die ganze Erde kommen, wie sie niemals zuvor bezeugt worden ist, eine furchtbare Züchtigung wie nie zuvor!*
*Wie sorglos die Menschen sind wegen dieser Dinge! Diese werden so bald über sie kommen, gegen alle Erwartungen. Wie gleichgültig sie sind in Vorbereitung auf diese Ereignisse, durch die sie bald hindurch müssen! Das Gewicht von Gottes Waage hat die Erde erreicht! Der Zorn meines Vaters wird über der ganzen Welt ausgeschüttet werden. Ich warne die Welt wieder durch eure Mitwirkung, wie ich es bis jetzt schon so oft getan habe.*
*Diese Katastrophe wird über die Erde kommen wie ein Blitz! In diesem Moment wird das Licht der Morgensonne ersetzt werden durch schwarze Dunkelheit! Niemand soll das Haus verlassen oder aus dem Fenster sehen von diesem Moment an. Ich selbst werde kommen mitten in Blitz und Donner. Die Bösen sollen mein göttliches Herz erblicken. Es wird eine große Verwirrung sein, wegen dieser totalen Dunkelheit, die die ganze Erde umzieht, und viele, viele werden sterben aus Furcht und Verzweiflung.*
*In diesen Tagen der Finsternis soll niemand das Haus verlassen oder aus dem Fenster sehen. Die Dunkelheit wird einen Tag dauern und eine Nacht, gefolgt von einem weiteren Tag und einer Nacht und noch einem Tag; aber in der folgenden Nacht werden die Sterne wieder scheinen, und am nächsten Morgen wird die Sonne wieder aufgehen und es wird Frühling sein! An den Tagen der Dunkelheit sollen meine Auserwählten nicht schlafen. Sie sollen unaufhörlich beten und sollen nicht von mir enttäuscht sein. Ich werde meine Auserwählten sammeln. Die Hölle wird glauben, die ganze Erde zu besitzen, aber ich werde sie bändigen.«*[520]

Ganz ähnliche Verhaltensweisen wie Pater Pio empfahl Mitte der 1950er Jahre auch **Alois Irlmaier**:
*»Finster wird es werden an einem Tag unterm Krieg. Dann bricht ein Hagelschlag aus mit Blitz und Donner und ein Erdbeben schüttelt die Erde. Dann geh nicht hinaus aus dem Haus. Die Lichter brennen nicht, außer Kerzenlicht, der Strom hört auf. Wer den Staub einschnauft, kriegt einen Krampf und stirbt. Mach die Fenster nicht auf, häng sie mit*

*schwarzem Papier zu. Alle offenen Wasser werden giftig und alle offenen Speisen, die nicht in verschlossenen Dosen sind. Auch keine Speisen in Gläsern, die halten es nicht ab. Draußen geht der Staubtod um, es sterben sehr viele Menschen. Nach 72 Stunden ist alles wieder vorbei. Aber noch mal sage ich es: Geh nicht hinaus, schau nicht beim Fenster hinaus, laß die geweihte Kerze oder den Wachsstock brennen und betet. Über Nacht sterben mehr Menschen als in den zwei Weltkriegen.«*[521]

Wichtig sind Lebensmittelvorräte in Konservendosen aus Metall:

*»Kauft ein paar verlötete Blechdosen mit Reis und Hülsenfrüchten. Brot und Mehl hält sich, Feuchtes verdirbt, wie Fleisch, außer in blechernen Konservendosen. Wasser aus der Leitung ist genießbar, nicht aber Milch. Recht viel Hunger werden die Leute so nicht haben, während der Katastrophe und Finsternis. Das Feuer wird brennen, aber macht während der 72 Stunden kein Fenster auf. Die Flüsse werden so wenig Wasser haben, daß man leicht durchgehen kann. Das Vieh fällt um, das Gras wird gelb und dürr, die toten Menschen werden ganz gelb und schwarz. Der Wind treibt die Todeswolken nach Osten ab.«*[522]

Das Haus muß notfalls provisorisch abgedichtet werden:

*»Schaut, daß ihr genug Zeitungspapier habt. Geht ins Haus und verstopft die Fenster und Türen mit Zeitungen und haltet euch Zeitungen vor das Gesicht. Geht nicht aus dem Haus. Tragt euch genug Lebensmittel heim, damit ihr etwas zu essen habt und nicht hinaus braucht. Es dauert nicht lange, bloß ein paar Tage. Ihr braucht euch dann keine Häuser und Autos zu kaufen, es gibt genug. Denn jeder wird zum anderen sagen: ›He, lebst Du auch noch?‹«*[523]

Auf die Frage, wann denn das *»große Aufwaschen«* käme, antwortete Irlmaier zuerst ausweichend, dann aber – und zwar tat er das in Versen – meinte er, *»wenn die Blätter sich färben. Es kann im Herbst sein, es kann im Frühling sein. Ich sehe etwas Weißes auf den Bäumen, aber das können Blüten sein, und es kann der Schnee sein. Im Sommer ist es gewiß nicht.«*[524]

Wie wir aus anderen Quellen wissen, ist der Monat Oktober die wahrscheinlichste Zeit für die dreitägige Finsternis.

*»Die Hungersnot wird schrecklich, aber nicht lang. Schauet, daß eure Fenster und Türen gut schließen, denn man kann seinen besten Freund nicht einlassen, sonst geht der giftige Rauch und Atem herein. Die Toten werden haufenweise davon auf den Straßen liegen. Die Bauern-*

*häuser leer sein und das Vieh brüllen, da es niemand tränkt. In einer eisigkalten Nacht wird Donner ertönen, dann schließt Tür und Fenster, es bleibt drei Tage finster wie in der tiefsten Nacht, die Kräfte des Himmels werden erschüttert sein. Habe ein geweihtes Licht zur Hand. Alte und Todkranke werden ihre Gesundheit erlangen, wenn sie Gott entsprachen, die anderen sterben.«*[525]

Die Apokalypse beginnt auf natürliche Weise mit Kriegen und Revolutionen, endet aber auf übernatürliche Art, es heißt, Gott selbst greife ein:

*»Bei diesem Geschehen sehe ich ein großes Kreuz am Himmel stehen, und ein Erdbeben wird unter Blitz und Donner sein, daß alles erschrickt und die ganze Welt aufschreit: ›Es gibt einen Gott!‹ Welche Jahreszeit wird es sein? Das kann ich nur aus den Zeichen ablesen. Auf den Gipfeln der Berge liegt Schnee. Es ist trüb und regnerisch und Schnee durcheinander. Herunter ist es aper. Gelb schaut es her. (...) Während des Krieges kommt die große Finsternis, die 72 Stunden dauert.*[526]

*Während oder am Ende des Krieges seh' ich am Himmel ein Zeichen: der Gekreuzigte mit den Wundmalen. Und alle werden es sehen. Ich habe es schon dreimal gesehen, es kommt ganz gewiß.«*[527]

Auch in den USA ist das Phänomen der dreitägigen Finsternis bekannt, **Michael McClellan** beschreibt 1995 seine Eindrücke, und es scheint, als habe er die Zeit unmittelbar nach dem Ereignis gesehen:

*»Ich hatte keinen Eindruck von einer unnatürlichen dreitägigen Dunkelheit. Für mich war es einfach Nacht. Ich lief durch die Straßen der Nacht und bemerkte sehr wenige andere Menschen, die das gleiche taten. Ich lief in die Vororte, wo ich gelegentlich den Schatten einer Person in der Entfernung sah. Fast alle Häuser waren dunkel im Inneren oder den Anzeichen nach verlassen. Ich empfand, daß in den meisten niemand lebte, oder nicht mehr am Leben war. Als ich um die Ecke bog und eine vertraute Straße entlanglief, bemerkte ich einen grünen schwach glänzenden ›Schnee‹ überall herunterrieseln. Er lag schon auf dem Boden und auf den Bäumen und im Gebüsch. Ich hatte den Eindruck, daß viele Leute tot waren, und ein überwältigendes Gefühl von Trauer. Die Zeit meines Traums war der Monat Oktober, nicht lange vor Halloween.«*

Halloween ist am 31. Oktober.

In der Marienerscheinung von **La Salette** (1846) heißt es:
*»Die Jahreszeiten werden sich verändern. Die Erde wird nur schlechte Früchte hervorbringen, die Sterne werden ihre regelmäßigen Bahnen verlassen. Der Mond wird nur ein schwaches rötliches Licht wiedergeben. Das Wasser und das Feuer werden der Erde furchtbare Erdbeben und krampfhafte Bewegungen mitteilen, welche Berge, Städte .... versinken lassen.«*[528]

Es tauchen bei den unterschiedlichsten Sehern immer wieder dieselben Motive auf, und immer beendet die Finsternis den vorangegangenen Krieg:

**Helena Aiello**, 1954, Italien:
*»In diesem gottlosen Krieg wird viel von dem zerstört, was die Menschen aufgebaut haben. Dann vollzieht sich Gottes Strafgericht. Eine solche furchtbare Geißel, wie sie in der Menschheitsgeschichte vorher nie gesehen wurde; es wird 70 Stunden dauern. Gottlose werden zerschmettert und beseitigt. Viele werden verlorengehen, weil sie in ihren Sünden verharren. Dann wird man die Macht des Lichtes über die Finsternis erfahren.«*[529]

**Marie-Julie Jahenny**, 1891, Frankreich:
*»Es wird eine dreitägige Finsternis in der Natur eintreten; während drei Nächten und zwei Tagen wird eine ununterbrochene Nacht sein. Die geweihten Kerzen von Wachs werden allein noch Licht spenden. Eine einzige Kerze wird für drei Tage hindurch reichen.*
*In den Häusern der Gottlosen und der Gotteslästerung werden die bösen Geister in den abscheulichsten und entsetzlichsten Gestalten erscheinen. Sie werden in den Lüften die schrecklichsten Gotteslästerungen hören lassen. Die Blitze werden in eure Wohnungen eindringen, aber sie werden das Licht der geweihten Kerzen nicht auslöschen, weder der Wind noch der Sturm noch die Erdbeben werden sie auslöschen.*
*Die Erde wird bis in die Grundfesten erschüttert werden. Das Meer wird schäumende Wogen über das Festland schleudern ... In einen unermeßlichen Friedhof wird die Erde umgewandelt, die Leichen der Gottlosen und Gerechten bedecken die Erde. Dann wird eine große Hungersnot sein. Alles wird zerstört sein, und drei Viertel der Menschen werden umkommen. Diese Krisis wird fast plötzlich ausbrechen und wird auf der ganzen Welt gemeinsam sein.«*[530]

**Joseph Stockert**, 1948, München:
*»Die große Katastrophe wird natürlich beginnen und übernatürlich enden. Denkt daran, was das heißt: natürlich und übernatürlich!
Gott wird selbst eingreifen. Die Erde wird (während des 3. Weltkrieges) aus ihrer Bahn geworfen, und die Sonne wird ihr keinen Schein mehr geben: Finsternis auf dem ganzen Erdball, 72 Stunden lang. In dieser Finsternis wird kein Licht brennen, außer dem Licht des Glaubens und geweihter Kerzen, das jenen erhalten bleibt, die die Bitte der Gottesmutter treu erfüllt haben. Die wahren Christen werden in dieser Zeit Fenster und Türen schließen und verhängen und sich um das Kreuz im Gebet versammeln.«*[531]

**Anna Maria Taigi**, 1837, Italien:
*»Gott wird zwei Strafgerichte verhängen:
Eines geht von der Erde aus, nämlich Kriege, Revolutionen und andere Übel, das andere Strafgericht geht vom Himmel aus. Es wird über die ganze Erde eine dichte Finsternis kommen, die drei Tage und drei Nächte dauern wird. Diese Finsternis wird es ganz unmöglich machen, irgend etwas zu sehen. Ferner wird die Finsternis mit Verpestung der Luft verbunden sein, die zwar nicht ausschließlich, aber hauptsächlich die Feinde der Religion hinwegraffen wird. Solange die Finsternis dauert, wird es unmöglich sein, Licht zu machen. Nur geweihte Kerzen werden sich anzünden lassen und Licht spenden.
Wer während der Finsternis aus Neugierde das Fenster öffnet und hinausschaut oder aus dem Hause geht, wird auf der Stelle tot hinfallen. In diesen drei Tagen sollen die Leute in ihren Häusern bleiben, den Rosenkranz beten und Gott um Erbarmen anflehen.
Alle offenen und geheimen Feinde der Kirche werden während der Finsternis zugrunde gehen. Nur einige, die Gott bekehren will, werden am Leben bleiben. Die Luft wird verpestet sein.«*[532]

**Palma von Oria**, 1872, Italien:
*»Es wird eine dreitägige Finsternis eintreten. Nicht ein einziger Dämon wird in der Hölle verbleiben; alle werden von dort hervorgehen, und die Luft wird von ihnen verpestet sein. Dies wird die letzte Plage sein. Dann wird ein großes Kreuz am Himmel erscheinen, und der Triumph der Kirche wird ein solcher sein, daß man sehr schnell all dies Unglück vergessen wird.«*[533]

**Marie Baourdi**, 1878, Frankreich:
*»Alle Staaten werden durch Krieg und auch durch Bürgerkriege furchtbar erschüttert werden, und in einer dreitägigen Finsternis werden die den Lastern ergebenen Menschen sterben, so daß nur ein Viertel der Menschheit übrigbleiben wird. Auch die Priester werden danach an Zahl sehr gering sein, da die meisten für den Glauben sterben werden.«*[534]

**Josef Kugelbeer**, 1922:
*»Finsternis von drei Tagen und Nächten. Beginn mit einem furchtbaren Donnerschlag, mit Erdbeben. Kein Feuer brennt. Man kann nur noch beten.*
*Blitze dringen in die Häuser, gräßliche Flüche von Teufeln sind zu hören. Erdbeben, Donner, Meeresrauschen. Wer neugierig zum Fenster hinausschaut, wird vom Tode getroffen. Man verehre das kostbare Blut Jesu und rufe Maria an.«*[535]

**Erna Stieglitz** interpretiert die auch von ihr gesehene Finsternis 1975 fälschlicherweise als Folgewirkung der Atomexplosionen:
*»Und endlich dann die atomar verursachte Giftwolke, die auch hier ein Drittel der Menschheit dahinrafft!«*[536]

**Maria und Elsa aus Voltago**, Oberitalien, 1937:
*»Harret aus drei Tage und drei Nächte, Dann werden die Schrecken zur Ruhe kommen. Das Zeichen zum Beginn des Strafgerichtes ist das Erzittern der Berge in kalter Wintersnacht mit Donnerrollen. Schließet schleunigst die Fenster und Türen, verhängt den Ausblick ins Freie. Eure Augen sollen das furchtbarste aller Geschehen nicht mit neugierigen Blicken entweihen, denn heilig ist der Zorn Gottes, der die Erde reinigen wird für euch, ihr kleine, treugebliebene Schar. Versammelt euch im Gebet vor meinem Kreuzbild und rufet die Hüter eurer Seele (Schutzengel). Was immer ihr sonst sehet – es ist Blendwerk der Hölle, das euch nicht schaden kann.«*[537]

Auch **Nostradamus** berichtet in seiner Vorrede an Heinrich II. über die Finsternis:
*»Zuvor aber kommt es zu einer Sonnenfinsternis. Es wird die dunkelste und finsterste seit der Erschaffung der Welt, bis zum Sterben und Leiden Jesu Christi und von da bis zum heutigen Tag. Im Monat*

*Oktober werden einige so große Verschiebungen eintreten, daß man glauben wird, die Schwerkraft der Erde hätte ihre natürliche Bewegung verloren und die Erde wäre hinausgeschleudert in die ewige Finsternis.«*[538]
Wieder der Monat Oktober!

## *Kontinentalveränderungen*

Betrachten wir nun, was die Seher über die durch den Impakt ausgelösten Veränderung der Kontinente zu berichten haben:

**Nostradamus** beschreibt in seiner Centurie VI/4, wie der Rhein seinen Flußlauf ändert, was nur im Zuge einschneidender tektonischer Veränderungen geschehen kann, z. B. durch eine Eruption in der Nähe des Rheindeltas. Er gibt dafür sogar einen groben Zeitpunkt an:
*»Der Rhein wird seine Ufer wechseln,*
*Nicht länger berührt er Köln*
*Alles verändert außer der alten Sprache.*
*Saturn, Löwe, Mars, Krebs auf Beutezug.«*[539]
Diese Konstellation ist im April, Mai 2006 gegeben, wenn Saturn im Löwen steht und Mars im Krebs, und dann erst wieder im Juli 2032.

**Bruder X**, Brasilien:
*»Nach den Atombomben kamen geologische Erschütterungen. Die Elemente rissen mit ihrer zerstörenden Macht riesige Teile der zerstörten Kontinente in die Tiefe der Ozeane. Abrupt verschob sich das Polareis und überflutete große Teile der Erde. Ozeane bedeckten riesige Teile des Landes, und die bewohnbaren Gebiete schrumpfen auf ein Drittel.«*[540]

**Stefan Parlow**, 1998, Wien:
*»Eine Stimmte teilte mir mit, daß der Norden von Deutschland in Wassermassen der Ost- und Nordsee untergehen wird.«*[541]

**Alois Irlmaier:**
*»Nach dem großen Krieg kommt das Massensterben und die Hungersnot, und dann kommen auch noch die Fluten. Ich sehe eine große Insel um England herum auch untergehen, ich kann nicht sagen, wie sie heißt, die Insel, aber sehen tu ich das gut.*[542]

*Drei große Städte werden untergehen: eine wird im Wasser zugrundegehen, die zweite steht kirchturmtief im Meer, und die dritte fällt zusammen.*[543]

*Die Länder am Meer* (Holland, Belgien, deutsche Küste, Dänemark) *sind vom Wasser schwer gefährdet. Das Meer ist sehr unruhig, haushoch gehen die Wellen, schäumen tut es, als ob es unterirdisch kochte. Inseln verschwinden, und das Klima ändert sich.*[544]

*England geht bis auf einige Bergspitzen unter, gleichzeitig erschüttern gewaltige Beben die Erde, und ein neues Land erscheint aus dem Ozean, das früher schon mal da war.«*[545]

Dieses Land, das früher schon einmal da war, scheint Atlantis zu sein, jedenfalls deutete das 1980 der Franzose **Pierre Frobert** an und darauffolgend die Ankunft des großen Monarchen, der der Welt den Frieden bringt:

*»Mehrere Gegenden der USA werden von Erdbeben und Wasser heimgesucht, vor allem die Küsten.*

*Eine neue Erde taucht auf, das alte Atlantis, eine neue Meerenge an der Spitze von Südamerika. (…)*

*Nicht weit von der Sphinx eine Pyramide unter Sand, ein erster Saal mit einem Sarkophag, der zur Tür blickt. Ein Steintisch mit Tafeln darauf; eine Schrift von der roten Rasse der Prophezeiungen, die sagen, wann, wie und durch wen die Mysterien herausgefunden werden.*

*Eine Mauer aus Orikalk hinter diesem Saal, ein anderes größeres Zimmer, Hier schlafen die Archive des Dreizacks, eine weitere Pyramide unter dem Meer im verbotenen Dreieck mit dem Zeichen, die scharlachrote Blume steigt aus der Welle beim Einzug des Friedensfürsten in die Welt.«*[546]

Über das Wiederauftauchen von Atlantis finden wir ähnliches auch bei **Edgar Cayce** (1931):

*»… Denn die späteren Pyramiden, diejenigen, die noch nicht entdeckt worden sind …, liegen zwischen der Sphinx und dem Nil …«*

*»Die Erde wird im westlichen Teil von Amerika aufbrechen. Der größere Teil Japans wird untergehen. Der obere Teil Europas wird sich während der Dauer eines Augenzwinkerns verändern. Land wird vor der Ostküste Amerikas erscheinen.«*[547]

Die Amerikanerin **Sybil Leek** verrät uns Details darüber:

*»Mein deutlichster Eindruck ist von einem neuen Kontinent mit Tempeln und von Menschenhand geschaffenen Strukturen, der auftauchen wird. Es wird eine Verbindung zu den mexikanischen Maya-Tempeln*

*geben. Eine Linie über Bimini und Cat Island. Alles, was dort gefunden wird, wird ein Gegenstück in Yucatan haben; Maßeinheiten werden dieselben sein. Aber Schatzsucher werden nichts Wertvolles dort finden. Der Wert wird die Stadt selbst und ihre Struktur sein.«*[548]

Daß die Gefahr eines Asteroideneinschlags weitaus größer ist als lange Zeit angenommen, wurde erst in den letzten Jahren deutlich, denn mit den modernen Beobachtungsinstrumenten werden täglich neue Himmelskörper entdeckt, die der Erde zum Teil gefährlich nahe kommen. Recht bekannt ist z. B. der Einschlag eines Himmelskörpers am 30. Juni 1908 in der Nähe des Flusses Tunguska, einem Nebenfluß des Jenissei in Mittelsibirien. Da das Gebiet nur sehr dünn besiedelt ist, wurde erst Jahre später das Ausmaß der Schäden bekannt. In einem Gebiet von der Größe des Saarlandes waren alle Bäume verbrannt oder umgestürzt. Heute steht fest, daß dort ein Meteorit mit ungefähr 100 Metern Durchmesser in geringer Höhe zerplatzt ist.

In den letzten Jahren kam es zu einer Reihe von knappen Vorbeiflügen kosmischer Objekte. Am 23. März 1989 z. B. verfehlte ein Asteroid mit einem Kilometer Durchmesser die Erde um nur sechs Stunden, das sind im Weltraum 640 000 Kilometer. Am 17. Januar 1991 schrammte der Asteroid 1991BA mit einem Durchmesser von neun Metern in nur 170 000 Kilometer Entfernung an der Erde vorbei, das ist weniger als die Hälfte des Abstandes zum Mond. Am 19. Mai 1996 schoß in nur 450 629 Kilometer Entfernung ein 500 Meter großer Asteroid vorbei. Nie zuvor hatten Astronomen ein so großes Objekt so erdnah beobachtet, und es ist rein statistisch gesehen nur eine Frage der Zeit, bis ein größerer Brocken wieder einmal die Erde trifft. Die Folgen eines solchen Zusammenstoßes wären exakt die, die uns von den Sehern beschrieben werden und die an den Spuren früher eingeschlagener Himmelskörper auch heute noch nachvollziehbar sind. Vor etwa 368 Millionen Jahren schlug z. B. in Mittelschweden ein Riesenmeteor ein, der einen 52 km breiten Krater hinterließ. Beim Einschlag verdampften und schmolzen Sand und Gestein, ein Sturm aus Staub, Gesteinsschlacke und Stickoxyden wirbelte in die oberen Atmosphärenschichten. Später prasselten die Stickoxyde, im Regenwasser gelöst, als ätzender saurer Salpeterregen nieder. Hätte ein Beobachter damals das Szenario nach dem Einschlag gesehen, würde sein Bericht vermutlich ähnlich klingen wie die Seherschau der bereits zitierten **Frau aus Eggenfelden**: *»Von Horizont zu Horizont lag drei Finger hoch schwefelfarbige Asche.*

*Die Bäume waren entlaubt, das Gras verätzt und abgestorben. In der Asche lagen, nur noch an den Umrissen zu erkennen, die Kadaver von Rindern. Sie selbst hatte rasenden Durst, aber es gab kein Wasser mehr.«*[549]

# Die Zeit danach

## 24 – Die erste Nachkriegszeit

Etwa Ende Oktober, nach der dreitägigen Finsternis, wenn die Luft wieder atembar ist, sind die letzten Kämpfe endgültig beendet. Es ist wärmer geworden. Die Überlebenden kommen aus ihren Verstecken, und sehr schnell beginnen in Eigeninitiative und mit gegenseitiger Unterstützung die ersten Aufräumarbeiten, wie es auch schon nach dem 2. Weltkrieg in den zerstörten deutschen Städten der Fall war.
Die überall herumliegenden Leichen und Tierkadaver werden zur Verhütung von Seuchen in Massengräbern beerdigt. Da die öffentliche Versorgung vollständig am Boden liegt, kommt es in der ersten Zeit zu einer Hungersnot, jedoch treffen in den zerstörten Gebieten auf dem Seeweg bald Hilfslieferungen ein, vermutlich aus Südamerika, das von den Kriegseinwirkungen weniger betroffen war. Noch vor Jahresende ist endgültig Frieden und das öffentliche Leben beginnt sich langsam wieder zu organisieren.

Der Schwarzwälder Seher **Adolf Schwär** sah 1949 die letzten Gefechte des Krieges, die Flutwellen an der Nordseeküste und den Sieg über die kommunistischen Angreifer:
*»Ich sah nach einer schweren Wasserflut eine Menge Menschen auf der Flucht auf mein Haus zulaufen und einkehren. Zu gleicher Zeit Bomber über mir, die Bomben warfen. Ich hatte keinen Schaden. Dann sah ich, wie schwer um Panzer gekämpft und gerungen wurde von fünfzig bis hundert Soldaten. Die Panzer waren in Rauch und Nebel eingehüllt. Zur gleichen Zeit war ich im Jenseits und sah, wie eine große Menge Verstorbener von dieser Welt kamen, Kinder, Mädchen und viele Soldaten. Viele der Kinder und Mädchen erkannte ich, auch Soldaten von hier waren dabei. Ich fragte meine Frau, die neben mir stand, ob sie denn diese Verstorbenen nicht sehe. Sie sagte nein. Nachher sah ich große Massen Soldaten vor Freude Musik machen, und an ihren freudig erregten Mienen sah ich, daß sie gesiegt hatten. Ich erkannte, es waren westliche.«*[550]

**Josef Kugelbeer** (1922) beschreibt das Ende der dreitägigen Finsternis:
*»Ein Kreuz erscheint am Himmel. Das ist das Ende der Finsternis. Die Erde ist ein Leichenfeld wie eine Wüste. Die Menschen kommen ganz erschrocken aus den Häusern. Die Leichen werden auf Wagen gesammelt und in Massengräbern beerdigt. Es fahren weder Eisenbahn noch Schiffe, noch Autos in der ersten Zeit. Die Fabriken liegen still, das rasende Tempo früherer Zeit hat aufgehört.«*[551]

**Bruder X** aus Brasilien sah die verheerenden Zerstörungen, die Krieg und Katastrophen zurückgelassen haben:
*»In allen Erdteilen ist die Zerstörung gegenwärtig. Es gibt keine blühenden Städte mit dem Krach von Fabriken, dem Lärm von Autos, dem Lachen von Kindern und Jugendlichen mehr. Alles wurde zu Asche. Die Kontinente sind zerstört, ebenso die Städte, und die Völker sind dezimiert. (…)*
*Auf den verlassenen Meeren des afrikanischen, europäischen und asiatischen Kontinents zeichnen sich die Silhouetten amerikanischer Schiffe ab. Diese Schiffe sind voller Nahrungsmittel, die zu den Orten der Zerstörung fahren, um den hungernden Völkern Vorräte zu bringen. Mit der Hilfe Brasiliens bringen die Schiffe Lebensmittel und Kleidung an die Küsten der zerstörten Kontinente. (….)*
*Tote Körper, die nicht begraben wurden, bedecken das verwüstete Land und zeugen von der Gewalt der Zerstörung. (…)*
*Europa ist nur noch ein Friedhof. Asien und Afrika sind Wüsten. Teile Amerikas sind schrecklich zerstört. Nur Brasilien und seine südamerikanischen Nachbarn kamen ohne Zerstörungen davon. Der Rest zeigt Leid und Qual wegen dem Bösen, das auf dem Planeten losgekettet wurde. (…)*
*Die Schweiz, das Vorbild von Organisation, ist heute nur noch die Erinnerung eines großen Volkes, das in der Gewalt des Blutvergießens verschwand. Weite Trümmerhaufen. Ganze Nationen verschwanden in der Vernichtung. Frankreich, Italien, Deutschland, Länder mit wissenschaftlicher, künstlerischer und literarischer Kultur sind heute rauchende Gespenster. Kein Staat in Europa entging der Katastrophe. Der Kontinent ist eine Wüste. Und Rußland erst bietet einen verwüsteten Anblick. Seine Städte litten unter atomaren Explosionen, und nur die Weite seines Landes blieb verschont. China, wo sind die Menschen, die deine Städte überbevölkerten? Indien, wo sind deine Söhne? Japan, was geschah mit deinen Inseln?«*[552]

Tröstliche Worte, trotz all dem Leid, sind vom **alten Pramstahler** (1912) überliefert:
*»Alle Städte seien in Schutt und Asche, und die noch wenigen Menschen seien selbst vom Feuer angefressen und voll von Narben und Wunden. Durch die Gnade Gottes würden aber diese kranken Menschen ganz neue, wunderbare und sanftmütige Kinder bekommen. Es käme mit diesen dann eine Friedenszeit von 1000 Jahren. Damit der Mensch nach dem dritten Krieg nicht verzweifeln müsse, würde sich Gott manchen Menschen zeigen und viele Wunder tun.«*[553]

Auch **Alois Irlmaier** verspricht, die schlimme Zeit während und nach der Katastrophen werde nicht lange dauern:
*»Wer das Kreuz nicht mehr achtet, der hat verspielt. Und der Stalin* (stellvertretend für den Kommunismus) *will mit dem Kreuz nichts zu tun haben. Wenn aber das Kreuz wieder regiert, und es wird dann überall regieren, dann wird alles wieder besser. Auch unser Vaterland sieht dann wieder bessere Zeiten. Aber zuerst muß das Schlimme überstanden sein, da ist nichts zu machen. Es wird noch eine große Hungersnot kommen, und die Leute werden betteln, auch solche, denen es heute recht gut geht. Über den Böhmerwald werden viele Leute kommen, die um Hilfe bitten.«*[554]
Auf die Frage, was in Rußland passiert, antwortete Irlmaier:
*»Da bricht eine Revolution aus und ein Bürgerkrieg. Die Leichen sind so viel, daß man sie nicht mehr wegbringen kann von den Straßen. Das russische Volk glaubt wieder an Christus, und das Kreuz kommt wieder zu Ehren. Die Großen unter den Parteiführern bringen sich um, und im Blut wird die lange Schuld abgewaschen. Ich sehe eine rote Masse, gemischt mit gelben Gesichtern, es ist ein allgemeiner Aufruhr und grausiges Morden. Dann singen sie das Osterlied und verbrennen Kerzen vor schwarzen Marienbildern. Durch das Gebet der Christenheit stirbt das Ungeheuer aus der Hölle, auch die jungen Leute glauben wieder auf die Fürbitte der Gottesmutter.«*[555]
An anderen Stellen heißt es:
*»Im Osten aber bricht ein grausiges Morden an, die Leute raufen untereinander. Dann kommt das Kreuz wieder zu Ehren.*[556]
*Aber der Hunger treibt die Städter aufs Land. Sie wollen den Bauern das Vieh nehmen, dann muß sich der Bauer fest auf sein Sach setzen, sonst stehlen's ihm das Hemd unter dem Arsch weg.*[557]
*Zuerst ist noch Hungersnot, aber dann kommen auf der Donau soviel*

*Lebensmittel herauf, daß alle satt werden. Die Leute ziehen dorthin, wo die Wüste entstanden ist, und jeder kann siedeln, wo er will, und Land haben, soviel er anbauen kann. Das Land östlich und nördlich der Donau wird neu besiedelt.*[558]
*Ich sehe von unten her auf der Donau herauf Dampfer ziehen, ganz schwarze Wolken steigen vom Kamin zum Himmel rauf, die bringen Sachen grade genug. Und die Bauern tragen volle Kraxen, die bringen Sachen in die Stadt, weil sie so viel haben, und werden es gar nicht los. Ich sehe die Bilder ganz deutlich vor mir, die bösen Zeiten werden bald kommen.*[559]
*Aber nachher kommt eine gute Zeit, auch ein anderes Klima kriegen wir. Keinen Winter wird es mehr geben bei uns, und wachsen tut grad genug. Viele Leute ziehen jetzt dann über die Donau, dort oben ist jetzt Platz grad genug, sie bauen sich wieder Häuser auf, und Land haben sie genug.*[560]
*Wenns herbsteln tut, sammeln sich die Leut in Frieden. Aber mehr Menschen sind tot als in den ersten zwei Weltkriegen zusammen. Zuerst ist noch eine Hungersnot, aber dann kommen so viele Lebensmittel herein, daß alle satt werden.*[561]
*Da sind nur noch wenige Leut', und der Krämer steht vor der Tür und bettelt: geht's, kauft mir meine Ware ab, sonst geh' ich drauf. Und die Würst' hängen über den Teller, so viel gibt's auf einmal wieder. Dann kommt eine lange glückliche Zeit, und wer's erlebt, der kann glücklich sein.«*[562]

Den Untergang des Kommunismus bestätigen auch die **Feldpostbriefe** (1914) des Andreas Rill:
*»Aber die Kirche hält den Siegestriumph, sagt er. In Rußland werden alle Machthaber vernichtet. Die Leichen werden dort nicht begraben und bleiben liegen. Hunger und Vernichtung ist in diesem Lande zur Strafe für ihre Verbrechen.«*[563]

Der **Blinde Jüngling** beschreibt im 14. Jahrhundert die Rückkehr der Überlebenden ins völlig zerstörte Böhmen:
*»Wenn zum zweiten Male die Kirschen reifen, werden die Vertriebenen aus Böhmen traurig wieder zu ihren Herren, ihren Webstühlen und Feldern zurückkehren. Aber nur wenige werden es noch sein. Und diese Wenigen werden einander fragen: Wo hast du gesteckt und wo du? Die Bauern werden hinter dem Pflug mit der Peitsche knallen und sagen:*

*Hier hat Prag gestanden. Über die Welt wird ein neues Zeitalter kommen, das man das goldene nennen wird.«*[564]

**Mühlhiasl der Waldprophet,** 18. Jahrhundert:
*»Und mit einem ›Gelobt sei Jesus Christus‹ wird der Krieg gar. Und eines sagt zum anderen: ›Bruder, wo bist denn du gewesen und Schwester, wo bist denn du gewesen?‹*[565]
*Nachher sagt einer zum andern, wenn er noch einen trifft: ›Gelobt sei Jesus Christus, weil wir das Leben noch haben!‹ Dann gehts wieder von vorn an. Danach wird der Glaube wieder so groß und so christlich wie noch nie. Dann kommen die Goldjahre.*[566] *Wenn sich zwei wildfremde Menschen treffen, sagen sie: ›Freund, wo hast du dich versteckt gehabt?‹*[567]
*Danach gibt es im Waldland soviel Grund, daß sich jeder ein Haus wählen kann und Land soviel er will. Die Berg- und Waldleute werden ins Flachland ziehen, und in den Dörfern im Wald werden die Brennesseln aus den Fenstern wachsen.*[568]
*Die alten Sachen werden wieder aufgeputzt und kriegen wieder einen Wert.«*[569]
Alle Hilfmittel des modernen Lebens, die auf elektrischen Strom angewiesen sind, werden in der ersten Zeit nach dem Krieg nutzlos sein. Man besinnt sich auf die alte Lebensweise, in der noch alles von Hand gemacht wurde. Dies prophezeite nicht nur Mühlhiasl, sondern auch die Augsburgerin **Erna Stieglitz** (1975):
*»Schon in den ersten Tagen der Kämpfe wird der elektrische Strom ausfallen. Schlagartig wird alles wieder von Hand gemacht werden müssen. (...)*
*Das Wasserproblem ist fast unlösbar. Es fahren jedenfalls des Kraftstoffmangels wegen keine Tankfahrzeuge zur Wasserversorgung mehr durch die Straßen. Und auch auf dem Land: Wohl dem, der noch nicht an ein zentrales Wassernetz angeschlossen ist! Handbrunnen sind gefragt wie in den Wochen vor dem Ende das bare Gold.*[570]
*Mit Reklame, Verschwendung und Luxus, mit ›Verhütung‹, Abtreibung und Ausschweifung, mit Glaubenslosigkeit, Wohlstand und Lüge wird es dann vorbei sein. Ehrlichkeit und Härte, Keuschheit und Kindsgeburten, Not und Gottesfurcht regieren wieder die Stunde.«*[571]
Harte Worte wohl, die die Seherin da gebraucht, aber nicht unberechtigt angesichts der Dekadenz und moralischen Verkommenheit, von der unsere Gegenwart gekennzeichnet ist. Denn so weit wie ein Pendel auf

die eine Seite ausschlägt, so weit wird es auch ins andere Extrem ausschlagen. Wohl dem, der von vornherein seinen eigenen Weg geht und von sich aus die Mitte und das rechte Maß findet.

Einige Seher erwähnen eine direkte Klimaerwärmung durch die Katastrophe, so auch der **Bauer aus dem Waldviertel** (1976):
*»Der elektrische Strom falle schon in einem frühen Stadium der Kämpfe aus.*[572]
*Es wird tatsächlich wärmer. Wir benützen nie viel Kleidung. Es friert uns nicht dabei. Gekühlte Lebensmittel verderben wegen der Unterbrechung der Kühlung, Dosengläser halten nicht durch.«*[573]

**Sepp Wudy**, 1912, Böhmen:
*»Es wird dann wieder sein wie vor hundert Jahren. So wird es die Leut zurückwerfen, und so werden sie für ihren Übermut bestraft.«*[574]
Vom Jahr 1912 um 100 Jahre zurückgerechnet, ergibt einen Lebensstandard wie zu Beginn des 19. Jahrhunderts.

**Katharina aus dem Ötztal**, 1951:
*»Auf den Feldern bleibt noch Heu und Getreide stehen, es bringts fast niemand mehr ein, es bleiben so wenig Leute übrig. Nachher steigt nur noch da und dort ein Rauch aus einem Kamin auf, und viele Häuser stehen leer. In den noch bewohnten Häusern liegt auf jedem Ofen ein Ballen Haar; die Leute fangen wieder ganz von vorne an und sind ungemein christlich und zufrieden und grüßen einander mit: Gelobt sei Jesus Christus!«*[575]

Die unmittelbare Nachkriegszeit wird auch in der alten westfälischen **Birkenbaumsage** beschrieben, wie uns Prof. Dr. Friedrich zur Bonsen berichtet:
*»Nach der Schlacht wird der große Fürst niederknien und Gott danken. Dann wird in der Kapelle zu Schafhausen oder in Werl ein Tedeum gesungen, und der weiße Fürst hält eine Anrede an die Menschen, die er um sich versammelt. Und es wird Friede verkündet in aller Welt und die Religion wiederhergestellt. Dann wird ein neuer Kaiser werden, der eine andere, bessere Zeit heraufführen wird. Und die Menschen werden glücklich sein. Das Deutsche Reich wird wieder groß und einig, den Völkern gebieten und das Herz der Erde werden, wie es gewesen. Wer auf einen Steinhaufen sät, fügt eine naive Überlieferung hinzu,*

*wird dennoch ernten. Aber das Land ist leer von Menschen, und nur alle sieben Stunden wohnt ein Geistlicher. Besonders rar sind die Männer; die Frauen müssen pfügen und säen, und sieben Mädchen schlagen sich um einen Mann.«*[576]

**Bernhart Rembort** aus Siegburg sah 1783 die Rückkehr von Flüchtlingen in die vom Krieg zerstörten Gebiete:
*»Und ist kein Krieg mehr, dann über dem Gewässer. Darum werden die entflohenen Brüder von dannen zurückkehren mit ihren Kindeskindern. Und sie werden in ihrer Heimat in Frieden wohnen.«*[577]

**Hermann Kappelmann**, 1820:
*»Der Friede wird Weihnachten von allen Kanzeln verkündet werden.«*[578]

# 25 – Das 1000jährige Friedensreich

Die weltweiten kommunistischen Revolutionen und der anschließende 3. Weltkrieg setzten der Fehlentwicklung, die mit der französischen Revolution 1789 ihren Ursprung genommen hatte, ein allzu logisches und konsequentes Ende. Nachdem der Geist der Selbstbefreiung restlos zusammengebrochen ist und der Hedonismus, die Dekadenz und der materielle Überfluß, der so vielen Menschen ganz offensichtlich seelisch nicht bekommt, der Vergangenheit angehören, kommt die Menschheit endlich zur Besinnung. Heute ganz selbstverständlich praktizierte und sogar gesellschaftlich geförderte Charakterzüge wie Überheblichkeit, Hochmut und Vermessenheit, eben all das, was die altgriechische Tragödie als Hybris bezeichnet, sind verschwunden. Die aus der Erkenntnis, eben doch nicht alles aus eigener Kraft schaffen und eben doch nicht alles ungestraft verbrechen zu können, was dem eigenen Lustgewinn dient, gespeiste Demut führt die Menschen zurück auf den ihnen gebührenden Platz in Gottes Schöpfung.
Man realisiert endlich, daß nicht etwa die als »Kapitalismus« diffamierte Marktwirtschaft, das autoritäre Patriarchat oder die Religion der Grund für das Übel in der Welt ist, was heute so gerne behauptet wird und was sogar bis in die Spitzen der sogenannten geistigen Elite der

westlichen Welt debattiert wird, sondern, daß all das Elend in der Welt erst aus der Auflehnung gegen die natürliche, gottgegebene Ordnung entsteht.
Im menschlichen Zusammenleben bedeutet das, daß verbindliche Partnerschaften, die Ehe, die Familie wieder angestrebtes Ziel werden, anstatt Promiskuität, Karriere und »Selbstverwirklichung«. Politisch bedeutet das, daß das Wohlergehen des eigenen Volkes wichtiger ist als z. B. die »Frauenrechte« in Afghanistan, die es derzeit offenbar mit Unsummen an deutschen Steuergeldern von der Bundeswehr zu schützen gilt (genau von jener Armee, die dereinst nicht zur Verteidigung ihrer Heimat fähig sein wird). Wirtschaftlich bedeutet das, daß es in Zukunft keinen Platz mehr für den Zinseszins und den dahintersteckenden Geist des Wuchers und der Habgier geben wird.

Die Seher verkünden nach dem Ende der Katastrophen den Beginn des Goldenen Zeitalters:

**Joseph Stockert**, 1948, München:
*»Dann erhellt die Sonne alles wieder mit neuer Schönheit, und es wird nach diesem Siege mit den Auserwählten ein Hirte und eine Herde sein. Die Sünden des Menschengeschlechtes sind wieder durch Märtyrerblut getilgt, und der Teufel mit seinem Anhang ist fortan für eine Zeit in die Hölle verbannt. Zwei Drittel der Menschheit wird von der Erde genommen sein.«*[579]

**Pater Nectou**, 1760, Frankreich:
*»Nach diesen schrecklichen Ereignissen wird die Ordnung wiederhergestellt werden, und jedermann wird Gerechtigkeit widerfahren, und die Gegenrevolution wird beendet sein.*
*Alsdann wird der Triumph der Kirche, ihr letzter Triumph auf Erden, so groß sein, wie sie noch nie einen ähnlichen erlebte.«*[580]

Direkt nach dem Ende des Krieges krönt der aus dem Vatikan geflohene Papst im Kölner Dom den neuen deutschen Kaiser. Wie bei anderen Einzelheiten des prophezeiten Geschehens ähneln sich auch hier die Details, wenn auch mit kleinen Widersprüchen: beispielsweise wird nicht klar, wieviele Könige und Kaiser der Papst krönt. Denkbar ist, daß die deutschen Provinzen unter einem deutschen Kaiser geeint werden, aber jeweils eigene Oberhäupter bekommen. Eines jedenfalls ist klar, die Staatsform der Nachkriegszeit wird wieder eine Monarchie sein.

Nach dem Sieg über die Angreifer sieht der **Pfarrer von Baden** (1923) die Krönung des deutschen Kaisers:
*»Hierauf wird zu Köln am Rhein die Krönung des neuen Kaisers, der das Heer geführt hat, stattfinden durch den Papst, der bei der Revolution in Rom nach der Schweiz entflohen war. Dann wird der Kaiser den Papst nach Rom zurückführen und in Italien Ordnung schaffen.«*[581]

**Bauer aus dem Waldviertel**, 1976:
*»Drei Männer sitzen mit dem Rücken nach Süden an einer Wand, in der Mitte der, der Deutscher Kaiser wird, einer wird österreichischer, der andere, soviel ich mich erinnern kann, ungarischer.*[582]
*Der Mann, den die Deutschen am Ende des Krieges zu ihrem Kaiser machen, hat als Schulbub noch Hitlers Reden gehört.*[583] *Deutscher Kaiser wird ein niederösterreichischer Bauer; er ist knapp etwas älter als unser derzeitiger Finanzminister.«*[584]
Der österreichische Finanzminister in den 1970er Jahren war Hannes Androsch. Er wurde 1938 in Wien geboren und war zur damaligen Zeit der jüngste Finanzminister, den die Republik Österreich je hatte. Der zukünftige Kaiser müßte also um 1937 geboren worden sein, alt genug, um als Schulbub noch Hitlers Reden im Radio gehört zu haben, und müßte, gehen wir vom Krieg zwischen 2005 und 2008 aus, zum Zeitpunkt seiner Krönung um die 70 Jahre alt sein.

Dieser Bauer wird aber offensichtlich nicht lange regieren, bevor er zugunsten eines anderen, jüngeren Mannes sein Amt verläßt, wie **Bernhard Rembort** aus Siegburg 1783 ankündigt:
*»Das Deutsche Reich wird sich einen Bauern zum Kaiser wählen. Der wird ein Jahr und einen Tag Deutschland regieren. Der nun die Kaiserkrone nach ihm trägt, das wird der Mann sein, auf den die Welt lange gehofft hat. Er wird Kaiser heißen und der Menschheit den Frieden geben. Siegburg und Heisterbach wird er wieder aufrichten, wie es weiland gewesen und von Anfang bestimmt war. (...)*
*Und danach wird eine gute und glückliche Zeit sein. Und das Lob Gottes wird auf der Erde wohnen.«*[585]
In einer anderen Fassung heißt es:
*»In Deutschland aber wird nach einer gräulichen Verwirrung ein Mann*

*aufstehen, der wird Kaiser werden und von einem Reiche aus dem Osten kommen; und er wird jener sein, auf den die Welt schon lange mit Sehnsucht gehofft hat. Er wird alle Feinde demütigen, namentlich wilde Scharen aus Osten. Und er wird überall wieder den wahren Glauben herstellen und mit noch einem anderen großen Manne die Welt in Frieden regieren.«*[586]

Mit dem anderen großen Mann könnte der französische Kaiser gemeint sein.

**Im Kölner Dom wird der neue deutsche Kaiser gekrönt.**[587]

Ausführlicher in der Beschreibung des großen Monarchen, der dem Bauern nachfolgenden soll, wird **Josef Kugelbeer** (1922) aus Bregenz: *»Der Papst ist im zerstörten Köln. Er empfängt im Dom einen jungen Herrn in Zivil, der hereingeführt wird und sich in der Sakristei in eine Offiziersuniform ähnlich der ungarischen umkleidet. Im Chore stehen zwei Throne. Dem neuen Monarchen werden Kopf und Hände gesalbt. Er erhält den Ritterschlag mit einem breiten Schwert und eine alte Kaiserkrone, den Krönungsmantel aus weiß mit goldenen Lilien, das Szepter und den Reichsapfel. Das Szepter wird ihm gegen das Kreuz umgetauscht, und er schwört den Eid der Treue und des Schutzes der Kirche. Te Deum unter dem Jubel des Volkes. Der große Monarch schwingt sein Schwert nach allen vier Himmelsrichtungen, als Zeichen, daß er die Kirche beschützen will.*

*Ein anderer alter Herr dankt auf alle Recht ab. Den großen Monarchen begleitet ein Heer von Engeln unter Anführung des hl. Michael, den ich in prächtiger Waffenrüstung und in hoher Gestalt erblicke. Der Monarch besiegt alle Feinde.*

*Die übriggebliebenen Menschen sind wie Heilige. Gott beruft neue Priester, die in schneller Weise auf ihr Amt vorbereitet werden ... Es wird nun in acht Tagen mehr gebetet als früher in einem Jahr.«*[588]

In vielen Vorhersagen wird die enge Verbindung zwischen Religion und Staatsführung deutlich, so auch in den folgenden.

**Bartholomäus Holzhauser**, 1658, Ingolstadt:

*»Unter der Hilfe des Herrn werden überaus starke Heerführer aus einem alten und edlen Hause der Deutschen sich erheben. Tief gedemütigt, wie sie waren, (...) durch harte Not aufs äußerste gebracht, hätte niemand eine solche Veränderung sich einbilden können. Denn die Hände dieses Führers sollen wunderbar gestärkt werden und sein Arm wird Vaterland, Gesetz und Glauben rächen. (...)*

*... und jener starke Heerführer wird der stärkste Monarch in der ganzen Welt und sein Szepter wird das des Manasse* (fünfundzwanzigjährige Regierungszeit!) *sein. Und er wird in der Versammlung der Männer, die durch Frömmigkeit und Weisheit aufrichtig verbunden sind, mit Beihilfe des hl. Vaters neue Gesetze und Normen entwerfen und jenen Geist des Schwindels in Banden legen, um ein neues Jahrhundert zu beginnen und zu erziehen, wo nur eine Herde und ein Hirt sein wird, welcher der Welt und allen, die guten Willens sind, den Frieden gibt, um Gott unseren Herrn zu verherrlichen.«*[589]

**Bruder Adam**, 1949, Würzburg:
*»Das Reich des göttlichen Willens auf Erden wird erstehen. Von apostolischem Geist und heiliger Nüchternheit erfüllte Männer werden treue Mitarbeiter am Werk des sozialen Friedens und der sozialen Gerechtigkeit sein. Der Heilige Vater wird, vom Heiligen Geist geleitet und getrieben, ein Dekret erlassen, demzufolge Priester nach dem Herzen Jesu, die nur die reine Lehre des Evangeliums in sich aufnehmen sollen, schon nach einem Jahr ausgebildet sein können. Diese Herz-Jesu-Priester wird der Heilige Vater aussenden in alle Welt, um sie für Christus zu erobern. In dieser Zeit der Blüte und des Glanzes seiner heiligen Kirche wird das Angesicht der Erde erneuert und die Menschheit zu einem Glauben und in einer Liebe vereint werden.«*[590]

**Nostradamus**, in seiner Vorrede an Heinrich II.:
*»Dann wird aus dem Stamm jener, die so lange unfruchtbar waren, der Mann hervorsprießen, geboren am 50. Breitengrad, der die ganze christliche Kirche erneuern wird. Es wird zum großen Frieden kommen, zur Einigkeit und Eintracht der Kinder, die durch Grenzen verwirrt und getrennt gewesen sind. Es wird jener Friede sein, in dem der Anstifter und die treibende Kraft der Kriegspartei und der religiösen Spaltung im tiefsten Abgrund angekettet bleibt.«*[591]
Der 50. Breitengrad verläuft in Deutschland etwa von Bitburg in der Eifel bis Waldsassen an der tschechischen Grenze.

**Franziskanermönch Ludovico Rocco**, 1840:
*»Die deutschen Länder Österreichs werden sich an Deutschland anschließen und fest zusammenhalten. Keine Königreiche und Fürstentümer werden mehr bestehen, sondern nur Ein Deutschland wird sein, und ein Zweig des Kaiserstammes wird die Krone tragen. Dieser wird Deutschland befestigen, und unter seiner weisen Regierung wird Eintracht und Wohlstand wieder herrschen, und Deutschlands Macht wird über alle anderen Reiche hervorleuchten, denn Gott ist mit diesem Regentenhaus.*
*Die Handelsstädte Belgiens, Holsteins, Schleswigs und auch der Schweiz werden sich an Deutschland anschliessen.«*[592]

Auch in den **Feldpostbriefen** (1914) ist die Rede davon, daß sich die Schweiz an Deutschland anschließen wird:
*»Vom Krieg selbst, sagt er, daß keiner was bekommt vom anderen, und*

*wenn sich die Schweiz an Deutschland anschließt, dann dauert es nicht mehr lange, und der Krieg ist aus.«*[593]

Und auch die **Sybillischen Bücher** wissen etwas über den Anschluß der Schweiz an Deutschland:
*»Jener aber* (der große Monarch) *wird den Namen erhalten Salvator mundi, Retter der Welt. Deutschland wird unter ihm reichen, soweit deutsche Sprache und Sitte in Europa reicht. Belgien und die Niederlande, die Schweiz, Tirol, Deutsch-Österreich werden sich aus freien Stücken an Deutschland anschließen. Polen wird wieder groß und mächtig hergestellt. Die deutschen Ostseeprovinzen werden von Rußland abgetrennt werden. Rußland wird klein, Deutschland wird groß. Polen, die Lombardei mit ihren alten Freistädten und Ungarn werden Vorländer von Deutschland werden. Und so groß wird die Achtung vor den Deutschen auf der Welt sein, daß keiner mehr von einem fremden Volke einem Deutschen nur ein Haar zu krümmen wagt. Jene große Achtung aber wird der Deutsche seiner Verfassung verdanken. Denn der Größte im Felde, wird jener junge, von Gott gesandte Held doch noch größer im Frieden sein. Seine Verfassung, die er dem deutschen Volke gibt, wird ein wunderbares Gemisch von Volksvertretern und Königtum sein. (...) Als ein vollständig freier Völkerbund im Innern, mit allen nur denkbar zulässigen Freiheiten und Erleichterungen ausgestattet, während die deutschen Volksstämme nach außen als festgegliedertes, eng geschlossenes Ganzes dastehen, an dessen Panzerleib sich keiner wagt.«*[594]

**Stefan Parlow**, 1998, Wien:
*»Ich sehe eine zukünftige Landkarte Europas. Die Gebiete von Deutschland und Österreich sind vereinigt. Es ist ein Staat. (...)*
*Mir wird mitgeteilt, daß die zukünftige Staatsform Österreichs ein Kaiserreich sein wird.«*[595]

**Nostradamus,** Centurie V/74:
*»Vom Blute Trojas wird das deutsche Herz geboren,*
*das zu hoher Machtentfaltung aufsteigen wird,*
*hinausjagen wird es das fremde arabische Volk,*
*Wendepunkt der Kirche zu vormaligem Rang.«*[596]

**»Lied der Linde«**, 19. Jahrhundert (Auszug):

*»Ja, von Osten kommt der starke Held,*
*Ordnung bringend der verwirrten Welt.*
*Weiße Blumen um das Herz des Herrn,*
*Seinem Rufe folgt der Wackre gern.*

*Alle Störer er zum Barren treibt,*
*Deutschem Reiche deutsches Recht er schreibt,*
*Bunter Fremdling, unwillkommner Gast,*
*Flieh die Flur, die du gepflügt nicht hast.*

*Gottes Held, ein unzertrennlich Band*
*Schmiedest du um alles deutsche Land.*
*Den Verbannten führest du nach Rom,*
*Große Kaiserweihe schaut ein Dom.*

*Preis dem einundzwanzigsten Konzil,*
*Das den Völkern weist ihr höchstes Ziel,*
*Und durch strengen Lebenssatz verbürgt,*
*Dass nun reich und arm sich nicht mehr würgt.«*[597]

Das 21. Konzil fand von 1869 bis 1870 statt und war das letzte Konzil, bevor es zum freimaurerisch inspirierten 22. Konzil von 1962 bis 1965 kam, welches ursächlich für die nachfolgende Glaubenskrise und den anschließenden Sittenverfall der westlichen Welt steht. Die Beschlüsse des 22. Konzils werden unwirksam, und man kehrt mit Beginn des Goldenen Zeitalters zurück auf den Status Quo des 21. Konzils.

*»Deutscher Nam', du littest schwer,*
*Wieder glänzt um dich die alte Ehr',*
*Wächst um den verschlung'nen Doppelast,*
*Dessen Schatten sucht gar mancher Gast.*

*Dantes und Cervantes welscher Laut*
*Schon dem deutschen Kinde ist vertraut*
*Und am Tiber- und am Ebrostrand*
*Liegt der braune Freund von Hermannsland.*

*Wenn der engelgleiche Völkerhirt'*
*Wie Antonius zum Wandrer wird,*

*Den Verirrten barfuß Predigt hält,*
*Neuer Frühling lacht der ganzen Welt.*

*Alle Kirchen einig und vereint,*
*Einer Herde einz'ger Hirt' erscheint.*
*Halbmond weicht dem Kreuze ganz,*
*Schwarzes Land erstrahlt im Glaubensglanz.*

*Reiche Ernten schau' ich jedes Jahr,*
*Weiser Männer eine große Schar,*
*Seuch' und Kriegen ist die Welt entrückt,*
*Wer die Zeit erlebt ist hochbeglückt.*

*Dieses kündet deutschem Mann und Kind*
*Leidend mit dem Land die alte Lind',*
*Dass der Hochmut mach' das Maß nicht voll,*
*Der Gerechte nicht verzweifeln soll.«*[598]

Der südafrikanische Seher **Nicolaas van Rensburg** (1926) beschreibt den Aufstieg des deutschen Heerführers während der Kriegszeit, der von den Ereignissen offenbar gar nicht überrascht wird:
*»Wenn diese Dinge beginnen, steht in Deutschland ein Mann auf, der die Zügel übernehmen wird. Sie haben diese Übernahme viele Jahre im Geheimen vorbereitet. Und die Waffen, die Deutschland produzieren wird, werden von so einer Art sein, daß viele Länder Angst haben werden Deutschland anzugreifen. Sie werden auch befreit, erlangen all ihre Ländereien in Europa zurück und werden so mächtig, daß ich es* (Deutschland) *nach dem Ende des Dritten Weltkrieges am Kopf des Tisches sitzen sehe. Englands Platz ist leer, da es nicht länger eine Nation ist. Und jetzt bekommt Deutschland eine Gelegenheit, all seine Männer zu rächen, die nach einem Krieg gehängt wurden, und liefert den ›Coup-de-Grace‹ nach England.*[599]
*Auf längere Sicht – wenn alles vorbei ist – wird Frieden sein. Ich sehe Deutschland am Kopf des Tisches sitzen, an dem die endgültigen Friedensgespräche geführt werden. Die Deutschen erklären Frieden in Europa und werden die stärkste Nation in einer sehr kurzen Zeit. Ein Wunder passiert in Deutschland, wobei sie sich wieder fangen. Sie ... gewinnen dadurch ihre Freiheit wieder und werden auch erneut eine große Nation. All ihre Provinzen in Europa werden an Deutschland*

*zurückgegeben, und sie bekommen auch ihr gestohlenes Eigentum zurück.*[600]
*England wird danach nur noch ein kleiner Faktor sein. Irland wird wieder seine Freiheit erlangen und jagt die Engländer von seinem Land. Holland gibt auf ohne zu klagen. Frankreich wird irgendwie überleben. Rußland ist erledigt, und obwohl die USA nicht zerstört werden, wird es dann eine sehr schwache Nation sein …«*[601]

Ausführliches über den Beginn des Goldenen Zeitalters berichtet auch **Alois Irlmaier**:
*»Der Ami wird den anderen Herr* (wird über die Kommunisten siegen), *und dann werden wir wieder freie Hand haben in unserem Heimatland. Goldene Zeiten werden wir kriegen. Drei Kronen seh' ich deutlich, die in Gottesfurcht regieren werden. Die Donaumonarchie werden wir bekommen. Ganz von vorne wird es wieder angehen, und die Menschen werden wieder in Ehrfurcht und Gottvertrauen leben, so wie es sein soll.*[602]
*Nach dem Sieg wird ein Kaiser vom fliehenden Papst gekrönt, und dann kommt der Friede.*[603]
*Der Papst kehrt zurück und wird das große Te Deum im Dom zu Köln feiern. (…)*
*Er wird noch drei Könige krönen: den ungarischen, den österreichischen und den bayerischen. Der ist ein alter Mann mit schneeweißen Haaren und trägt eine Lederhose.*[604]
*Nach diesen Ereignissen kommt eine lange, glückliche Zeit. Wer es erlebt, darf sich glücklich preisen.*[605]
*Wenn alles vorbei ist, da ist ein Teil der Bewohner dahin und die Leut sind wieder gottesfürchtig. Frieden wird dann sein und eine gute Zeit. Eine Krone seh ich blitzen, ein Königreich, ein Kaiserreich wird entstehen. Einen alten Mann, einen ›hageren Greis‹ seh ich, der wird unser König sein. Der Papst, der sich kurze Zeit übers Wasser flüchten mußte, während die hohen Geistlichen scharenweise ›schiach‹ umgebracht wurden, kehrt nach kurzer Zeit wieder zurück. Blumen blühen auf den Wiesen, da kommt er zurück.*
*Bayern, Österreich und Ungarn werden eine Donaumonarchie, ich sehe den Monarchen stehen, dort hinten in der Ecke. Es ist ein alter, grauer und hagerer Mann, er wird vom Papst gekrönt, denn der kommt wieder zurück.«*[606]
Die »Münchner Allgemeine« berichtete über Irlmaier, daß er als vor-

läufiges Endstadium der Ereignisse für Bayern eine Monarchie sehe, deren König ein großer alter Mann sei, in Lederhose, der frei, ohne Schutz und Bewachung, unter den Menschen umhergeht. Man habe dann sehr viel weniger Geld und Gesetze, es sei ein freieres, besseres Leben: *»Ich sehe den Heiligen Vater in einer Stadt am Strom, mit einer hohen Kirche, unseren König krönen.«*[607]

An anderer Stelle prophezeit er einen Wechsel unseres Klimas zu wärmeren Verhältnissen, die Erscheinung des Kreuzes am Himmel und einen bayerischen König in Lederhosen, der *»ungeniert unter seine Leut' geht«.*[608]

*»Nach dem Krieg beginnt wieder eine ruhige und schöne Zeit, die Menschen werden alles in Hülle und Fülle bekommen, werden aber auch wieder mehr zu Gott beten, wie früher.*[609]

*Das Klima hat sich geändert, es ist alles wärmer geworden, auch bei uns, und Südfrüchte wachsen wie in Italien. Wenn alles vorbei ist, da ist ein Teil der Bewohner dahin und die Leute sind wieder gottesfürchtig. Die Gesetze, die den Kindern den Tod bringen, werden ungültig nach der Abräumung.«*[610]

Das heißt, die Abtreibung wird verboten!

*»Friede wird dann sein und eine gute Zeit. Drei Kronen seh' ich blitzen, und ein hagerer Greis wird unser König sein. Auch die uralte Krone im Süden kommt wieder zu Ehren (Ungarn?). Der Papst, der nicht lang flüchten mußte übers Wasser, kehrt zurück. Blumen blühen auf den Wiesen, da kommt er zurück und trauert um seine ermordeten Brüder.*

*Wenn's herbsteln tut, sammeln sich die Völker wieder. Zuerst ist noch eine Hungersnot, aber dann kommen soviel Lebensmittel herein, daß wieder alle satt werden. Die landlosen Leute ziehen jetzt dahin, wo eine Wüste entstanden ist, und jeder kann siedeln, wo er will und so viel anbauen, als er bewirtschaften kann.*[611]

*Da werden die Leute wenig, und der Krämer steht vor der Tür und sagt: ›Kauft's mir was ab, sonst geh ich drauf!‹ Und die Würst hängen über den Teller hinaus, soviel gibt's.*

*Europa bekommt ein anderes Klima. Südfrüchte und Wein werden künftig in Bayern gedeihen.*

*Eine lange glückliche Zeit wird kommen, wer's erlebt, kann sich glücklich preisen.«*[612]

Ein Reporter der Zeitung »Altbayerische Heimatpost« berichtete, wie Irlmaier ihm erzählte, daß *»in der glücklichen Zeit«* in Bayern, namentlich im südlichen Teil, eine Temperatur herrschen werde, die so ist wie in Italien. *»Wir werden Wein ernten können und sogar Feigen auch im Oberland, und die fleißigen Bauern werden es auf zwei Ernten bringen. Die Leut' werden sich alle gut verstehen, und man wird kaum mehr ein böses Wort hören.«*[613]

Die Klimaerwärmung in Mitteleuropa sieht auch **Stefan Parlow** (1999) aus Wien voraus:

*»Ich spaziere mit Freundinnen und Freunden durch die Landschaft des Salzkammergutes. Uns ist sehr heiß, als ob wir ein Dschungel-Trekking machen würden. Neben Zitronen- und Orangenbäumen stehen auch andere subtropische und tropische Pflanzen links und rechts des Weges. Die Früchte sind saftig und schmecken gut.*

*Ein Freund meint nach Skandinavien auswandern zu wollen, da dort jetzt Temperaturen herrschen wie früher in Mitteleuropa, und an diese ist er noch gewöhnt.«*[614]

**Mühlhiasl, der Waldprophet**, 18. Jahrhundert:

*»Gelobt sei Jesus Christus, kommt wieder ins Haus. Die Leut lernen das Beten wieder. Reiche und Arme gibts wieder, einen Herrn und einen Knecht.*[615]

*Die übriggebliebenen Leute sind wenig, aber jetzt glauben's wieder.*[616]

*Dann kommt eine schöne Zeit. Die Leute haben sich nachher so gern, wie sie sich zuvor haßten. Große Glaubensprediger stehen nun auf und heilige Männer, die viele Wunder tun, so daß die Leute wieder glauben werden. Es wird nur noch einen Gruß geben: ›Gelobt sei Jesus Christus – und Grüß dich Gott, Bruder, Grüß dich Gott, Schwester!‹«*[617]

Nach mehr als 200 Jahren zunehmender Verwirrung in bezug auf die Werte menschlichen Zusammenlebens, über die Ideale der eigenen persönlichen Entwicklung und nach einer langen Phase des langsamen, aber konstanten Verfalls von Sitte und Moral, kehrt wieder Ordnung ein in Deutschland. Und nicht nur in Deutschland, denn neben dem deutschen Kaiser wird auch sehr häufig das Erscheinen eines französischen Monarchen prophezeit, der die Verhältnisse in Frankreich wieder stabilisiert:

Der Franzose **Pater Mattay**, geb. 1810, beschreibt schwere Zerstörungen und die Ankunft des französischen Kaisers:

*»Vor dem Erscheinen des Kaisers werden drei große und fünf kleinere Städte ausgelöscht, was erst nach einer gewissen Zeit überhaupt bekannt werden wird.*

*Mühlhiasl:* **»Es wird nur noch einen Gruß geben: ›Gelobt sei Jesus Christus.‹«**[618]

***Das Bild wurde nach den Angaben der seligen Schwester Maria Faustyna gemalt, die zahlreiche Marien- und Jesuserscheinungen hatte. In einer dieser Erscheinungen wurde ihr aufgetragen, ein Christusbild malen zu lassen. Die Botschaft dazu lautete:*** **»Ich verspreche, daß die Seele, die dieses Bild verehrt, nicht verloren geht. Die Häuser, ja sogar die Städte, wo dieses Bild verehrt wird, werde ich verschonen und beschützen.«**

***1935 sah Schwester Faustyna in einer Vision einen Engel bereitstehen, um ein göttliches Strafgericht auszuführen, das nicht mehr abgewendet werden kann.***[619]

*Er reist aus Rom ab, nachdem er den Segen des Papstes erhalten hat, und besteigt den Thron. (...)*
*Kaum im Amt, wird er mehrere Kriege zu führen haben, besonders mit England, das von ihm erobert wird* (aus anderen Quellen wird klar, daß die Franzosen in den zerstörten Resten Großbritanniens vor allem die staatliche Ordnung wiederherstellen) *und das französische Provinz wird. Für diese Eroberung braucht er 11 Monate. (...) Der Kaiser erläßt einen Generalpardon, und niemand wird behelligt wegen seiner Überzeugung. (...) Der Kaiser kann in den ersten drei Jahren nach seiner Inthronisierung die Steuern* (noch!) *nicht senken wegen der Kriegsbelastung und wegen der schlechten Amtsführung der vorangegangenen Regierung. (...) Der Friede wird nicht den Menschen zugeschrieben werden, und die, die all dessen haben Zeugen werden müssen, werden es als Wunder ansehen. (...) Der Zar von Rußland wird sich zum Katholizismus bekehren ..., ich weiß aber nicht genau, wann das alles sein soll.«*[620]

Der Franzose **Pierre Frobert** äußert sich zum Ruin und zum Großen französischen Monarchen (1980) wie folgt etwas kryptisch:
*»Nach der Sphinx in Frankreich eine weiße Pyramide mit 666 Gesichtern, es kommen zwei Staatschefs, die zum Ruin führen. Das Land in Schmerzen wegen innerer Kämpfe. Ein junger Goldgepanzerter, Weisheit auf der Stirn, wird das Land führen.«*[621]
Nach dem Zusammenbruch des Landes wird ein eingeweihter zukünftiger Monarch angekündigt, der das Land retten soll.
*»Die Erde wird eine andere Schwingung haben und einen neuen Himmel.«*[622]
Über den neuen Papst sagte Frobert:
*»Bald kommt der große Fisch zurück, der kleinste Fisch hat seinen Thron auf falschen Knochen aufgebaut. Petrus hat nie Rom gesehen, aber der römische Petrus wird Rom zerstört sehen.*
*In einem einzigen Volk, die Engel in der Freude, in einer einzigen Religion zu Füßen des Königs der Erde nach den Heimsuchungen.«*[623]
Das Fischezeitalter, das etwa mit der Geburt Jesu Christi begann, endet in den angekündigten Katastrophen, und die Esoteriker erwarten den Beginn des Wassermannzeitalters. Mit dem großen Fisch könnte demnach kein Geringerer als Jesus Christus gemeint sein, mit dem kleinsten Fisch möglicherweise sein schlechtester Stellvertreter im Amt des Papstes. Der »römische Petrus« erinnert an die Papstweissagung des

**Malachias**, derzufolge nach Papst Johannes Paul II. noch zwei weitere Päpste folgen sollen, nämlich »Gloria Olivae« (Ruhm des Ölbaums) und »Petrus Romanus« (Petrus, der Römer). Über den letzten Papst heißt es:
»*Während der letzten* (bzw. äußerst großen) *Verfolgung der heiligen römischen Kirche wird Petrus, der Römer, regieren. Er wird die Schafe unter vielen Bedrängnissen weiden. Dann wird die Siebenhügelstadt* (Rom) *zerstört werden, und der furchtbare Richter wird sein Volk richten.*«[624]
Wir haben hier deutliche Hinweise auf den 3. Weltkrieg und die einhergehende Kirchenverfolgung. Zurück zu den Prophezeiungen von **Pierre Frobert** und zum Großen Monarchen:
*»Der edle Mensch wird seinen Kopf mit Europa erheben um einen geistigen König herum.«*[625]
Ein Monarch für Europa ist mit einem geistigen König (großer Papst) vereint.

Die Veränderung ist weltumspannend, und auch außerhalb von Europa ändern sich die Verhältnisse zum Guten:

**Benjamin Solari Parravicini**, 1937, Argentinien:
*»2002 wird der Anbeginn einer Zeit der Liebe sein. Alle Wesen werden lieben ohne Sünde. Der Mann wird materielle Begierden vergessen und die Frau wird ihre Pflicht kennen. Neue Seelen werden die Welt bevölkern. Alle werden sie höhere Wesen sein und die 5. Dimension mit sich bringen. Man wird im Geiste (miteinander) sprechen und in Christus leben.*[626]
*Verständnis der heiligen Schriften wird sich durchsetzen, am Ende der Zeiten wird Führung und Rettung sein, wird Friede und Vereinigung der Kirchen sein.«*[627]
Obwohl Parravicini in der Vergangenheit häufiger richtige Jahresangaben machen konnte, ging das Jahr 2002 ohne große Katastrophen und ohne globale Veränderungen vorüber. Es bleibt abzuwarten, wann die von ihm prophezeiten Veränderungen eintreten werden. Generell ist es auch für die besten Seher nahezu ein Ding der Unmöglichkeit, die korrekte Zeit anzugeben, wann ein von ihnen gesehenes Ereignis eintritt. Viele Seher lagen in ihren Prognosen nur scheinbar daneben, weil der Zeitpunkt zwar nicht stimmte, das Ereignis dann später aber doch wahr wurde.

Interessantes berichtet auch der islamische Gelehrte **Sheikh Nazim** über die Zeit nach dem 3. Weltkrieg:

»*Wenn er* (Sayyidinâ Mahdî) *erscheint, wird er sagen: ›Allâhu akbar, Allâhu akbar, Allâhu akbar …‹, dreimal wird er dies in Damaskus sagen, und es wird vom Osten bis zum Westen gehört werden. Und der Erzengel Gabriel, der Friede sei auf ihm, wird ausrufen: ›Der Kalif Allâhs! Allâhs des Allmächtigen Kalif ist gerade erschienen! Schließt euch seinen Streitern an!‹ Alles wird klar sein. Sayyidinâ Mahdîs Erscheinen wird mit solch einer Kraft begleitet sein, daß alle Technologie aufhören wird. (…)*

*Sayyidinâ Mahdî kommt als ein Retter vor Isa* (Jesus Christus), *um Armageddon, den Dritten Weltkrieg, mit göttlicher Kraft zu stoppen, denn nichts und niemand außer göttlicher Kraft kann ihn beenden. Kein Land wird in diesem Krieg neutral bleiben. (…)*

*In den letzten Tagen werden so viele Menschen getötet werden. Es werden vierzigmal mehr Frauen als Männer zurückbleiben. Das ist, weil viele Männer grausam sind. So viele von ihnen werden sterben, und die meisten der Frauen werden bleiben. Und in diesem Krieg werden sechs von sieben Leute sterben und nur einer übrigbleiben. Jenen Frauen, die keinen Ehemann mehr haben werden, wird Allâh Leute von hinter dem Berge Qâf schicken, so daß in jener Zeit niemand allein bleiben wird. Wenn Sayyidinâ Mahdî kommt, der Friede sei auf ihm, wird er so viele Leute aus unbekannten Welten um diese Erde mit sich bringen: Nuqaba, Nujaba, Budala, Autad und Ahyar …*

*Die Welt wird nach diesem Krieg leer sein; überall wird es für die Gläubigen offen sein. Entsprechend ihrem Schicksal (kismet), das auf der Verwahrten Tafel geschrieben steht, wird Mahdî jedem seinen Platz zeigen.*

*Nach diesem großen Krieg werden die Menschen wie Kerzen sein, die auf das Streichholz warten. Sayyidinâ Mahdî wird die Saat des Glaubens in ihren Herzen keimen lassen und die Herzen der Gläubigen öffnen, die diesen Krieg überlebt haben. Gewöhnliche Leute werden mit dem Mantel des Geheiligtseins bekleidet sein, und ihnen werden wundersame Kräfte zuwachsen und Lichter von Allâh dem Allmächtigen gewährt werden. Heilige werden Liebesquellen sein. Die Menschen werden Allâh vollkommene Diener sein, indem sie ihr Leben auf Gebet und Dhikr bauen und in Meeren der Liebe schwimmen. Überall wird man die Liebe des Herrn finden; die Geschöpfe werden jene göttliche Liebe von dir entgegennehmen. Wir sind dafür geschaffen worden. Die*

*Vollkommenheit der Schöpfung wird in jenen Tagen erscheinen.*[628] *Wenn Jesus den Antichristen getötet hat, wird es keine Teufel mehr und nichts Böses in seiner Zeit geben. Die Menschen werden leben wie im Paradies. Das Paradies erscheint, Tajallis werden auf sie kommen, und der Zweck der Schöpfung Allâhs wird offenbar.«*[629]

Ist es vielleicht ein falsch verstandenes Christentum und ein falsch verstandener Islam, der im Kern so einen großen Unterschied zwischen den beiden Religionen sieht? Die Bräuche und Riten beider Religionen mögen verschieden sein, ganz sicher auch die Mentalität ihrer Anhänger. Aber wenn die Erwartungen ans Jüngste Gericht und die Wiederkehr Christi so nah beieinander liegen, muß die Frage erlaubt sein, ob beide Religionen nicht doch mehr miteinander verbindet als sie trennt, jedenfalls bei der Konzentration auf das Wesentliche.

**Die Bibel, Offenbarung des Johannes, Kapitel 21:**

*»Und ich sah einen neuen Himmel und eine neue Erde; denn der erste Himmel und die erste Erde sind vergangen, und das Meer ist nicht mehr. Und ich sah die heilige Stadt, das neue Jerusalem, von Gott aus dem Himmel herabkommen, bereitet wie eine geschmückte Braut für ihren Mann. Und ich hörte eine große Stimme von dem Thron her, die sprach: Siehe da, die Hütte Gottes bei den Menschen! Und er wird bei ihnen wohnen, und sie werden sein Volk sein, und er selbst, Gott mit ihnen, wird ihr Gott sein; und Gott wird abwischen alle Tränen von ihren Augen, und der Tod wird nicht mehr sein, noch Leid noch Geschrei noch Schmerz wird mehr sein; denn das Erste ist vergangen. Und der auf dem Thron saß, sprach: Siehe, ich mache alles neu!«*

# Schlusswort

Wir sehen also, genauso übereinstimmend wie die Seher die Katastrophen beschreiben, genauso ähnlich beschreiben sie auch den Ausgang der Ereignisse und die darauffolgende neue Ordnung, unabhängig von Herkunft und Religion des Urhebers und ungeachtet der Zeit, aus der die Vorhersagen jeweils stammen. Genauso wird klar, daß entgegen aller Gerüchte die Prophezeiungen ganz sicher nicht vom Weltuntergang sprechen, sondern von einer Phase der Veränderungen, gerade so, als würde ein reinigendes Gewitter den Himmel für kurze Zeit verdunkeln und dabei Dreck und Staub aus der Atmosphäre auswaschen, worauf wieder Sonnenschein folgt, klarer und reiner als zuvor.
Ein Seher, dessen Vorhersagen in diesem Buch zitiert wurden, bestätigte mir im persönlichen Gespräch auf die Frage, wie das Leben nach den Ereignissen aussehe, die Leute seien zufriedener als heute, wenn auch das Leben ein einfacheres wäre.

Kürzlich wurde ich in einem anderen Gespräch gefragt, mit welcher Perspektive man denn durch das Leben ginge in Erwartung all der prophezeiten Katastrophen, und ich muß zugeben, daß ich den Sinn der Frage nicht sofort verstand. Mein Gegenüber erwartete wohl, man müsse angesichts einer solchen Zukunft in Lethargie und Depression versinken, aber das Gegenteil ist der Fall, wenn man erst realisiert hat, daß der gegenwärtige Zustand unserer Welt das noch größere Übel ist. Wenn das Leben ganzer Völker nur noch im Takt des Zinseszinses schlägt und alles, aber auch wirklich alles, was als Wert anerkannt wird, in Euro oder Dollar meßbar sein muß, dann ist der Ausblick auf ein Ende dieser Zustände nicht bedrohlich, sondern gibt Hoffnung. *»Ich weiß nicht, ob es besser wird, wenn es anders wird, aber ich weiß, daß es anders werden muß, wenn es besser werden soll«*, heißt es, und allein die Art und Weise, auf welche die angekündigten Veränderungen vonstatten gehen, gibt Anlaß zum Bedauern – nicht aber die Veränderung an sich. Jedoch hätten wir es alle selbst in der Hand – oder selbst in der Hand gehabt –, ob die Veränderung zwangsweise durch den unweigerlichen Zusammenbruch krankhafter Zustände erfolgen muß, oder ob wir voraussichtig und verantwortungsbewußt genug waren, die nötigen Korrekturen freiwillig und ohne Blutvergießen vorzunehmen. Glauben wir also den Propheten, dann sollten wir den Schwerpunkt der

Zukunftserwartung nicht auf die vorübergehende Phase der Katastrophen richten, sondern auf die Zeit danach, in der der Weg frei ist für neue Entwicklungen in Gesellschaft, Kultur und Wissenschaft, für ein freieres Dasein und eine Rückbesinnung auf die wahren Werte des Lebens, nämlich auf ein würdiges menschliches Miteinander, in dem jeder Einzelne seinen ihm gebührenden Platz einnehmen kann, und zwar in erster Linie in der Familie, sowie darüber hinaus in allen anderen zwischenmenschlichen Strukturen.

Ein Beispiel: Heutzutage wird uns überall suggeriert, daß man angehalten sei, um jeden Preis Karriere zu machen ... Dabei liegt es ganz klar auf der Hand, daß nicht jeder für eine Führungsposition geeignet ist, auch wenn er noch so viel Ehrgeiz aufbietet, denn wer die Macht einer solchen Position ausüben will, muß zuerst einmal in der Lage sein, die damit einhergehende Verantwortung zu tragen – eine Eigenschaft, die heute nicht mehr gefördert und daher nur von wenigen Menschen wirklich repräsentiert wird. Andererseits hat nicht jeder das Talent, eine »niedrigere« Position einzunehmen und erfolgreich auszufüllen. Sicher, ohne willige, d. h. zufriedene Untergebene kann kein Betrieb und keine Nation richtig funktionieren. Es gilt daher, daß jeder Mensch *seinen* Platz im Leben finden sollte, der den individuellen Neigungen und Fähigkeiten angemessen erscheint. Daraus ergibt sich auch, daß einem verantwortungsvollen König der gleiche Respekt und das gleiche Ansehen gebührt wie einem fähigen Bauern. Heute jedoch wird gerade jenen Berufen und Positionen der Respekt verwehrt, die die Gesellschaft funktionsfähig halten. Ist solch ein Zustand noch normal? Was würden wir denn alle essen, wenn es keine Bauern mehr gäbe? Was würden wir anziehen, wenn zwar hochangesehene Modedesigner, aber keine Schneider mehr vorhanden wären?

Analog dazu kann die Familie nicht funktionieren, wenn die beiden Partner die mit einer Ehe einhergehenden Verpflichtungen (die Pflichten) nicht mehr erfüllen und statt dessen nach »Besserem« streben, sich also »selbstverwirklichen« wollen. Diese sogenannte Selbstverwirklichung jedoch ist eine Lüge, ein Trugbild, das viel verspricht und nichts hält. Werden Mütter und Väter, die bereit sind, die Verantwortung für ihre Partnerschaft und für ihre eigenen Kinder zu übernehmen, emotional davon erfüllt und getragen, so werden selbstverwirklichte Singles, die nicht willig oder fähig sind, verbindliche Partnerschaften einzugehen, früher oder später vielleicht vor einem Haufen materieller Reichtümer, emotional aber vor dem absoluten Nichts stehen.

Betrachten wir die prophezeiten Veränderungen vor diesem Hintergrund und mit einer gewissen Portion Sarkasmus, dann müssen wir sogar noch dankbar sein, daß Gott einen Regelkreis geschaffen hat, nach dem die Natur allzusehr entartende Entwicklungen selbständig reguliert.

Anders ist die Sache natürlich, was das individuelle Schicksal angeht, denn all die in diesem Buch zitierten Prophezeiungen sagen nichts darüber aus, in welchem Maße ein Individuum von den kollektiven Ereignissen betroffen sein muß. Sicher ist es richtig, daß man mit einiger Wahrscheinlichkeit naß werden wird, wenn man bei einem aufziehenden Unwetter ohne Regenschirm ins Freie geht; ähnlich könnte man argumentieren, daß der Aufenthalt in einer Region nicht ratsam ist, in der den Vorhersagen zufolge mit einer Totalzerstörung zu rechnen ist. Jedoch werde ich mich hüten, diesbezüglich Empfehlungen zu geben. Man kann auch niemandem raten, sich unüberlegt zu überstürzten Handlungen hinreißen zu lassen. Wahrscheinlich ist das Vertrauen in die eigene Intuition der geeignetste Wegweiser, wie man sich in jeder Situation verhalten sollte. Wer die Zeichen der Zeit erkennt und wem die eigene innere Stimme rät, Vorbereitungen zu treffen, der kann dies selbstverantwortlich z. B. durch eine Veränderung seines Wohnorts oder durch das Anlegen von Lebensmittelvorräten tun. Jedoch ist das Vertrauen zu Gott und in das eigene Schicksal zweifellos die beste Vorbereitung, mit der man sich nicht nur schwierigen Zeiten, sondern dem ganzen Leben stellen sollte.

# Quellen und weiterführende Literatur

## *Prophezeiungen*

Leo H. DeGard: »Wer plant den 3. Weltkrieg? Eine Analyse aus prophetischer, militärstrategischer und geheimdienstlicher Sicht«, Kopp Verlag, 2002.

Karl Leopold von Lichtenfels: »Lexikon der Prophezeiungen – Eine Analyse von 350 Voraussagen von der Antike bis heute«, Herbig Verlag, 2000.
Sehr ausführlich, umfaßt nahezu alle bekannten Vorhersagen. Sehr empfehlenswert!

Stephan Berndt: »Prophezeiungen zur Zukunft Europas – Eine Analyse«, G.-Reichel-Verlag, 1997.
Untersucht das zu erwartende Szenario mit wissenschaftlicher Akribie, gut geeignet, um einen regionalen Überblick über die zu erwartenden Gefahren zu gewinnen. Sehr empfehlenswert!

Stephan Berndt: »Prophezeiungen – Alte Nachricht in neuer Zeit. Eine Untersuchung«, G.-Reichel-Verlag, 2001.
Umfassender und aktueller als das zuvor erschienene Buch »Prophezeiungen zur Zukunft Europas« vom selben Autor, d. h. viele neue Quellen, dafür aber auch etwas unübersichtlicher. Sehr empfehlenswert!

Jan van Helsing: »Buch 3 – Der Dritte Weltkrieg«, Ewertverlag, 1996.
Sehr zu empfehlen sind vor allem Helsings Mut machende Schlußkapitel und Lösungsansätze!
Leider und natürlich zu Unrecht gilt Helsing in Deutschland und der Schweiz als Meinungsverbrecher, dessen Bücher der Öffentlichkeit von einer Gruppe selbsternannter Tugendwächter offenbar vorenthalten werden müssen.

Alexander Gann: »Zukunft des Abendlandes? – Eine Untersuchung von Prophezeiungen«, Selbstverlag des Verfassers, IFAP-Institut, Postfach 140, A-5024 Salzburg, 1986.
Sehr empfehlenswert, aber schwer erhältlich.

Wolfgang Johannes Bekh: »Das Dritte Weltgeschehen – Bayerische Hellseher schauen in die Zukunft«, Ludwig Verlag, 6. Auflage.
In den Büchern von Bekh finden sich viele Prophezeiungen im Originalwortlaut mit Zusatzinformationen, z. B. Herkunft des Sehers usw.

Wolfgang Johannes Bekh: »Am Vorabend der Finsternis – Europäische Seherstimmen, Weissagungen, Visionen, Erscheinungen«, Ludwig Verlag, 5. Auflage.

Wolfgang Johannes Bekh: »Alois Irlmaier – Der Brunnenbauer von Freilassing, sein Leben und seine Voraussagen«, Ludwig Verlag, 5. Auflage.

Wolfgang Johannes Bekh: »Bayerische Hellseher – Prophezeiungen aus vier Jahrtausenden«, Ludwig Verlag, 11. Auflage.

Heinrich Bauer: »Der 3. Weltkrieg beginnt am Abend des 22. August 1998 – nach den Voraussagungen des Hellsehers Alois Irlmaier«, Heilbronn 1998.

Paul Friedl: »Prophezeiungen aus dem bayerisch-böhmischen Raum«, Rosenheimer Verlagshaus, 1974.

P. Norbert Backmund: »Hellseher schauen in die Zukunft«, Verlag Morsak, 8. Auflage, Grafenau 1991.

Hans Bender: »Zukunftsvisionen, Kriegsprophezeiungen, Sterbeerlebnisse«, Piper Verlag, 2. Auflage, 1986.

Conrad Adlmaier: »Blick in die Zukunft«, Chiemgau-Druck, 3. Auflage, 1961.

Sven Loerzer: »Visionen und Prophezeiungen – Die berühmtesten Weissagungen der Weltgeschichte«, Weltbild Verlag, Augsburg 1995.

Adalbert Schönhammer: »PSI und der Dritte Weltkrieg«, Rohm Verlag, 1978.

Gottfried Melzer: »Der Matreier Prophet Egger Gilge – Alte Prophezeiungen aus dem 17./18. Jahrhundert«, Theresia Verlag, 2000.

Prof. Dr. Friedrich zur Bonsen: »Die Völkerschlacht der Zukunft am Birkenbaum – sagengeschichtlich dargestellt«, J. P. Bachem Verlag, 5. Auflage, 1916.

Dr. Reinhard Haller: »Der Starnberger, Stormberger, Sturmberger – Propheten und Prophezeiungen im Bayerischen Wald«, Verlag Morsak, 2. Auflage, Grafenau 1980.

Antonius Kirmayer: »Die Prophezeiungen des Waldpropheten – ›Mühlhiasl‹ auch ›Stormberger‹ genannt«, Kommissionsverlag Josef Aidenberger, 1949.

Friedrich Holl: »Waldpropheten«, Buch- und Offsetdruck Lackerbauer, Regen 1982.

A. Gustafsson: »Merkwürdige Gesichte – Die Zukunft der Völker vom Eismeerfischer Anton Johansson gesehen«, Sverigefondens Förlag, Stockholm 1954.

Ernst Ladurner: »Tatsachenberichte um Alois Irlmaier – Neue Prophezeiungen des bekannten Hellsehers«, Verlag Ernst Wagner, etwa 1950.

Anton Angerer: »Das steht der Welt noch bevor – Aber am Ende wird mein unbeflecktes Herz triumphieren«, Mediatrix-Verlag, 2. Auflage, 2001.

Dr. P. Bahlmann: »Spökenkieker und ihre Vorgeschichten – Eine Sammlung älterer Prophezeiungen aus und über Westfalen«, 19. Jahrhundert.

Alexander Tollmann: »Das Weltenjahr geht zur Neige – Mythos und Wahrheit der Prophezeiungen«, Böhlau Verlag, Wien 1998.

Sheikh Nazim: »Armageddon – Der große Krieg, Sayyidina Mahdi und warum Jesus noch einmal kommen wird«, Spohr Verlag, 2002.

Andreas Zeitler: »Die Prophezeiungen des Mühlhiasl«, SüdOst Verlag, 4. Auflage, 1997.

Stefan Parlow: »2004–2012, Turbulente Zukunft«, Eigenverlag.

Ryan Mauro: »World War Three and the World of Prophecy«, englischsprachiges Manuskript.

Bernhard Bouvier: »Nostradamus – Der größte aller Seher. Analysiert von Bouvier – seinem besten Kenner«, Ewertverlag, 1996.

Ray Nolan: »Die siebte Offenbarung – Prophezeiungen und Voraussagen weltberühmter Hellseher, Astrologen und Schamanen«, Heyne Verlag, 1998.

Erwin Zahn: »Prophezeiungen über unsere unmittelbare Zukunft und ihre Auslegung«, Eigenverlag.

M.San Miguel: »Les derniers sceaux«, Belgien, 1993.

Hans-Peter Thietz: »Der Dritte Weltkrieg als globale Wende – und das wiedererstehende, souveräne Deutschland«, Eigenverlag, April 2002.

Marcus Varena: »Gesammelte Prophezeiungen«, Bauer Verlag, 1959.

Arthur Hübscher: »Die große Weissagung – Geschichte der Prophezeiungen mit Texten und Deutungen vom Altertum bis zur Neuzeit«, Heimeran Verlag, 1952.

Josef Schaller: »Trilenium – Chronik der Zukunft«, Verlag A. Maier, Zwiesel 1994.

Martin Burbach: »Okkult – Unsere Zukunft ist kein Geheimnis«.

Franz-Joseph Huainigg: »Heiler und Prophet – Das Leben des Hans-Peter Paulussen und seine Vorhersagen mit Nostradamus«, Verlag »Die Silberschnur«, 2. Auflage, 1993.

Hans Holzer: »Prophecies – Visions of the World's Fate: Truths, Possibilities, or Fallacies?«, Contemporary Books Inc., 1995.

## *Sonstige Literatur*

Günter Hannich: »Börsenkrach und Weltwirtschaftskrise – Der Weg in den 3. Weltkrieg«, Kopp Verlag, 2001.
Sehr empfehlenswert! Hannich erklärt leicht nachvollziehbar, was alle Vertreter der gegenwärtigen Finanzordnung nicht wahrhaben wollen, nämlich daß ein auf Zins basierendes Wirtschaftssystem zwangsläufig und unweigerlich dem Zusammenbruch geweiht ist!

Thorwald Dethlefsen: »Ödipus der Rätsellöser – Der Mensch zwischen Schuld und Erlösung«, Goldmann Verlag, 2000.

Sterling Seagrave: »Gelber Regen – Yellow Rain – Der Terror chemischer Kriegsführung«, Universitas Verlag, 1981.

Viktor Suvorov: »Speznas – Geheimnis hinter Glasnost«, Dissberger Verlag, 1989.

Stephane Courtois: »Das Schwarzbuch des Kommunismus – Unterdrückung, Verbrechen und Terror«, Piper Verlag, 2. Auflage, 1999.

»Schlagzeilen des 20. Jahrhunderts«, Naumann & Göbel Verlagsgesellschaft.

# Quellenverzeichnis


1 »Die Bibel«, Matthäus 11,30.

2 Prof. Dr. Friedrich zur Bonsen: »Die Völkerschlacht der Zukunft am Birkenbaum«, S. 61f.

3 Dr. Reinhard Haller: »Der Starnberger, Stormberger, Sturmberger«, S. 64.

4 Dr. Reinhard Haller: »Der Starnberger, Stormberger, Sturmberger«, S. 81.

5 Antonius Kirmayer: »Die Prophezeiungen des Waldpropheten«, S. 14.

6 Friedrich Holl: »Waldpropheten«, S. 35.

7 Herz Dame, 16.3.1950, »Propheten des Unheils«.

8 A. Gustafsson: »Merkwürdige Gesichte«, S. 80 ff.

9 A. Gustafsson: »Merkwürdige Gesichte«, S. 54.

10 Hans Bender: »Zukunftsvisionen, Kriegsprophezeiungen, Sterbeerlebnisse«, S. 65 f.

11 Lieb-Frauen-Kalender 1951, »Irlmaier … der Hellseher aus Freilassing«.

12 Altbayerische Heimatpost, 6.11.1949, »Er spürt das Wasser und sieht die Zukunft …«

13 Herz Dame, 18.3.1950, »Atombomben auf Nord- und Westdeutschland?«

14 Paul Friedl: Aufsatz »Alois Irlmaier von Freilassing«.

15 Conrad Adlmaier: «Blick in die Zukunft«, 3. Auflage.

16 »Altbayerische Heimatpost«, Nr. 46, »Er spürt das Wasser und sieht die Zukunft …«.

17 Ernst Ladurner: »Tatsachenberichte um Alois Irlmaier – Neue Prophezeiungen des bekannten Hellsehers«.

18 »Profil«, 4.1.1982, »Planeten und Prognosen«.

19 »Landshuter Zeitung«, 12. April 1950, »Es wird gar struppig komma!«

20 Thorwald Dethlefsen: »Ödipus der Rätsellöser«, S. 102.

21 Wolfgang Johannes Bekh: »Das Dritte Weltgeschehen«, S. 135.

22 Wolfgang Johannes Bekh: »Das Dritte Weltgeschehen«, S. 140.

23 Wolfgang Johannes Bekh: »Das Dritte Weltgeschehen«, S. 62.

24 Wolfgang Johannes Bekh: »Das Dritte Weltgeschehen«, S. 106.

25 Conrad Adlmaier: »Blick in die Zukunft«, 3. Auflage.

26 Anton Angerer: »Das steht der Welt noch bevor«, S. 85.

27 Wolfgang Johannes Bekh: »Das Dritte Weltgeschehen«, S. 129.

28 Wolfgang Johannes Bekh: »Das Dritte Weltgeschehen«, S. 141.

29 Conrad Adlmaier: »Blick in die Zukunft«, 3. Auflage.

30 Conrad Adlmaier: »Blick in die Zukunft«, 2. Auflage, S. 95.

31 »Altbayerische Heimatpost«, Nr.46, »Er spürt das Wasser und sieht die Zukunft …«.

32 Ernst Ladurner: »Tatsachenberichte um Alois Irlmaier – Neue Prophezeiungen des bekannten Hellsehers«.

33 Mündliche Überlieferung.

34 Dr. Reinhard Haller: »Der Starnberger, Stormberger, Sturmberger«, S. 59.

35 Dr. Reinhard Haller: »Der Starnberger, Stormberger, Sturmberger«, S. 66.

36 Wolfgang Johannes Bekh: »Am Vorabend der Finsternis«, 5. Auflage, S. 68.
37 Wolfgang Johannes Bekh: »Am Vorabend der Finsternis«, 5. Auflage, S. 69.
38 »Esotera«, Nr. 29,1978, S. 799–807.
39 Dr. P. Bahlmann: »Spökenkieker und ihre Vorgeschichten«, 19. Jahrhundert, S. 29.
40 Wolfgang Johannes Bekh: »Am Vorabend der Finsternis«, 5. Auflage, S. 73.
41 Friedrich Holl: »Waldpropheten«, S. 17.
42 A. Gustafsson: »Merkwürdige Gesichte«, S. 18 f.
43 Stephan Berndt: »Prophezeiungen – Alte Nachricht in neuer Zeit«, S. 152.
44 »Kurier«, 12.10.1945.
45 »Kurier«, 12.10.1945.
46 Dr. Reinhard Haller: »Der Starnberger, Stormberger, Sturmberger«, S. 61.
47 Dr. Reinhard Haller: »Der Starnberger, Stormberger, Sturmberger«, S. 65.
48 Friedrich Holl: »Waldpropheten«, S. 38.
49 Friedrich Holl: »Waldpropheten«, S. 35.
50 Dr. Reinhard Haller: »Der Starnberger, Stormberger, Sturmberger«, S. 70.
51 Dr. Reinhard Haller: »Der Starnberger, Stormberger, Sturmberger«, S. 66.
52 Anton Angerer: »Das steht der Welt noch bevor«, S. 208.
53 Wolfgang Johannes Bekh: »Am Vorabend der Finsternis«, 5. Auflage, S. 50.
54 Wolfgang Johannes Bekh: »Bayerische Hellseher«, 11. Auflage, S. 113 f.
55 Wolfgang Johannes Bekh: »Am Vorabend der Finsternis«, 5. Auflage, S. 54.
56 Hans Bender: »Zukunftsvisionen, Kriegsprophezeiungen, Sterbeerlebnisse«, S. 65 f.
57 Wolfgang Johannes Bekh: »Das Dritte Weltgeschehen«, 6. Auflage, S. 110 f.
58 Dr. P. Bahlmann: »Spökenkieker und ihre Vorgeschichten«, 19. Jahrhundert, S. 25.
59 Prof. Dr. Friedrich zur Bonsen: »Die Völkerschlacht der Zukunft am Birkenbaum«, S. 28 f.
60 Prof. Dr. Friedrich zur Bonsen: »Die Völkerschlacht der Zukunft am Birkenbaum«, S. 30.
61 Wolfgang Johannes Bekh: »Das Dritte Weltgeschehen«, 6. Auflage, S. 61.
62 Anton Angerer: »Das steht der Welt noch bevor«, S. 287 f.
63 Alexander Tollmann: »Das Weltenjahr geht zur Neige«, S. 91.
64 »Magazin2000 Prophezeiungen Spezial Nr. 15«, »Die Zeichen der Zeit sind da«, S. 72.
65 A. Gustafsson: »Merkwürdige Gesichte«, S. 212.
66 Sheikh Nazim: »Armageddon«, S. 132.
67 Sheikh Nazim: »Armageddon«, S. 164.
68 Leo H. DeGard: »Wer plant den 3. Weltkrieg?«, S. 174.
69 Quelle unbekannt, Übersetzung aus dem Internet.
70 Artikel im Internet: »Die Kremna-Prophezeiung«.
71 Wolfgang Johannes Bekh: »Am Vorabend der Finsternis«, 5. Auflage, S. 52.
72 Dr. Reinhard Haller: »Der Starnberger, Stormberger, Sturmberger«, S. 65.
73 Dr. Reinhard Haller: »Der Starnberger, Stormberger, Sturmberger«, S. 67 f.
74 Dr. Reinhard Haller: »Der Starnberger, Stormberger, Sturmberger«, S. 69.
75 Friedrich Holl: »Waldpropheten«, S. 38.

[76] Dr. Reinhard Haller: »Der Starnberger, Stormberger, Sturmberger«, S. 65.
[77] Wolfgang Johannes Behk: »Alois Irlmaier«, 5. Auflage, S. 147.
[78] »Junge Freiheit«, 34/02, 16. August 2002, »Die göttliche Wahrheit erkennen«.
[79] Quelle unbekannt, Übersetzung aus dem Internet.
[80] Anton Angerer: »Das steht der Welt noch bevor«, S. 287 f.
[81] Wolfgang Johannes Bekh: »Bayerische Hellseher«, 11. Auflage, S. 113 f.
[82] Dr. Reinhard Haller: »Der Starnberger, Stormberger, Sturmberger«, S. 68.
[83] Friedrich Holl: »Waldpropheten«, S. 36.
[84] Anton Angerer: »Das steht der Welt noch bevor«, S. 217.
[85] Anton Angerer: »Das steht der Welt noch bevor«, S. 219.
[86] Wolfgang Johannes Bekh: »Am Vorabend der Finsternis«, 5. Auflage, S. 237 f.
[87] Anton Angerer: »Das steht der Welt noch bevor«, S. 84.
[88] »Kurier«, 12.10.1945.
[89] Dr. Reinhard Haller: »Der Starnberger, Stormberger, Sturmberger«, S. 68.
[90] Andreas Zeitler: »Die Prophezeiungen des Mühlhiasl«, S. 14.
[91] Dr. Reinhard Haller: »Der Starnberger, Stormberger, Sturmberger«, S. 67 f.
[92] Dr. Reinhard Haller: »Der Starnberger, Stormberger, Sturmberger« S. 56 f.
[93] Jan van Helsing: »Buch 3«, S. 110.
[94] Andreas Zeitler: »Die Prophezeiungen des Mühlhiasl«, S. 14.
[95] Sven Loerzer: »Visionen und Prophezeiungen«, S.293.
[96] Jan van Helsing: »Buch 3«, S. 110.
[97] »Kurier«, 12.10.1945.
[98] »Magazin2000 Prophezeiungen Spezial Nr. 15«, »Die Zeichen der Zeit sind da«, S. 72.
[99] Mündliche Überlieferung.
[100] Alexander Gann: »Zukunft des Abendlandes?«, S. 186.
[101] Friedrich Holl: »Waldpropheten«, S. 38.
[102] Dr. P. Bahlmann: »Spökenkieker und ihre Vorgeschichten«, 19. Jahrhundert, S. 25.
[103] Wolfgang Johannes Bekh: »Am Vorabend der Finsternis«, 5. Auflage, S. 69.
[104] Wolfgang Johannes Bekh: »Am Vorabend der Finsternis«, 5. Auflage, S. 91.
[105] Dr. P. Bahlmann: »Spökenkieker und ihre Vorgeschichten«, 19. Jahrhundert, S. 29.
[106] Quelle unbekannt, Übersetzung aus dem Internet.
[107] »Profil«, 4.1.1982, »Planeten und Prognosen«.
[108] Wolfgang Johannes Bekh: »Am Vorabend der Finsternis«, 5. Auflage, S. 50.
[109] Friedrich Holl: »Waldpropheten«, S. 38.
[110] Dr. Reinhard Haller: »Der Starnberger, Stormberger, Sturmberger«, S. 57.
[111] Stefan Parlow: »Turbulente Zukunft«, S. 58.
[112] Wolfgang Johannes Bekh: »Am Vorabend der Finsternis«, 5. Auflage, S. 88.
[113] Stephan Berndt: »Prophezeiungen – Alte Nachricht in neuer Zeit«, S. 152.
[114] Ryan Mauro: »World War Three and the World of Prophecy«.
[115] Bernhard Bouvier: »Nostradamus«, S. 137.
[116] Quelle aus dem Internet.
[117] Bernhard Bouvier: »Nostradamus«, S. 124.
[118] Anton Angerer: »Das steht der Welt noch bevor«, S. 7.

[119] Karl Leopold von Lichtenfels: »Lexikon der Prophezeiungen«, Taschenbuch, S. 245.
[120] Anton Angerer: »Das steht der Welt noch bevor«, S. 104.
[121] Ray Nolan: »Die siebte Offenbarung«, S. 212, zitiert in »Lübecker Nackrichten« vom 4.11.1962.
[122] Wolfgang Johannes Bekh: »Das Dritte Weltgeschehen«, 6. Auflage, S. 107.
[123] Stephan Berndt: »Prophezeiungen zur Zukunft Europas«, S. 153.
[124] Wolfgang Johannes Bekh: »Am Vorabend der Finsternis«, 5. Auflage, S. 229.
[125] Stephan Berndt: »Prophezeiungen – Alte Nachricht in neuer Zeit«, S. 130 f.
[126] Wolfgang Johannes Bekh: »Das Dritte Weltgeschehen«, 6. Auflage, S. 129.
[127] Erwin Zahn: »Prophezeiungen über unsere unmittelbare Zukunft und ihre Auslegung«, S. 11.
[128] Erwin Zahn: »Prophezeiungen über unsere unmittelbare Zukunft und ihre Auslegung«, S. 9.
[129] Erwin Zahn: »Prophezeiungen über unsere unmittelbare Zukunft und ihre Auslegung«, S. 11.
[130] A. Gustafsson: »Merkwürdige Gesichte«, S. 68 f.
[131] Karl Leopold von Lichtenfels: »Lexikon der Prophezeiungen«, S. 164.
[132] Hans Holzer: »Prophecies«, S. 196 ff.
[133] Wolfgang Johannes Bekh: »Das Dritte Weltgeschehen«, 5. Auflage, S. 105 f.
[134] Ryan Mauro: »World War Three and the World of Prophecy«.
[135] Sheikh Nazim: »Armageddon«, S. 134 ff.
[136] Wolfgang Johannes Bekh: »Das Dritte Weltgeschehen«, 6. Auflage, S. 62.
[137] Anton Angerer: »Das steht der Welt noch bevor«, S. 132.
[138] Wolfgang Johannes Bekh: »Am Vorabend der Finsternis«, 5. Auflage, S. 260 f.
[139] Stephan Berndt: »Prophezeiungen – Alte Nachricht in neuer Zeit«, S. 69.
[140] Stephan Berndt: »Prophezeiungen – Alte Nachricht in neuer Zeit«, S. 105.
[141] M. San Miguel: »Les derniers sceaux«, Übersetzung von Bernhard Bouvier.
[142] M. San Miguel: »Les derniers sceaux«, Übersetzung von Bernhard Bouvier.
[143] Hans-Peter Thietz: »Der Dritte Weltkrieg als globale Wende«, S. 32.
[144] Wolfgang Johannes Bekh: »Am Vorabend der Finsternis«, 5. Auflage, S. 156.
[145] Marcus Varena: »Gesammelte Prophezeiungen«, S. 187.
[146] Anton Angerer: »Das steht der Welt noch bevor«, S. 85.
[147] Anton Angerer: »Das steht der Welt noch bevor«, S. 166.
[148] Anton Angerer: »Das steht der Welt noch bevor«, S. 195.
[149] Anton Angerer: »Das steht der Welt noch bevor«, S. 196.
[150] Wolfgang Johannes Bekh: »Das Dritte Weltgeschehen«, 6. Auflage, S. 70.
[151] Wolfgang Johannes Bekh: »Das Dritte Weltgeschehen«, 6. Auflage, S. 62.
[152] Wolfgang Johannes Bekh: »Das Dritte Weltgeschehen«, 6. Auflage, S. 108.
[153] Wolfgang Johannes Bekh: »Das Dritte Weltgeschehen«, 6. Auflage, S. 141.
[154] »Landshuter Zeitung«, 12. April 1950, »Es wird gar struppig komma«.
[155] Conrad Adlmaier: »Blick in die Zukunft«, 3. Auflage.
[156] »Kurier«, 12.10.1945.
[157] Arthur Hübscher: »Die große Weissagung«.
[158] Herz Dame, 11.3.1950, »Neuer Krieg dauert 3 Wochen«.
[159] Mündliche Überlieferung.

[160] Conrad Adlmaier, »Blick in die Zukunft«, 3. Auflage.
[161] Mündliche Überlieferung.
[162] Friedrich Holl: »Waldpropheten«, S. 37 f.
[163] Friedrich Holl: »Waldpropheten«, S. 38.
[164] Dr. Reinhard Haller: »Der Starnberger, Stormberger, Sturmberger«, S. 68.
[165] Dr. Reinhard Haller: »Der Starnberger, Stormberger, Sturmberger«, S. 62.
[166] Friedrich Holl: »Waldpropheten«, S. 39.
[167] Friedrich Holl: »Waldpropheten«, S. 41.
[168] Wolfgang Johannes Bekh: »Am Vorabend der Finsternis«, 5. Auflage, S. 88.
[169] Wolfgang Johannes Bekh: »Am Vorabend der Finsternis«, 5. Auflage, S. 89.
[170] Persönliche Mitteilung an den Verfasser.
[171] Wolfgang Johannes Bekh: »Am Vorabend der Finsternis«, 5. Auflage, S. 212.
[172] »Esotera«, Nr. 29, 1978, S. 799–807.
[173] »Esotera«, Nr. 29, 1978, S. 799–807.
[174] Stephan Berndt: »Prophezeiungen – Alte Nachricht in neuer Zeit«, S. 173.
[175] Erwin Zahn: »Prophezeiungen über unsere unmittelbare Zukunft und ihre Auslegung«, S. 38.
[176] Erwin Zahn: »Prophezeiungen über unsere unmittelbare Zukunft und ihre Auslegung«, S. 12.
[177] Mündliche Überlieferung.
[178] »Kurier«, 12.10.1945.
[179] Ryan Mauro: »World War Three and the World of Prophecy«.
[180] Ryan Mauro: »World War Three and the World of Prophecy«.
[181] A. Gustafsson: »Merkwürdige Gesichte«, S. 216.
[182] A. Gustafsson: »Merkwürdige Gesichte«, S. 53.
[183] Stephane Courtois: »Das Schwarzbuch des Kommunismus«, S. 16.
[184] A. Gustafsson: »Merkwürdige Gesichte«, S. 213 f.
[185] Wolfgang Johannes Bekh: »Am Vorabend der Finsternis«, 5. Auflage, S. 125.
[186] Wolfgang Johannes Bekh: »Am Vorabend der Finsternis«, 5. Auflage, S. 52.
[187] Stephan Berndt: »Prophezeiungen – Alte Nachricht in neuer Zeit«, S. 164.
[188] Ryan Mauro: »World War Three and the World of Prophecy«.
[189] Erwin Zahn: »Prophezeiungen über unsere unmittelbare Zukunft und ihre Auslegung«, S. 14.
[190] Erwin Zahn: »Prophezeiungen über unsere unmittelbare Zukunft und ihre Auslegung«, S. 7.
[191] Stephan Berndt: »Prophezeiungen – Alte Nachricht in neuer Zeit«, S. 167.
[192] Ryan Mauro: »World War Three and the World of Prophecy«.
[193] Quelle aus dem Internet.
[194] Wolfgang Johannes Bekh: »Am Vorabend der Finsternis«, 5. Auflage, S. 110.
[195] Mündliche Überlieferung.
[196] Bildquelle: www.fas.org.
[197] Sheikh Nâzim: »Armageddon«, S. 134 f.
[198] Hans-Peter Thietz: »Der Dritte Weltkrieg als globale Wende«, S. 39.
[199] Hans-Peter Thietz: »Der Dritte Weltkrieg als globale Wende«, S. 40.
[200] Bildquelle: www.fas.org.
[201] A. Gustafsson: »Merkwürdige Gesichte«, S. 215.

[202] Wolfgang Johannes Bekh: »Das Dritte Weltgeschehen«. 6. Auflage, S. 141 f.
[203] Ryan Mauro: »World War. Three and the World of Prophecy«.
[204] Bildquelle: www.fas.org.
[205] Stephan Berndt: »Prophezeiungen – Alte Nachricht in neuer Zeit«, S. 143.
[206] www.hellseher-online.de.
[207] Stephan Berndt: »Prophezeiungen – Alte Nachricht in neuer Zeit«, S. 69.
[208] Bernhard Bouvier: »Nostradamus«, S. 415.
[209] T. Simrun: »Nostradamus, das große Buch der Prophezeiungen«, S. 82.
[210] Ryan Mauro: »World War Three and the World of Prophecy«.
[211] DFG-VK, 10.8.1999 – NATO-General gab Befehl für Angriff auf russische Truppen.
[212] Wolfgang Johannes Bekh: »Am Vorabend der Finsternis«, 5. Auflage, S. 110.
[213] Josef Schaller: »Trilenium«, S. 198.
[214] Wolfgang Johannes Bekh: »Das Dritte Weltgeschehen«, 6. Auflage, S. 120 ff.
[215] Wolfgang Johannes Bekh »Am Vorabend der Finsternis«, 5. Auflage, S. 263.
[216] A. Gustafsson: »Merkwürdige Gesichte«, S. 215.
[217] Wolfgang Johannes Bekh: »Das Dritte Weltgeschehen«, 6. Auflage, S. 123.
[218] Wolfgang Johannes Bekh: »Das Dritte Weltgeschehen«, 6. Auflage, S. 131.
[219] Stefan Parlow: »Turbulente Zukunft«, S. 70.
[220] Wolfgang Johannes Bekh: »Am Vorabend der Finsternis«, 5. Auflage, S. 217.
[221] Viktor Suvorov: »Speznas«, S. 153.
[222] Ryan Mauro: »World War Three and the World of Prophecy«.
[223] Ryan Mauro: »World War Three and the World of Prophecy«.
[224] Bildquelle: Internet.
[225] Ryan Mauro: »World War Three and the World of Prophecy«.
[226] »Die Bibel«, Offenbarung des Johannes, Kapitel 18.
[227] Persönliche Mitteilung an den Verfasser.
[228] Wolfgang Johannes Bekh: »Das Dritte Weltgeschehen«, 6. Auflage, S. 125 f.
[229] Wolfgang Johannes Bekh: »Das Dritte Weltgeschehen«, 6. Auflage, S. 120.
[230] Wolfgang Johannes Bekh: »Das Dritte Weltgeschehen«, 6. Auflage, S. 135.
[231] Wolfgang Johannes Bekh: »Das Dritte Weltgeschehen«, 6. Auflage, S. 135.
[232] Bildquelle: Internet.
[233] Conrad Adlmaier: »Blick in die Zukunft«, 3. Auflage.
[234] »Landshuter Zeitung«, 12. April 1950, »Es wird gar struppig komma!«
[235] Arthur Hübscher: »Die große Weissagung«.
[236] Wolfgang Johannes Bekh: »Das Dritte Weltgeschehen«, 6. Auflage, S. 62.
[237] Wolfgang Johannes Bekh: »Am Vorabend der Finsternis«, 5. Auflage, S. 217.
[238] Wolfgang Johannes Bekh: »Am Vorabend der Finsternis«, 5. Auflage, S. 239.
[239] Marcus Varena: »Gesammelte Prophezeiungen«, S. 187.
[240] Anton Angerer: »Das steht der Welt noch bevor«, S. 231.
[241] Dr. P. Bahlmann: »Spökenkieker und ihre Vorgeschichten«, 19. Jahrhundert. S. 25.
[242] Hans Bender: »Zukunftsvisionen, Kriegsprophezeiungen, Sterbeerlebnisse«, S. 65 f.
[243] Wolfgang Johannes Bekh: »Das Dritte Weltgeschehen«, 6. Auflage, S. 108.
[244] Sven Loerzer: »Visionen und Prophezeiungen«, S. 202.

[245] Bernhard Bouvier: »Nostradamus«, S. 94.
[246] Alexander Gann: »Zukunft des Abendlandes«, S. 271 ff.
[247] Alexander Gann: »Zukunft des Abendlandes«, S. 271 ff.
[248] Alexander Gann: »Zukunft des Abendlandes«, S. 271 ff.
[249] Bernhard Bouvier: »Nostradamus«, S. 137.
[250] Alexander Gann: »Zukunft des Abendlandes«, S. 271 ff.
[251] Paul Friedl: »Prophezeiungen aus dem bayerisch-böhmischen Raum«, S. 1.
[252] Wolfgang Johannes Bekh: »Das Dritte Weltgeschehen« 6. Auflage, S. 31 f.
[253] Jan van Helsing: »Buch 3«, S. 136.
[254] Alexander Gann: »Zukunft des Abendlandes?«, S. 309.
[255] Wolfgang Johannes Bekh: »Am Vorabend der Finsternis«, S. 38.
[256] Gottfried Melzer: »Der Matreier Prophet Egger Gilge«, S. 132.
[257] Gottfried Melzer: »Der Matreier Prophet Egger Gilge«, S. 105.
[258] Bernhard Bouvier: »Nostradamus«, S. 160.
[259] Bernhard Bouvier: »Nostradamus« S. 263.
[260] Bernhard Bouvier: »Nostradamus« S. 457.
[261] Stephan Berndt: »Prophezeiungen – Alte Nachricht in neuer Zeit«, S. 148.
[262] Wolfgang Johannes Bekh: »Am Vorabend der Finsternis«, 5. Auflage, S. 217.
[263] Wolfgang Johannes Bekh: »Am Vorabend der Finsternis«, 5. Auflage, S. 91.
[264] Ernst Ladurner: »Tatsachenberichte um Alois Irlmaier – Neue Prophezeiungen des bekannten Hellsehers«
[265] »Die kleine Illustrierte«, Folge 6, 1950, »Hellseher klärt Mord auf«.
[266] Conrad Adlmaier: »Blick in die Zukunft«, 2. Auflage, S. 91.
[267] Herz Dame, 11.3.1950, »Neuer Krieg dauert 3 Wochen«.
[268] Herz Dame, 11.3.1950, »Neuer Krieg dauert 3 Wochen«.
[269] Arthur Hübscher: »Die große Weissagung«.
[270] Conrad Adlmaier: »Blick in die Zukunft«, 3. Auflage.
[271] Martin Burbach: »Unsere Zukunft ist kein Geheimnis«.
[272] Wolfgang Johannes Bekh: »Am Vorabend der Finsternis«, S. 110.
[273] Mündliche Überlieferung.
[274] Mündliche Überlieferung.
[275] Die Quelle hierfür ist ein Buch mit dem Titel »Dies Irae", das um 1970 in Italien erschienen ist. Leider liegt dieses Buch nicht vor, weshalb keine weiteren Angaben gemacht werden können.
[276] Wolfgang Johannes Bekh: »Am Vorabend der Finsternis«, 5. Auflage, S. 52.
[277] Bildquelle: Internet.
[278] Prof. Dr. Friedrich zur Bonsen: »Die Völkerschlacht der Zukunft am Birkenbaum«, S. 30 f.
[279] »DMZ« (»Deutsche Militärzeitschrift«) Juli/August 2003, »Der Todesfluch des Shawnee-Häuptlings Ellskwatawa, ein Bruder Tecumsehs«, S. 49.
[279a] »Magazin 2000 plus«, Nr. 157.
[280] Wolfgang Johannes Bekh: »Das Dritte Weltgeschehen«, 6. Auflage, S. 106.
[281] Wolfgang Johannes Bekh: »Das Dritte Weltgeschehen«, 6. Auflage, S. 107.
[282] Wolfgang Johannes Bekh: »Am Vorabend der Finsternis«, 5. Auflage, S. 217.
[283] Mündliche Überlieferung.
[284] Birger Claesson: »DOM över Sverige« und »SVERIGES ÖDESTIMME«, Übersetzung aus dem Internet.

[285] Birger Claesson: »DOM över Sverige« und »SVERIGES ÖDESTIMME«, Übersetzung aus dem Internet.
[286] Birger Claesson: »DOM över Sverige« und »SVERIGES ÖDESTIMME«, Übersetzung aus dem Internet.
[287] Birger Claesson: »DOM över Sverige« und »SVERIGES ÖDESTIMME«, Übersetzung aus dem Internet.
[288] Birger Claesson: »DOM över Sverige« und »SVERIGES ÖDESTIMME«, Übersetzung aus dem Internet.
[289] Birger Claesson: »DOM över Sverige« und »SVERIGES ÖDESTIMME«, Übersetzung aus dem Internet.
[290] Bildquelle: www.fas.org.
[291] Bildquelle: www.fas.org.
[292] Bildquelle: www.fas.org
[293] Birger Claesson: »DOM över Sverige« und »SVERIGES ÖDESTIMME«, Übersetzung aus dem Internet.
[294] A. Gustafsson: »Merkwürdige Gesichte«, S. 16 f.
[295] A. Gustafsson: »Merkwürdige Gesichte«, S. 70 f.
[296] Wolfgang Johannes Bekh: »Am Vorabend der Finsternis«, 5. Auflage, S. 154 f.
[297] A. Gustafsson: »Merkwürdige Gesichte«, S. 71 f.
[298] A. Gustafsson: »Merkwürdige Gesichte«, S. 17 f.
[299] A. Gustafsson: »Merkwürdige Gesichte«, S. 72 f.
[300] A. Gustafsson: »Merkwürdige Gesichte«, S. 72.
[301] A. Gustafsson: »Merkwürdige Gesichte«, S. 17 f.
[302] A. Gustafsson: »Merkwürdige Gesichte«, S. 73.
[303] Mündliche Überlieferung.
[304] Wolfgang Johannes Bekh: »Das Dritte Weltgeschehen«, 6. Auflage, S. 124.
[305] Wolfgang Johannes Bekh: »Das Dritte Weltgeschehen«, 6. Auflage, S. 109.
[306] Stefan Parlow: »Turbulente Zukunft«, S. 72.
[307] Stefan Parlow: »Turbulente Zukunft«, S. 98.
[308] Stefan Parlow: »Turbulente Zukunft«, S. 72 f.
[309] Stefan Parlow: »Turbulente Zukunft«, S. 72.
[310] Stefan Parlow: »Turbulente Zukunft«, S. 71 f.
[311] Stefan Parlow: »Turbulente Zukunft«, S. 73.
[312] Stefan Parlow: »Turbulente Zukunft«, S. 73.
[313] »Profil«, 4.1.1982, »Planeten und Prognosen«.
[314] A. Gustafsson: »Merkwürdige Gesichte«, S. 65.
[315] Erwin Zahn: »Prophezeiungen über unsere unmittelbare Zukunft und ihre Auslegung«, S. 7.
[316] Stefan Parlow: »Turbulente Zukunft«, S. 70.
[317] Wolfgang Johannes Bekh: »Das Dritte Weltgeschehen«, 6. Auflage, S. 141.
[318] Hans-Peter Thietz: »Der Dritte Weltkrieg als globale Wende«, S. 39.
[319] Wolfgang Johannes Bekh: »Am Vorabend der Finsternis«, 5. Auflage, S. 252.
[320] A. Gustafsson: »Merkwürdige Gesichte«, S. 216.
[321] Wolfgang Johannes Bekh: »Am Vorabend der Finsternis«, 5. Auflage, S. 217.
[322] Erwin Zahn: »Prophezeiungen über unsere unmittelbare Zukunft und ihre Auslegung«, S. 15.
[323] Sven Loerzer: »Visionen und Prophezeiungen«, S. 282.
[324] Ryan Mauro: »World War Three and the World of Prophecy«.

325 Wolfgang Johannes Bekh: »Am Vorabend der Finsternis«, 5. Auflage, S. 263.
326 Stephan Berndt: »Prophezeiungen – Alte Nachricht in neuer Zeit«, S. 119.
327 Franz-Joseph Huainigg: »Heiler und Prophet«, S. 114 f.
328 Franz-Joseph Huainigg: »Heiler und Prophet«, S. 150 f.
329 Dr. Reinhard Haller: »Der Starnberger, Stormberger, Sturmberger«, S. 58 f.
330 Friedrich Holl: »Waldpropheten«, S. 41.
331 Persönliche Mitteilung an den Verfasser.
332 Herz Dame, 11.3.1950, »Neuer Krieg dauert 3 Wochen«.
333 Adalbert Schönhammer: »PSI und der Dritte Weltkrieg«, S. 63.
334 Heinrich Bauer: »Der 3. Weltkrieg beginnt am …«.
335 Heinrich Bauer: »Der 3. Weltkrieg beginnt am …«.
336 »Kurier«, 12.10.1945.
337 Martin Burbach: »Unsere Zukunft ist kein Geheimnis«.
338 Ernst Ladurner: »Tatsachenberichte um Alois Irlmaier – Neue Prophezeiungen des bekannten Hellsehers«.
339 P. Norbert Backmund: »Hellseher schauen in die Zukunft«.
340 Conrad Adlmaier: »Blick in die Zukunft«, 2. Auflage, S. 92.
341 Martin Burbach: »Unsere Zukunft ist kein Geheimnis«.
342 Mündliche Überlieferung.
343 »Kurier«, 12.10.1945.
344 Bildquelle: www.fas.org.
345 Stephan Berndt: »Prophezeiungen – Alte Nachricht in neuer Zeit«, S. 344.
346 »Landshuter Zeitung«, 12. April 1950, »Es wird gar struppig komma!«.
347 Ernst Ladurner: »Tatsachenberichte um Alois Irlmaier – Neue Prophezeiungen des bekannten Hellsehers«.
348 Lieb-Frauen-Kalender, 1951, »Irlmaier … der Hellseher aus Freilassing«.
349 Alexander Gann: »Zukunft des Abendlandes?«, S. 186.
350 Ernst Ladurner: »Tatsachenberichte um Alois Irlmaier – Neue Prophezeiungen des bekannten Hellsehers«.
351 »Landshuter Zeitung«, 12. April 1950, »Es wird gar struppig komma!«.
352 Arthur Hübscher: »Die große Weissagung«.
353 Arthur Hübscher: »Die große Weissagung«.
354 Erwin Zahn: »Prophezeiungen über unsere unmittelbare Zukunft und ihre Auslegung«, S. 8.
355 Erwin Zahn: »Prophezeiungen über unsere unmittelbare Zukunft und ihre Auslegung«, S. 8
356 Erwin Zahn: »Prophezeiungen über unsere unmittelbare Zukunft und ihre Auslegung«, S. 3.
357 Erwin Zahn: »Prophezeiungen über unsere unmittelbare Zukunft und ihre Auslegung«, S. 10.
358 Erwin Zahn: »Prophezeiungen über unsere unmittelbare Zukunft und ihre Auslegung«, S. 8.
359 Bildquelle: www.fas.org.
360 Wolfgang Johannes Bekh: »Das Dritte Weltgeschehen«, 6. Auflage, S. 106.
361 Wolfgang Johannes Bekh: »Das Dritte Weltgeschehen«, 6. Auflage, S. 107.
362 Wolfgang Johannes Bekh: »Das Dritte Weltgeschehen«, 6. Auflage, S. 107.
363 Wolfgang Johannes Bekh: »Das Dritte Weltgeschehen«, 6. Auflage, S. 108.
364 Wolfgang Johannes Bekh: »Das Dritte Weltgeschehen«, 6. Auflage, S. 108.

[365] Wolfgang Johannes Bekh: »Das Dritte Weltgeschehen«, 6. Auflage, S. 109.
[366] Wolfgang Johannes Bekh: »Das Dritte Weltgeschehen«, 6. Auflage, S. 74 f.
[367] Anton Angerer: »Das steht der Welt noch bevor«, S. 191 f.
[368] Hans Bender »Zukunftsvisionen, Kriegsprophezeiungen, Sterbeerlebnisse«, S. 65 f
[369] »Esotera«, Nr. 29, 1978, S. 799–807.
[370] »Esotera«, Nr. 29, 1978, S. 799–807.
[371] »Esotera«, Nr. 29, 1978, S. 799–807.
[372] »Esotera«, Nr. 29, 1978, S. 799–807.
[373] Quelle unbekannt, Übersetzung von Bernhard Bouvier.
[374] Ernst Ladurner: »Tatsachenberichte um Alois Irlmaier«, S. 22.
[375] Wolfgang Johannes Bekh: »Das Dritte Weltgeschehen«, 6. Auflage, S. 62.
[376] Wolfgang Johannes Bekh: »Am Vorabend der Finsternis«, 5. Auflage, S. 52.
[377] Wolfgang Johannes Bekh: »Am Vorabend der Finsternis«, 5. Auflage, S. 217.
[378] Anton Angerer: »Das steht der Welt noch bevor«, S. 255.
[379] Wolfgang Johannes Bekh: »Das Dritte Weltgeschehen«, 6. Auflage, S. 135.
[380] Wolfgang Johannes Bekh: »Das Dritte Weltgeschehen«, 6. Auflage, S. 142.
[381] Wolfgang Johannes Bekh: »Das Dritte Weltgeschehen«, 6. Auflage, S. 143.
[382] Persönliche Mitteilung an den Verfasser.
[383] Stephan Berndt: »Prophezeiungen – Alte Nachricht in neuer Zeit«, S. 343.
[384] A. Gustafsson: »Merkwürdige Gesichte«, S. 217.
[385] Hans-Peter Thietz: »Der Dritte Weltkrieg als globale Wende«, S. 39.
[386] Wolfgang Johannes Bekh: »Das Dritte Weltgeschehen«, 6. Auflage, S. 121.
[387] Wolfgang Johannes Bekh: »Das Dritte Weltgeschehen«, 6. Auflage, S. 126.
[388] Wolfgang Johannes Bekh: »Das Dritte Weltgeschehen«, 6. Auflage, S. 130.
[389] Wolfgang Johannes Bekh: »Das Dritte Weltgeschehen«, 6. Auflage, S. 135.
[390] Wolfgang Johannes Bekh: »Das Dritte Weltgeschehen«, 6. Auflage, S. 140.
[391] Wolfgang Johannes Bekh: « Alois Irlmaier«.
[392] »Kurier, 12.10.1945.
[393] Wolfgang Johannes Bekh: »Bayerische Hellseher«, 11. Auflage, S. 113 f.
[394] Wolfgang Johannes Bekh: »Am Vorabend der Finsternis«, 5. Auflage, S. 54.
[395] Persönliche Mitteilung an den Verfasser.
[396] Antonius Kirmayer: »Die Prophezeiungen des Waldpropheten«, S. 14.
[397] Friedrich Holl: »Waldpropheten«, S. 42.
[398] Dr. Reinhard Haller: »Der Starnberger, Stormberger, Sturmberger«, S. 72.
[399] Dr. Reinhard Haller: »Der Starnberger, Stormberger, Sturmberger«, S. 69.
[400] Dr. Reinhard Haller: »Der Starnberger, Stormberger, Sturmberger«, S. 71.
[401] Wolfgang Johannes Bekh »Am Vorabend der Finsternis«, 5. Auflage, S. 51.
[402] Friedrich Holl: »Waldpropheten«, S. 13.
[403] »Landshuter Zeitung«, 12. April 1950, »Es wird gar struppig komma!«.
[404] »Altbayerische Heimatpost«, Nr. 46, »Er spürt das Wasser und sieht die Zukunft …«.
[405] Conrad Adlmaier: »Blick in die Zukunft«, 3. Auflage.
[406] Ernst Ladurner: »Tatsachenberichte um Alois Irlmaier – Neue Prophezeiungen des bekannten Hellsehers«
[407] Herz Dame, 11.3.1950.
[408] Alexander Gann: »Zukunft des Abendlandes?«, S. 186.
[409] Wolfgang Bekh: »Am Vorabend der Finsternis«.
[410] Wolfgang Johannes Bekh: »Am Vorabend der Finsternis«, 5. Auflage, S. 263.

411 Wolfgang Johannes Bekh: »Am Vorabend der Finsternis«, 5. Auflage, S. 52.
412 Wolfgang Johannes Bekh: »Das Dritte Weltgeschehen«, 6. Auflage, S. 106.
413 Stephan Berndt: »Prophezeiungen – Alte Nachricht in neuer Zeit«, S. 357.
414 Wolfgang Johannes Bekh: »Bayerische Hellseher«, 11. Auflage, S. 113.
415 Ryan Mauro: »World War Three and the World of Prophecy«.
416 Wolfgang Johannes Bekh: »Das Dritte Weltgeschehen«, 6. Auflage, S. 63.
417 Sterling Seagrave: »Gelber Regen«, S. 42 f.
418 Sterling Seagrave: »Gelber Regen«, S. 231.
419 Dr. P. Bahlmann: »Spökenkieker und ihre Vorgeschichten«, 19. Jahrhundert, S. 26 f.
420 Prof. Dr. Friedrich zur Bonsen: »Die Völkerschlacht der Zukunft am Birkenbaum«, S. 28.
421 Prof. Dr. Friedrich zur Bonsen: »Die Völkerschlacht der Zukunft am Birkenbaum«, S. 30 f.
422 Dr. P. Bahlmann: »Spökenkieker und ihre Vorgeschichten«, 19. Jahrhundert, S. 30.
423 »Kurier«, 12.10.1945.
424 Conrad Adlmaier: »Blick in die Zukunft«, 3. Auflage.
425 Wolfgang Johannes Bekh: »Am Vorabend der Finsternis«, 5. Auflage, S. 71.
426 Wolfgang Johannes Bekh: »Am Vorabend der Finsternis«, 5. Auflage, S. 73 f.
427 Wolfgang Johannes Bekh: »Am Vorabend der Finsternis«, 5. Auflage, S. 74.
428 Sven Loerzer: »Visionen und Prophezeiungen«, S. 305.
429 Wolfgang Johannes Bekh: »Das Dritte Weltgeschehen«, 6. Auflage, S. 61.
430 Wolfgang Johannes Bekh: »Das Dritte Weltgeschehen«, 6. Auflage, S. 60.
431 Anton Angerer: »Das steht der Welt noch bevor«, S. 270.
432 Dr. P. Bahlmann: »Spökenkieker und ihre Vorgeschichten«, 19. Jahrhundert, S. 25.
433 Dr. P. Bahlmann: »Spökenkieker und ihre Vorgeschichten«, 19. Jahrhundert, S. 28 f.
434 Dr. P. Bahlmann: »Spökenkieker und ihre Vorgeschichten«, 19. Jahrhundert, S. 16 ff.
435 Prof. Dr. Friedrich zur Bonsen: »Die Völkerschlacht der Zukunft am Birkenbaum«, S. 73.
436 Wolfgang Johannes Bekh: »Das Dritte Weltgeschehen«, 6. Auflage, S. 106.
437 Wolfgang Johannes Bekh: »Am Vorabend der Finsternis«, 5. Auflage, S. 217 f.
438 Hans-Peter Thietz: »Der Dritte Weltkrieg als globale Wende«, S. 40.
439 Dr. Reinhard Haller: »Der Starnberger, Stormberger, Sturmberger«, S. 64.
440 Ryan Mauro: »World War Three and the World of Prophecy«.
441 Wolfgang Johannes Bekh: »Das Dritte Weltgeschehen«, 6. Auflage, S. 143.
442 Sven Loerzer: »Visionen und Prophezeiungen«, S. 297.
443 Wolfgang Johannes Bekh: »Am Vorabend der Finsternis«, 5. Auflage, S. 52.
444 Stephan Berndt: »Prophezeiungen zur Zukunft Europas«, S. 72.
445 Wolfgang Johannes Bekh: »Das Dritte Weltgeschehen«, S. 109.
446 Wolfgang Johannes Bekh: »Das Dritte Weltgeschehen«, S. 106.
447 Quelle: Internet.
448 Persönliche Mitteilung an den Verfasser.
449 Ryan Mauro: »World War Three and the World of Prophecy«.
450 Stefan Parlow: »Turbulente Zukunft«, S. 74.
451 Erwin Zahn: »Prophezeiungen über unsere unmittelbare Zukunft und ihre Auslegung«, S. 10.
452 Erwin Zahn: »Prophezeiungen über unsere unmittelbare Zukunft und ihre Auslegung«, S. 7.
453 Hans-Peter Thietz: »Der Dritte Weltkrieg als globale Wende«, S. 40.

[454] Conrad Adlmaier: »Blick in die Zukunft«, 3. Auflage.
[455] Mündliche Überlieferung.
[456] Marcus Varena: »Gesammelte Prophezeiungen«, S. 188.
[457] Wolfgang Johannes Bekh: »Das Dritte Weltgeschehen«, 6. Auflage, S. 106.
[458] Wolfgang Johannes Bekh: »Das Dritte Weltgeschehen«, 6. Auflage, S. 106 f.
[459] Wolfgang Johannes Bekh: »Das Dritte Weltgeschehen«, 6. Auflage, S. 109.
[460] Anton Angerer: »Das steht der Welt noch bevor«, S. 132.
[461] »Esotera«, Nr. 29, 1978, S. 799–807.
[462] »Esotera«, Nr. 29, 1978, S. 799–807.
[463] Wolfgang Johannes Bekh: »Am Vorabend der Finsternis«, 5. Auflage, S. 212.
[464] Wolfgang Johannes Bekh: »Am Vorabend der Finsternis«, 5. Auflage, S. 253.
[465] Ryan Mauro: »World War Three and the World of Prophecy«.
[466] Ryan Mauro: »World War Three and the World of Prophecy«.
[467] Ryan Mauro: »World War Three and the World of Prophecy«.
[468] Ryan Mauro: »World War Three and the World of Prophecy«, zitiert durch Dumitru Duduman in »Through the fire without burning«.
[469] Ryan Mauro: »World War Three and the World of Prophecy«.
[470] Ryan Mauro: »World War Three and the World of Prophecy«.
[471] Ryan Mauro: »World War Three and the World of Prophecy«.
[472] Ryan Mauro: »World War Three and the World of Prophecy«.
[473] Ryan Mauro: »World War Three and the World of Prophecy«.
[474] Ryan Mauro: »World War Three and the World of Prophecy«.
[475] Ryan Mauro: »World War Three and the World of Prophecy«.
[476] Ryan Mauro: »World War Three and the World of Prophecy«.
[477] Ryan Mauro: »World War Three and the World of Prophecy«.
[478] Ryan Mauro: »World War Three and the World of Prophecy«.
[479] Ryan Mauro: »World War Three and the World of Prophecy«.
[480] Ryan Mauro: »World War Three and the World of Prophecy«.
[481] Ryan Mauro: »World War Three and the World of Prophecy«.
[482] Ryan Mauro: »World War Three and the World of Prophecy«.
[483] Ryan Mauro: »World War Three and the World of Prophecy«.
[484] Ryan Mauro: »World War Three and the World of Prophecy«.
[485] A. Gustafsson: »Merkwürdige Gesichte«, S. 59 ff.
[486] Stephan Berndt: »Prophezeiungen – Alte Nachricht in neuer Zeit«, S. 270.
[487] Anton Angerer: »Das steht der Welt noch bevor«, S. 191.
[488] Bildquelle: www.fas.org.
[489] Bildquelle: Internet.
[490] »Altbayerische Heimatpost«, Nr. 46, »Er spürt das Wasser und sieht die Zukunft …«.
[491] Martin Burbach: »Unsere Zukunft ist kein Geheimnis«.
[492] Conrad Adlmaier: »Blick in die Zukunft«, 1. Auflage, S. 37.
[493] Conrad Adlmaier: »Blick in die Zukunft«, 2. Auflage, S. 94.
[494] Mündliche Überlieferung.
[495] Stephan Berndt: »Prophezeiungen – Alte Nachricht in neuer Zeit«, S. 269.
[496] Conrad Adlmaier: »Blick in die Zukunft«, 3. Auflage, S. 111.
[497] Wolfgang Johannes Bekh: »Das Dritte Weltgeschehen«, 6. Auflage, S. 142.
[498] Wolfgang Johannes Bekh: »Das Dritte Weltgeschehen«, 6. Auflage, S. 120 ff.
[499] Anton Angerer: »Das steht der Welt noch bevor«, S. 85.

500 Wolfgang Johannes Bekh: »Das Dritte Weltgeschehen«, 6. Auflage, S. 62.
501 Heinrich Bauer: »Der 3. Weltkrieg beginnt am Abend des 22. August 1998«, S. 41 ff.
502 Bildquelle: Internet.
503 Quelle unbekannt, Übersetzung aus dem Internet.
504 Quelle unbekannt, Übersetzung aus dem Internet.
505 Quelle unbekannt, Übersetzung aus dem Internet.
506 Quelle unbekannt, Übersetzung aus dem Internet.
507 Mündliche Überlieferung.
508 Wolfgang Johannes Bekh: »Das Dritte Weltgeschehen«, 6. Auflage, S. 121 f.
509 Stephan Berndt: »Prophezeiungen – Alte Nachricht in neuer Zeit«, S. 277.
510 Wolfgang Johannes Bekh: »Das Dritte Weltgeschehen«, 6. Auflage, S. 129.
511 Wolfgang Johannes Bekh: »Das Dritte Weltgeschehen«, 6. Auflage, S.131.
512 Wolfgang Johannes Bekh: »Das Dritte Weltgeschehen«, 6. Auflage, S. 131.
513 Wolfgang Johannes Bekh: »Das Dritte Weltgeschehen«, 6. Auflage, S. 140 f.
514 Hans Bender: »Zukunftsvisionen, Kriegsprophezeiungen, Sterbeerlebnisse«, S. 65 f.
515 Stephan Berndt: »Prophezeiungen – Alte Nachricht in neuer Zeit«, S. 278.
516 Sven Loerzer : »Visionen und Prophezeiungen«, S. 282.
517 »Magazin2000plus Prophezeiungen Spezial 11/171«, »Was birgt die Zukunft für Europa?«, S. 23.
518 »Magazin2000plus Prophezeiungen Spezial 11/171«, »Was birgt die Zukunft für Europa?«, S. 23.
519 Quelle aus dem Internet.
520 »Magazin2000plus Prophezeiungen Spezial 11/171«, »Pater Pio – Aussagen eines Heiligen über die Endzeit«, S. 34.
521 Conrad Adlmaier: »Blick in die Zukunft«, 3. Auflage.
522 Conrad Adlmaier: »Blick in die Zukunft«, 3. Auflage.
523 Alexander Gann: »Zukunft des Abendlandes«, S. 186.
524 »Altbayerische Heimatpost«, 1949.
525 »Kurier« 12.10.1945.
526 Conrad Adlmaier: »Blick in die Zukunft«, 3. Auflage.
527 P. Norbert Backmund: »Hellseher schauen in die Zukunft«.
528 Anton Angerer: »Das steht der Welt noch bevor«, S. 86.
529 Anton Angerer: »Das steht der Welt noch bevor«, S. 179 f.
530 Anton Angerer: »Das steht der Welt noch bevor«, S. 169 f.
531 Anton Angerer: »Das steht der Welt noch bevor«, S. 192 f.
532 Anton Angerer: »Das steht der Welt noch bevor«, S. 194.
533 Anton Angerer: »Das steht der Welt noch bevor«, S. 230.
534 Anton Angerer: »Das steht der Welt noch bevor«, S. 242.
535 Wolfgang Johannes Bekh: »Das Dritte Weltgeschehen«, 6. Auflage, S. 62 f.
536 Wolfgang Johannes Bekh: »Das Dritte Weltgeschehen«, 6. Auflage, S. 109.
537 Marcus Varena: »Gesammelte Prophezeiungen«, S. 83.
538 Stephan Berndt: »Prophezeiungen – Alte Nachricht in neuer Zeit«, S. 66.
539 Bernhard Bouvier: »Nostradamus«, S. 262.
540 Mitgeteilt von Fabio Araujo.
541 Stefan Parlow: »Turbulente Zukunft«, S. 60.
542 »Landshuter Zeitung«, 12. April 1950, »Es wird gar struppig komma!«.
543 Arthur Hübscher: »Die große Weissagung«.
544 Conrad Adlmaier: »Blick in die Zukunft«, 2. Auflage, S. 94.

545 Marcus Varena: »Gesammelte Prophezeiungen«, S. 184 f.
546 Quelle unbekannt, Übersetzung aus dem Internet.
547 Quelle aus dem Internet.
548 Hans Holzer: »Prophecies«, S. 145.
549 »Magazin2000plus Prophezeiungen Spezial 11/171«, »Was birgt die Zukunft für Europa?«, S. 23.
550 »Esotera«, Nr. 29, 1978, S. 799–807.
551 Wolfgang Johannes Bekh: »Das Dritte Weltgeschehen«, 6. Auflage, S. 63.
552 Mitgeteilt vom brasilianischen Prophezeiungsforscher Fabio Araujo.
553 Wolfgang Johannes Bekh: »Am Vorabend der Finsternis«, 5. Auflage, S. 80 f.
554 »Altbayerische Heimatpost«, Nr. 46, »Er spürt das Wasser und sieht die Zukunft ...«.
555 Conrad Adlmaier: »Blick in die Zukunft«, 3. Auflage.
556 Conrad Adlmaier: »Blick in die Zukunft«, 2. Auflage, S. 95.
557 Arthur Hübscher: »Die große Weissagung«.
558 Arthur Hübscher: »Die große Weissagung«.
559 »Landshuter Zeitung«, 12. April 1950, »Es wird gar struppig komma!«.
560 »Landshuter Zeitung«, 12. April 1950, »Es wird gar struppig komma!«.
561 Conrad Adlmaier: »Blick in die Zukunft«, 2. Auflage, S. 95.
562 Martin Burbach: »Unsere Zukunft ist kein Geheimnis«.
563 Hans Bender: »Zukunftsvisionen, Kriegsprophezeiungen, Sterbeerlebnisse«, S. 65 f.
564 Friedrich Holl: »Waldpropheten«, S. 14.
565 Dr. Reinhard Haller: »Der Starnberger, Stormberger, Sturmberger«, S. 59.
566 Dr. Reinhard Haller: »Der Starnberger, Stormberger, Sturmberger«, S. 63.
567 Dr. Reinhard Haller: »Der Starnberger, Stormberger, Sturmberger«, S. 67.
568 Friedrich Holl: »Waldpropheten«, S. 42.
569 Wolfgang Johannes Bekh: »Das Dritte Weltgeschehen«, 6. Auflage, S. 24.
570 Wolfgang Johannes Bekh: »Das Dritte Weltgeschehen«, 6. Auflage, S. 110.
571 Wolfgang Johannes Bekh: »Das Dritte Weltgeschehen«, 6. Auflage, S. 111.
572 Wolfgang Johannes Bekh: »Das Dritte Weltgeschehen«, 6. Auflage, S. 136.
573 Wolfgang Johannes Bekh: »Das Dritte Weltgeschehen«, 6. Auflage, S. 131.
574 Wolfgang Johannes Bekh: »Das Dritte Weltgeschehen«, 6. Auflage, S. 113.
575 Wolfgang Johannes Bekh: »Am Vorabend der Finsternis«, 5. Auflage, S. 89.
576 Prof. Dr. Friedrich zur Bonsen: »Die Völkerschlacht der Zukunft am Birkenbaum«, S. 32.
577 Anton Angerer: »Das steht der Welt noch bevor«, S. 271.
578 Dr. P. Bahlmann: »Spökenkieker und ihre Vorgeschichten«, 19. Jahrhundert, S. 30.
579 Anton Angerer: »Das steht der Welt noch bevor«, S. 193.
580 Anton Angerer: »Das steht der Welt noch bevor«, S. 195.
581 Wolfgang Johannes Bekh: »Das Dritte Weltgeschehen«, 6. Auflage, S. 60.
582 Wolfgang Johannes Bekh: »Das Dritte Weltgeschehen«, 6. Auflage, S. 131.
583 Wolfgang Johannes Bekh: »Das Dritte Weltgeschehen«, 6. Auflage, S. 127.
584 Wolfgang Johannes Bekh: »Das Dritte Weltgeschehen«, 6. Auflage, S. 129.
585 Anton Angerer: »Das steht der Welt noch bevor«, S. 270 f.
586 Stephan Berndt : »Prophezeiungen über das Schicksal Europas«, S. 111.
587 Bildquelle: Internet.
588 Wolfgang Johannes Bekh: »Das Dritte Weltgeschehen«, 6. Auflage, S. 63 f.
589 Sven Loerzer: »Visionen und Prophezeiungen«, S. 276.

590 Wolfgang Johannes Bekh: »Am Vorabend der Finsternis«, 5. Auflage, S. 218.
591 Stephan Berndt: »Alte Nachricht in neuer Zeit«, S. 73.
592 Anton Angerer: »Das steht der Welt noch bevor«, S. 167.
593 Hans Bender: »Zukunftsvisionen, Kriegsprophezeiungen, Sterbeerlebnisse«, S. 66.
594 Adalbert Schönhammer: »Psi und der Dritte Weltkrieg«, S. 141.
595 Stefan Parlow: »Turbulente Zukunft«, S. 76.
596 Quelle: Internet.
597 Jan van Helsing: »Buch 3«, S. 95.
598 Jan van Helsing: »Buch 3«, S. 95.
599 Hans-Peter Thietz: »Der Dritte Weltkrieg als globale Wende«, S. 42 f.
600 Hans-Peter Thietz: »Der Dritte Weltkrieg als globale Wende«.
601 Hans-Peter Thietz: »Der Dritte Weltkrieg als globale Wende«, S. 46.
602 Ernst Ladurner: »Tatsachenberichte um Alois Irlmaier – Neue Prophezeiungen des bekannten Hellsehers«.
603 Conrad Adlmaier: »Blick in die Zukunft«, 3. Auflage.
604 Arthur Hübscher: »Die große Weissagung«.
605 Conrad Adlmaier: »Blick in die Zukunft«, 3. Auflage.
606 »Landshuter Zeitung«, 12. April 1950, »Es wird gar struppig komma!«.
607 »Münchner Allgemeine«, 20.11.1949, »Der Brunnenmacher und Hellseher von Freilassing«.
608 Ernst Ladurner: »Tatsachenberichte um Alois Irlmaier – Neue Prophezeiungen des bekannten Hellsehers«.
609 »Die kleine Illustrierte«, 1950, Folge 6, »Hellseher klärt Mord auf«.
610 Conrad Adlmaier: »Blick in die Zukunft«, 3. Auflage.
611 Conrad Adlmaier: »Blick in die Zukunft«, 3. Auflage.
612 Arthur Hübscher: »Die große Weissagung«.
613 »Altbayerische Heimatpost«, Nr. 46, »Er spürt das Wasser und sieht die Zukunft …«.
614 Stefan Parlow: »Turbulente Zukunft«, S. 75.
615 Dr. Reinhard Haller: »Der Starnberger, Stormberger, Sturmberger«, S. 64.
616 Friedrich Holl: »Waldpropheten«, S. 42.
617 Friedrich Holl: »Waldpropheten«, S. 43.
618 Bildquelle: Internet.
619 Karl Leopold von Lichtenfels: »Lexikon der Prophezeiungen«, Taschenbuchausgabe, S. 237 f.
620 San Miguel: »Les derniers sceaux«, Belgien, 1993, Übersetzung von Bernhard Bouvier.
621 Unbekannte Quelle, Übersetzung aus dem Internet.
622 Unbekannte Quelle, Übersetzung aus dem Internet.
623 Unbekannte Quelle, Übersetzung aus dem Internet.
624 Sven Loerzer: »Visionen und Prophezeiungen«, S. 257.
625 Unbekannte Quelle, Übersetzung aus dem Internet.
626 Unbekannte Quelle, Übersetzung aus dem Internet.
627 Unbekannte Quelle, Übersetzung aus dem Internet.
628 Sheikh Nazim: »Armageddon«, S. 163 f.
629 Sheikh Nazim: »Armageddon«, S. 170.

# Bücher, die Ihnen die Augen öffnen

**In unserem kostenlosen Gesamtverzeichnis finden Sie Klassiker, Standardwerke, preisgünstige Taschenbücher, Sonderausgaben und aktuelle Neuerscheinungen rund um die Themengebiete, auf die sich der KOPP VERLAG spezialisiert hat:**

- Verbotene Archäologie
- Fernwahrnehmung
- Kirche auf dem Prüfstand
- Verschwörungstheorien
- Geheimbünde
- Neue Wissenschaften
- Medizin und Selbsthilfe
- Persönliches Wachstum
- Phänomene
- Remote Viewing
- Prohezeiungen
- Zeitgeschichte
- Finanzwelt
- Freie Energie
- Geomantie
- Esoterik
- Ausgewählte Videofilme und anderes mehr

**Ihr kostenloses Gesamtverzeichnis aller lieferbaren Titel liegt schon für Sie bereit. Einfach anfordern bei:**

KOPP VERLAG
Graf-Wolfegg-Straße 71
D-72108 Rottenburg
Tel. (0 74 72) 98 06-0
Fax (0 74 72) 98 06-11
info@kopp-verlag.de
www.kopp-verlag.de